UN

HIVER A PARIS

Imprimerie Ducessois, 55, quai des Augustins.

UN
HIVER A PARIS

PAR

M. JULES JANIN

ENRICHI

DE DIX-HUIT GRAVURES ANGLAISES

NOUVELLE ÉDITION

PARIS
Mme Vve LOUIS JANET, LIBRAIRE-ÉDITEUR
59, RUE SAINT-JACQUES

1846

TABLE DES MATIÈRES

		Pages
Introduction		7
Chapitre I.	Neuilly	9
II.	Le Bois de Boulogne	13
III.	L'Arc-de-Triomphe	19
IV.	Les Funérailles	23
V.	Histoire	27
VI.	Les Champs-Élysées	33
VII.	L'Hôtel des Princes	41
VIII.	La Vision	45
IX.	Le Réveil	49
X.	Le Café de Tortoni	57
XI.	La Fashion	63
XII.	Le Château des Tuileries	67
XIII.	Les Cent-Jours	75
XIV.	1830	83
XV.	Le Louvre	87
XVI.	Le Jardin des Tuileries	97
XVII.	La Chambre des Députés	107
XVIII.	Revue Politique	117
XIX.	Le Palais des Tuileries.—Le Pavillon Marsan	139

XX.	Le Roi des Français	143
XXI.	Le Prince royal.	147
XXII.	La Princesse Marie.	157
XXIII.	Le Théâtre.	163
XXIV.	Le Bal de l'Opéra.	169
XXV.	Les Églises.	179
XXVI.	Les Prédicateurs	187
XXVII.	Le Flâneur.	193
XXVIII.	L'Institut	207
XXIX.	Le Quai aux Fleurs	217
XXX.	Çà et là.	225
XXXI.	Le Faubourg Saint-Marceau.	233
XXXII.	Le Panthéon.	241
XXXIII.	Les Théâtres.	251
XXXIV.	Les Gagne-Petit.	259
XXXV.	Le Bal d'Enfants	269
XXXVI.	Conclusion.	275

LISTE DES VIGNETTES

⟵⟶

	Pages
Cérémonie des Cendres de Napoléon.	25
Les Champs-Elysées.	35
Hôtel des Princes.	44
Boulevard des Italiens.	57
Intérieur d'un Restaurant.	63
Entrée d'un Ambassadeur.	85
Une Revue de troupes aux Tuileries.	97
Funérailles au cimetière du Père-Lachaise.	117
Intérieur de Famille.	141
Une Soirée chez le duc d'Orléans.	145
Intérieur du Théâtre Italien.	165
Foyer des Acteurs à l'Opéra.	167
Bal masqué de l'Opéra.	169
Mariage à Saint-Roch.	179
Saint-Étienne-du-Mont.	187
Sortie de l'Opéra.	251
Bal d'Enfants.	271
Hôtel-de-Ville.	275

L'Hiver a Paris a obtenu le plus grand succès. Plusieurs éditions, tirées à un grand nombre d'exemplaires, ont été rapidement épuisées.

Si cet ouvrage a continué à jouir d'une semblable vogue, c'est que, sous la forme légère de descriptions attrayantes, la plume exercée de l'auteur a toujours su conserver à ses tableaux le cachet de la vérité et de l'observation. Quelques personnages ont disparu de la scène, mais les types sont restés historiques ; aussi, en réimprimant cette nouvelle édition, avons-nous fidèlement reproduit le texte primitif, sans y apporter aucune modification.

INTRODUCTION

J'ai traduit le présent livre d'un récit très-exact et très-véridique qui nous est venu du pays de Cooper et de Washington-Irving. Paris est le sujet de ce thème varié à l'infini ; et si vous me demandez : A quoi bon un pareil livre ? je vous demanderai, à vous, ma belle dame, qui me lisez : A quoi bon un miroir ? Ce livre est écrit pour que Paris puisse y découvrir, en souriant d'un air fin, comme il sourit à toutes choses, ses plus beaux monuments, ses plus riches demeures, ses plaisirs de chaque jour, ses fêtes de chaque soir. — Et d'ailleurs, l'auteur original de ce récit, qui est un homme très-versé dans les beaux-arts, un observateur bienveillant et cependant subtil, et moi son très-humble traducteur, tout comme j'ai eu l'honneur d'être le traducteur de Sterne, nous ne sommes pas abandonnés à nous-mêmes dans cette histoire écrite en courant. Non, Dieu merci ! lui et moi nous ne serons pas livrés à nos propres forces pour saisir cette image changeante et mobile du monde parisien. D'autres descripteurs plus experts que nous deux, d'autres historiens plus fidèles, les plus habiles graveurs de Londres et un très-ingénieux dessinateur de Paris, se sont mis à l'œuvre afin que nous puissions rencontrer plus facilement le fidèle reflet que nous cherchons. Donc, soyez favorables à ce livre écrit au delà des mers, gravé à Londres, traduit et dessiné à Paris.

Je vous dirai peu de choses de l'écrivain original, car il a mis dans son *voyage* beaucoup de sa bonne humeur, de son esprit, de sa bienveillance naturelle. Il était jeune encore lorsqu'il vint à Paris, pour y laisser le trop-plein de sa fougue et de sa jeunesse. La chose ne fut pas si facile qu'il l'avait cru d'abord ; mais enfin, à force de zèle et de persévérance, et de nuits passées au bal de l'Opéra, et de jours consacrés à l'éternelle fête parisienne, à force d'argent jeté çà et là, au hasard, comme il faut jeter l'argent pour qu'il vous rapporte quelque peu de variété d'intérêt et de plaisir, notre jeune homme eut bientôt revêtu le vieil homme. Il était arrivé à Paris un Parisien évaporé, tout disposé aux plus vives folies ; il en sortit un grave Américain, tout préparé aux calmes et tranquilles honneurs que la mère-patrie tient en réserve pour les fils de sa prédilection. — Ce que nous pouvons vous dire de plus net sur notre voyageur, c'est que son observation était calme, sa volonté ferme, son étude pleine de sens ; c'est qu'il avait en lui-même l'instinct des observateurs habiles ; c'est qu'enfin il avait laissé à la porte même de la cité parisienne la froideur nationale, pour obéir à l'enthousiasme passionné des grandes choses et des beaux-arts. — Mais quoi ! je suis bien bon de me perdre dans tous ces préliminaires, comme si, à la page suivante, vous n'alliez pas en savoir autant que moi sur notre auteur !

I

NEUILLY

<--->

Si, par une belle soirée du printemps ou de l'hiver, vous entrez dans cette ville immense — abîme étourdissant — et surtout si vous entrez par la belle porte, — car nous ne comptons pas toutes sortes de portes dérobées qui sembleraient plutôt vous précipiter dans un cloaque que vous introduire dans la reine des capitales de l'Europe, vous vous trouvez saisi de je ne sais quel espoir d'un grand et magnifique spectacle, espoir qui s'empare à votre insu de toute votre âme. Une allée sablée doucement vous conduit, par une pente irrésistible, du village de Neuilly, résidence royale, au bois de Boulogne, l'élégant rendez-vous de tous les riches, — et du bois à l'Arc-de-Triomphe de l'Étoile, une masse de pierres chargées de gloire ; — et de l'Arc-de-Triomphe sur la place de la Concorde, où se tient debout, calme et solennel, l'Obélisque, entre deux fontaines monumentales. Cette place, qui a porté tant de noms différents, place Louis XV, place de la Révolution, place de la Concorde, elle se montre à vous ornée de bronzes dorés, de statues colossales, toute remplie de bruit et de lumière ; à proprement dire, c'est là, dans cet espace brillant, entre le Garde-Meuble de la couronne et la Chambre des Députés, que le vaste Paris commence. Donc, entrez au pas, lentement, regardez, admirez, rêvez.

Ne restons pas pourtant sur la place de la Concorde ; parcourons de nouveau, à la hâte, la longue allée des Champs-Élysées, et revenons au palais de Neuilly. Juste ciel ! voilà Paris dans toute sa gloire ! Cette maison là-bas, modestement couchée sur le rivage, entre deux îles flottantes, c'est la maison de plaisance du roi des Français. Dans ces murs si modestes, dans ces jardins cachés et sans bruit, vous chercheriez en vain S. M. le roi des Français ; vous ne trouvez que le père de famille qui vient se reposer des fatigues de la journée et se préparer au travail du lendemain.

Il y a encore quelques années, quand la royauté avait toute confiance dans le peuple, on voyait souvent passer dans les allées des Champs-Élysées un grand *omnibus* royal, tout à fait semblable à ces voitures populaires dans lesquelles tous les Français sont égaux comme devant la loi. Dans cette longue et bourgeoise voiture, s'entassaient, pressés au hasard, le roi et sa femme, et sa sœur, et ses quatre fils, et ses trois belles filles, et son gendre et quelques amis ; c'était une cohue royale, toute remplie d'une douce joie. La voiture s'en allait au petit trot, du château des Tuileries à la maison de Neuilly. Pas de gardes, pas d'escorte ; saluait qui voulait *la fortune de la France*. Seulement, à la bonne humeur du roi, à son visage épanoui et riant, on voyait qu'il était heureux et fier de cet incognito bourgeois.

D'autres fois, à côté du chemin qui mène à Neuilly, une jolie barque pavoisée et remplie d'enfants et de jeunes femmes remontait la Seine à force de rames ; c'étaient dans cette barque mille cris joyeux, mille *vivat !* fièrement accentués ; l'étranger, qui regardait couler l'eau et passer le bateau, ne se serait jamais douté que toute la famille royale était portée dans cette barque plus fragile que la barque de César. — *Tu portes César et sa fortune!*

Un autre jour, au milieu des maçons et des gravats dont sont encombrées les demeures royales, vous rencontriez un gros homme d'une belle et intelligente figure. Il allait, il venait, il avait la toise à la main, il consultait les plans et les corrigeait, il grimpait lestement à l'échelle; vous demandiez si ce n'était pas là M. Fontaine, l'architecte du roi; on vous répondait que c'était le roi en personne, le plus entreprenant architecte de son royaume. Rien qu'à le voir distribuant l'éloge ou le blâme, donnant des encouragements et des conseils aux manœuvres émerveillés, il était facile, en effet, de reconnaître le sauveur du château de Versailles, le restaurateur du château de Fontainebleau, le propriétaire du château d'Eu et du palais de Neuilly. Le roi est peut-être en France le seul homme qui ait poussé à ce point-là la passion pour les grands édifices qu'il faut achever, pour les nobles ruines qu'il faut sauver; il est le protecteur naturel de ces masses de pierres que chaque gouvernement commence sans jamais rien finir, comme si la gloire de la main imprudente qui pose la première pierre valait jamais la gloire de la main sage et modeste qui pose le couronnement de l'édifice! C'étaient là les heures tranquilles du roi Louis-Philippe, s'il eut jamais des heures tranquilles. Évidemment, il était né tout exprès pour vivre ainsi de la double vie qui lui convient, la vie royale et la vie bourgeoise; c'étaient là ses plaisirs; les balles de l'abominable Fieschi et des autres y ont mis bon ordre; s'ils n'ont pas tué le roi, ils ont blessé la royauté. Surtout, ils ont attristé, bien avant le terrible accident du 13 juillet 1842, cette route facile qui conduit du château des Tuileries à la maison de Neuilly; ils l'ont encombrée de soldats qui veillent et de gardes qui passent. Pauvres insensés! qui n'ont pas deviné que c'est la plus mauvaise heure de toutes pour attaquer un roi, l'heure où il n'est plus que le père de ses enfants!

II

LE BOIS DE BOULOGNE

<----->

S'IL vous plaît, dans ce voyage plein de douces fantaisies que nous allons faire ensemble, nous irons quelque peu au hasard. Nous voyageons dans des pays trop connus pour que nous soyons dominés par une méthode bien rigoureuse. Nos excellents pères les Anglais ont en ce genre un chef-d'œuvre que je me garderai bien d'imiter, le *Voyage sentimental*. Jamais le Paris du siècle passé n'a été mieux étudié et d'une façon plus complète que par ce bonhomme de Sterne, qui est bien de la famille de La Fontaine. Il prêchait toutes les vertus qu'il n'avait pas d'un air si calme et si câlin ! Il faisait, comme on dit en France, la sainte nitouche ; mais cependant ne vous fiez pas à sa contrition, à ses yeux baissés, à sa joue qui rougit pudiquement parce qu'une autre joue l'a touchée de son feu palpable ! Certes, nous nous donnerons bien de garde d'aller à la suite de ce bon apôtre, qui connaissait Paris beaucoup mieux que tous les Parisiens de son temps. Nous ferons mieux, nous autres, nous suivrons notre propre sentier, — nous arrêtant çà et là pour tout voir, pour tout entendre, pour tout redire. D'ailleurs nous ne sommes pas seuls dans ce voyage, nous avons avec nous un peintre, un dessinateur, un graveur, un traducteur que voici, qui sait fort peu la langue que nous parlons, et pour qui nous demandons toute votre indulgence. Vous pensez que nous étions déjà arrivés au palais des Tuileries; nous étions au pont de Neuilly, tout au plus.

C'est un pont hardiment jeté sur la Seine, entre les îles qui entourent les jardins du roi. Là, Blaise Pascal fut un jour emporté par les six chevaux de sa voiture, et il vit la mort de si près qu'il devint tout d'un coup le terrible chrétien des *Pensées* et des *Provinciales*. Quand vous avez franchi le pont, vous trouvez que déjà s'amoindrissent les maisons de plaisance. A ce moment commencent les grands parcs d'un demi-arpent, les vastes jardins composés de quatre ou cinq pots de fleurs; tel qui possède un cep de vigne quitte Paris le samedi soir en disant fièrement : — *Je vais à ma vigne.* Le Parisien est un grand amateur des plaisirs champêtres; il s'en fait de toutes sortes, pourvu qu'ils soient à sa portée. Depuis qu'il a vu tant de révolutions accomplies en vingt-quatre heures, il n'aime guère à s'absenter de sa ville, tant il a peur de ne pas trouver, au retour, le gouvernement qu'il y a laissé. Après quelques tours de roue, vous avez bientôt atteint la grille du bois de Boulogne. Là, par un accident dont je me loue, ma voiture fatiguée se brisa, comme fait le navire qui perd son mât en arrivant au port. Je fus bien vite dégagé, et pendant que le postillon, aidé de mon domestique, réparait la voiture, je vis passer, dans son élégant attirail de chaque jour, tout le beau Paris qui venait se voir lui-même et se montrer au bois de Boulogne. Si vous saviez quelle infinie variété de voitures, de chevaux, d'équipages, de costumes et même de visages! Toutes les femmes, jeunes et vieilles, du grand monde parisien, étaient, ce jour-là, à la promenade du soir; tous les hommes, jeunes gens que dévore l'usure, ministres en herbe que dévore la politique, les illustrations dans tous les genres, étaient au bois de Boulogne. Ils passaient, ils repassaient devant moi, à cheval, en voiture, au galop, au pas; ils couraient comme l'oiseau vole. Et moi, le nouveau venu dans ce beau monde, je m'efforçais déjà d'en deviner les passions cachées, les désirs mystérieux. J'aurais voulu me faire le suivant de toutes ces oisivetés si occupées, de toutes ces ambitions si oisives; j'aurais voulu monter en croupe derrière elles, et là, caché sous la livrée, les entendre plaisanter ou rire, espérer ou craindre, bénir ou maudire. Mais le moyen de courir après ce monde qui vole dans l'espace et qui se perd dans l'infini!

Cependant, le léger accident qui m'arrêtait à cette place, devant cette grille où je voyais passer au galop toutes les puissances parisiennes, fut réparé bien vite. Nul ne pensait à me jeter un coup d'œil, ni les hommes, très-occupés de leurs chevaux, ni les femmes, très-occupées de l'effet de leur toilette et de leur sourire. — Ils passent ainsi leur vie, les uns les autres, à se donner en spectacle, à se regarder venir, à se dire tout bas toutes sortes de mystères que le premier venu peut expliquer tout haut après un mois de séjour dans cette ville bruyante. — De cet endroit à l'Arc-de-Triomphe la distance est peu considérable; l'Arc-de-Triomphe n'est pas loin. C'est le plus grand arc qui soit au monde, mais aussi il a été placé là pour célébrer les plus grands triomphes; il lève sa tête, toute blanche de jeunesse, aussi haut que le ferait la plus vieille montagne chargée de tempêtes et d'orages. Tout à l'entour du vaste monument, des remparts sortent de terre, des fossés se creusent, des citadelles s'élèvent, mais le Parisien n'en sait rien encore; il ne croira aux fossés que lorsqu'il les aura franchis à deux pieds, il ne croira aux citadelles que lorsqu'il les aura entendues gronder en jetant le feu et la flamme; alors seulement il se mettra en peine de ce bruit formidable.

L'entrée est facile, la porte de la ville est ouverte la nuit et le jour. L'assassin, le faussaire, la grande coquette, peuvent entrer fièrement et la tête haute, pourvu cependant qu'il n'y ait rien de prohibé dans leur voiture ou dans leurs poches. Entrez, entrez tout à l'aise, vous qui apportez dans ces murs le jeu, l'usure, le vol, l'adultère, toutes les passions mauvaises! Entrez, les portes vous sont ouvertes, on ne demande pas même quel est votre signalement, quel nom vous portez, et si vous avez un passe-port! L'octroi municipal n'a rien à faire avec les hommes, il ne s'occupe que des choses. L'octroi ne reconnaît ni hommes ni femmes de contrebande. Que lui importe que l'homme qui entre dans ces murs soit un vil pamphlétaire, un faussaire, un voleur? il n'est pas chargé de la morale publique; ce n'est pas à lui que la société s'adresse pour châtier les coupables. Pour peu que la recette soit bonne aux portes de la ville, l'octroi est content, la ville est satisfaite. Le grand crime envers cette cité, qui a besoin de tant d'argent pour vivre, c'est de fumer du tabac qui n'ait pas passé par les mains de la Régie, c'est de boire du vin qui n'ait pas payé son droit d'entrée à l'octroi municipal. L'octroi se tient à cette porte la nuit et le jour, il est vêtu de vert ; il est armé d'une épée équivoque, épée sans garde et sans pointe ; mais cette épée sait découvrir l'objet le mieux caché. Pas une voiture n'est exceptée du droit de visite ; la calèche fringante, où se tient la danseuse qu'attend l'Opéra, le coupé de l'agent de change, la berline du pair de France à moitié endormi, la voiture du Roi lui-même, qui plus d'une fois a subi la visite de l'octroi, tout doit obéissance et respect à l'octroi municipal. On se fie au pair de France pour faire les lois du royaume, on ne s'y fie pas pour la viande de boucherie, qu'il pourrait cacher dans sa voiture. Grande leçon d'égalité !

Véritablement, cette entrée d'une si grande ville est magnifique, et elle annonce dignement les merveilles qui vont venir. Déjà vous ne savez plus de quel côté vous devez tourner votre admiration et vos regards. De cette place vous entendez comme un bruit tout-puissant et inspirateur qui s'en va grandissant toujours. Je le crois bien, juste ciel ! ce bruit de fournaise ardente, c'est le bruit que fait Paris tout le jour ; la croyance et le doute, la philosophie et la morale, la poésie et l'industrie, l'ambition et l'amour, la démocratie et la royauté, tous ces éléments si divers bouillonnent tous à la fois. Bruit solennel ! étrange concert au milieu duquel l'esprit français jette les cent mille éclats de sa voix puissante. Mais aussi, si vous pouviez savoir combien, à cet instant du voyage, vous êtes rempli de craintes, de terreurs, d'espérances ; si vous pouviez savoir ce qui s'agite en vous-même, en écoutant ces bruits précurseurs ! Ainsi s'annonce, bien longtemps à l'avance, la cataracte du Niagara : on la reconnaît d'abord à son bruit, à son écume bondissante, bien avant que l'on puisse juger de ce fleuve immense qui semble se précipiter du haut du ciel. Et, de bonne foi, n'est-il pas bien permis d'être inquiet et de trembler quand on se dit à soi-même : Voilà le gouffre ! et quand on songe que l'on va se précipiter tout vivant dans ce bruit, dans ce tumulte, dans cette épouvante, dans cette écume ?

Dieu, cependant, nous donne du sang-froid et du courage. Pour peu que nous ayons quelque bon sens et que nous ayons un bon guide, peut-être saurons-nous nous tirer victorieusement de ce grand péril du cœur, de la tête et des sens.

Ainsi je pris tout d'abord ma première leçon de patience. J'attendis, tant qu'on voulut me faire attendre à cette porte ; chacun de ces Parisiens passait devant moi, à mon tour, en se disant tous bas : Voilà un étranger qui est une bonne dupe s'il attend pour passer qu'il n'y ait plus personne devant lui ! Moi, cependant, je mettais à profit cette heure d'attente pour étudier tout à mon aise l'Arc-de-Triomphe de l'Étoile, depuis sa base, qui se perd dans la terre, jusqu'à son faîte, qui se perd dans les cieux.

III

L'ARC-DE-TRIOMPHE

<-------->

En général, les illustres habitants de ce plaisant pays de France, comme disait Marie Stuart, qui ont été longtemps des Grecs et des Romains, et qui auront bien de la peine à redevenir tout simplement des Français, professent un grand amour pour les arcs de triomphe. L'arc-de-Triomphe de Trajan, et les monuments de la même sorte dont l'Italie est chargée encore, ont longtemps empêché les Français de dormir. Nous autres Américains, peuple d'hier, ainsi qu'ils nous appellent, ces frivoles vieillards, nous n'avons pas encore appris à estimer pour leur seule beauté ces masses de pierre, vaines décorations d'une grandeur fastueuse. En France, tout au rebours : plus un monument paraît inutile et mieux on lui fait fête. Le Français aime l'éclat, la majesté, la gloire; son plus grand plaisir, dans les fêtes publiques, c'est de voir briller et se dissiper dans les airs un beau feu d'artifice, éclair de quelques minutes dont la moindre étincelle sauverait une famille misérable. Mais non !

les plus pauvres gens qui n'on pas même un morceau de pain pour le repas du soir, accourent à cette joie du salpêtre enflammé, sans songer à tout cet argent qui se perd en étoiles éphémères ; au contraire, plus le feu a coûté d'argent, et plus sa majesté le peuple français est contente et satisfaite. Il y a certainement beaucoup plus du François Ier que du Francklin dans ce peuple-là.

L'Arc-de-Triomphe de l'Étoile est, depuis peu d'années qu'on l'a achevé, le plus grand orgueil du Parisien. Le Parisien est plus fier de son Arc-de-Triomphe même que de la Révolution de Juillet, cette œuvre d'enfant et de géant tout à la fois. Il y a juste trente-six ans que l'Arc-de-Triomphe de l'Étoile a été commencé. O France! que de révolutions inattendues vous contemplent de ces hauteurs! C'était un grand peuple ce peuple de 1806, gouverné par ce grand homme que le monde appelle l'Empereur! Le dix-neuvième siècle français, qui commençait à peine, était déjà chargé de palmes et de triomphes; 1806! c'est l'année d'Austerlitz, cette victoire qui devait décider de l'Empire. Quand donc elle se vit un pied sur la Russie, l'autre pied sur l'Autriche, la France imagina de se donner le hochet glorieux d'un arc de triomphe. Elle voulut surtout que ce fût le plus grand arc du monde entier, comme Austerlitz était la plus grande des victoires. La première pierre de cette montagne fut posée le 15 août 1806. Depuis le commencement de la monarchie, le jour du 15 août avait été consacré à la fête de la Vierge ; mais il était devenu le jour de la Saint-Napoléon, tant la mère de notre Seigneur Jésus-Christ avait mis de bonne grâce à céder son jour de fête à celui qui était l'Empereur.

Et maintenant que me voilà à le contempler du haut en bas, ce monument gigantesque où sont écrites tant de victoires dont il ne reste que le nom, où sont représentés tant de héros morts depuis longtemps, enveloppe impérissable d'une gloire passagère, pierre funéraire élevée sur le cercueil de tant d'armées qui ont passé comme passent l'orage et la tempête, il me semble que je vois l'illustre monument peu à peu sortir de terre, et, tantôt joyeux, tantôt voilé de deuil, élever sa tête tour à tour glorieuse et humiliée. Laissez-le s'élever cependant au bruit du canon qui gronde au loin, et pour le reste soyez tranquilles : Austerlitz a posé la première pierre de ce triomphe de pierre, Iéna posera la seconde, Wagram achèvera cette base indestructible. Mais qu'il aurait fallu de batailles comme Austerlitz, comme Iéna et Wagram pour l'achever sans interruption, ce monument dressé par la victoire et que la paix seule put achever ! A peine, en effet, était-il sorti de terre, que voilà quelque chose qui se dérange dans la fortune de la France. Une secousse violente arrive, qui ne renverse pas le monument commencé, mais qui l'arrête. Le vent qui souffle de Waterloo ne veut pas qu'on pose une pierre de plus. A peine le monument est-il assez élevé pour que le vieux soldat qui veille à son sommet puisse voir, les yeux obscurcis par les larmes, de quel côté l'ennemi doit venir !

Alors s'écroule l'Empire. Il tombe, emportant avec lui cet avenir qu'on disait éternel. De cette monarchie fondée pour les siècles, rien ne reste, excepté le souvenir qui s'est relevé plus puissant et plus fort après avoir dormi si longtemps sous le saule de Sainte-Hélène. De l'idée impériale couchée-là, c'est à peine si l'on s'occupe en France, sinon pour s'écrier que cet homme, si grand qu'il était, avait confisqué toutes les libertés de la France. Ainsi les deux colosses qui foulaient le monde de la hauteur où ils étaient placés, l'Empereur et la statue de la Colonne, tombèrent en même temps, celui-ci de son trône, celui-là de l'airain qui lui servait de base ; alors on vit en France (ô calamité des défaites, qui brise même le courage civil, qui fait oublier toutes choses, même la gloire nationale !), alors on vit des Français, attelés comme des bêtes de somme avec des chevaux autrichiens, renverser de sa base immortelle la statue de l'Empereur ! Qui donc empêchait ce bronze terrible de tomber sur ces hommes et sur ces chevaux et de les écraser ? Mais la noble statue en eut pitié sans doute, elle descendit de sa base comme un Empereur détrôné; elle se coucha dans son linceul triomphal; elle fut patiente parce qu'elle se sentait éternelle, éternelle comme le drapeau aux trois glorieuses couleurs. Quinze ans elle est restée dans son ombre comme le drapeau tricolore est resté dans sa poussière : mais voilà que par un jour de grand soleil et d'omnipotence populaire, tous deux ont reparu à la lumière plus brillants, plus puissants, plus glorieux que jamais!

Cérémonie des cendres de Napoléon

IV

LES FUNÉRAILLES

<----->

Que disons-nous, et qu'arrive-t-il? D'où vient ce long cri de triomphe? Pourquoi donc tout ce peuple sort-il en toute hâte de ses maisons? Certes la bise est dure et violente; le ciel est noir; l'hiver a jeté sa glace sur la terre, sur le ciel, partout! Dites-moi, mon ami, quel est donc le héros si impatiemment attendu dans ces murailles? Eh! qui donc peut venir, sinon S. M. elle-même l'Empereur et Roi qui revient dans Paris? Qui donc peut être attendu avec cette impatience fiévreuse, sinon le hardi soldat que le peuple appelait le *Petit Caporal*? Entendez-vous le canon qui gronde? voyez-vous ces enseignes déployées? savez-vous que tous les grands hommes de la vieille France se sont levés pour aller au-devant du grand homme qui revient de l'exil? Vivat! vivat! c'est lui, c'est l'empereur Napoléon! Il revient de ce rocher perdu dans la mer, contre lequel s'est brisée sa fortune. Vive l'Empereur! Non, il n'était pas mort; il ramène à la France enthousiaste et passionnée, à la France qui le pleure comme on pleure la gloire, les émotions de la bataille, l'enivrement du triomphe, les joies du combat, les transes infinies de la guerre, tout ce qu'elle aime avec passion, avec délire. Vivat et triomphe!

Et, en effet, c'était bien l'Empereur qui était de retour : non pas tout à fait l'Empereur vivant et tout prêt à reprendre le tronçon de son épée; mais c'était sa dépouille mortelle, ce noble et impérial trophée auquel la France de 1830 devait penser avant tout autre. C'en est fait, le rocher de Sainte-Hélène a lâché sa proie; le saule-pleureur a jeté ses dernières feuilles sur le cercueil de Sainte-Hélène. O destinée! Charles X, le roi tout-puissant, le roi bien-aimé, celui-là que son peuple entourait de tant d'hommages, que l'Europe proclamait le roi de son choix et de son alliance, Charles X est enterré dans quelque obscur caveau d'une obscure église de l'Allemagne, et voici que le captif de sir Hudson-Lowe est attendu dans les caveaux des Invalides, à côté de Turenne! L'Empereur! c'est l'Empereur! Il revient aux acclamations universelles. Les populations se pressent sur son passage et le reçoivent à genoux. Un prince du sang royal, un noble et beau jeune homme, est allé chercher au delà des mers cette illustre dépouille, et il la rapporte en véritable chevalier errant dont l'œuvre est accomplie. Sonnez, trompettes! battez, tambours! abaisse-toi, arche de gloire! flottez dans les airs, drapeaux aux trois couleurs reconquis en trois jours! — Et nous tous d'applaudir, nous, les hommes venus de là-bas, les voyageurs blonds, les flegmatiques, comme on dit en France. A tout prendre, mes frères de New-York, c'est une si bonne chose l'enthousiasme! L'enthousiasme jette l'auréole sur vos fronts, la chaleur à votre cœur, la pensée à votre tête, l'espérance dans votre âme. L'enthousiasme anime et réchauffe, éclaire et réjouit; il fait de la France votre patrie; de cet homme qui passe porté dans sa bière, il fait votre souverain pour l'instant où il passe. Immense et glorieux cortége! On avait ramassé çà et là, comme on avait pu, les débris glorieux des anciennes armées; on avait appelé autour du cercueil tous les camarades de l'Empereur qui vivaient encore; on avait fabriqué d'énormes instruments de cuivre qui jetaient des éclats de triomphe; à ce noble cortége on voyait le mameluck et le cheval de l'Empereur, deux serviteurs de ses batailles; à chaque instant c'était une nouvelle

surprise, un homme nouveau : dans une voiture, l'homme de Dieu, celui qui avait béni les cendres de ce grand homme que la gloire avait baptisé presque aussitôt que la religion; dans une autre voiture, deux ou trois maréchaux de France, soldats jadis, princes aujourd'hui. Et enfin venaient, en ordre rangés, les marins de la *Belle-Poule*, hardis soldats, tout fiers de leur illustre fardeau; on battait des mains à leur passage; on se disait leurs travaux, leurs œuvres, leur patience, leur courage; car au milieu de la mer ils avaient cru que la France et l'Angleterre s'étaient déclaré la guerre, et au premier signal ils étaient tout prêts à s'abîmer dans le gouffre avec leur impériale dépouille. Après ceux-là venait leur digne capitaine, S. A. le prince de Joinville, fier marin, brave soldat, intrépide et fier; son nom se rattache désormais à cette grande aventure du retour de l'Empereur! — Et enfin, enfin, quel silence! que de larmes dans tous les regards! Voici dans ce triple cercueil, dans ce char couvert de tentures violettes et de drapeaux flottants, au-dessous de ces aigles dont l'aile se déploie d'une façon triomphante, au-dessous de ces trophées d'armes, de cette triple couronne, voici l'Empereur... ou du moins celui qui fut l'Empereur Napoléon! — Cette marche funèbre, que dis-je? ce cortége triomphal traversa toute la ville au milieu des plus grands témoignages de sympathie et de respect. La ville s'en souvient encore; les Champs-Elysées et surtout l'Arc-de-Triomphe s'en souviendront toujours.

V

HISTOIRE

<---->

Mais revenons à notre histoire de tout à l'heure; c'est l'histoire d'un siècle tout entier.

Quand la Restauration fut venue apporter à la France le repos et la paix, un repos d'un jour, une paix remplie de révolutions et d'émeutes à venir, l'Arc-de-Triomphe de l'Étoile resta longtemps abandonné et désert; ruine d'un monument à peine commencé, débris d'une gloire mal éteinte, reliques dédaignées des plus grandes victoires. Mais l'Empire vivait dans ces ruines, mais les clameurs de la Grande Armée se faisaient entendre dans ces arceaux gigantesques; mais l'aigle, blessé à mort, était venu s'abattre sur ces corniches interrompues; mais Austerlitz, Iéna, Wagram murmuraient tout bas, dans ces fondations dont elles étaient la base, leur complainte inarticulée. Il était dangereux de toucher à ces sacrés vestiges. Il était aussi dangereux d'élever le monument de l'Empereur que de l'abattre. D'ailleurs, une fois dressée dans les airs, quel nom inscrire au sommet de cette montagne inutile? quels symboles placer sur ces pendentifs? quelles victoires proclamer sur ces pierres éloquentes ? Il n'y avait qu'un nom pour ce monument, il n'y avait qu'une armée pour ces pierres, il n'y avait qu'un drapeau pour couronner dignement ces majestueuses hauteurs: c'était le grand nom impérial, c'était la Grande Armée, c'était le grand drapeau tricolore! Mais la Restauration tremblait d'horreur et pâlissait d'effroi, rien qu'à entendre parler de ce terrible et redoutable passé.

Si la Restauration avait été assez hardie et assez brave pour ne pas trembler devant la gloire française ; si le roi légitime avait été assez sage pour se mettre à l'abri du manteau impérial de celui-là qui s'était fait Empereur de par le peuple et de par la gloire ; si la fleur-de-lis avait laissé pénétrer dans son innocent calice l'abeille d'or ; si le drapeau blanc avait permis aux deux couleurs, ses sœurs cadettes, de le protéger du double reflet devant lequel a tremblé l'Europe, nul doute qu'aux jours de révolutions cette prudence de la royauté de droit divin n'eût porté des fruits impérissables. L'Empereur, debout sur sa colonne, aurait crié au peuple en fureur : — Respectez la majesté royale qui a respecté ma majesté vaincue ! L'abeille, cachée dans le calice du lis, aurait menacé de l'aiguillon les mains imprudentes qui auraient menacé la noble fleur, pendant que les deux couleurs nationales, unissant leurs efforts, auraient enveloppé le drapeau de saint Louis dans leur draperie de sang et d'azur. Mais non! le temps présent ne sait pas respecter le passé : le roi qui arrive n'a rien de plus pressé que d'insulter le roi qui s'en va ; le drapeau triomphant écrase de son mépris le drapeau qui tombe. Ces peuples de l'Europe sont ainsi faits : ils se figurent qu'on peut briser l'histoire comme on brise une statue de marbre, qu'on peut abolir le passé comme on efface un tableau à la détrempe. Les gouvernements sont comme les peuples ; ils brisent, ils effacent, ils renversent ; ils ne voient pas, les imprudents, qu'agir ainsi, c'est apprendre aux peuples comment on brise, comment on efface, comment on renverse, et comment l'autorité est la chose du monde la plus passagère, après la gloire.

Ce ne fut donc qu'après s'être affermie autant qu'elle pouvait s'affermir que la Restauration s'enhardit à reprendre en sous-œuvre ce monument commencé par l'Empereur. Avant que la monarchie de Louis XVIII et de Charles X en vînt à cet excès d'audace, il fallait certes qu'elle eût fait de grandes conquêtes ; aussi en avait-elle fait de grandes : elle avait rétabli le dogme de la légitimité ; elle avait fait plus, elle avait fait respecter la royauté ; elle avait arrangé trois ou quatre fois, et toujours à son avantage, la Charte qu'elle avait donnée, parlons mieux, qu'elle avait *octroyée ;* elle avait touché même au droit d'aînesse, ce complément du droit divin, et elle ne désespérait pas de venir un jour à bout de cette loi, qui eût refait un peu de noblesse et beaucoup de clergé ; enfin et bien plus, quand la Restauration osa toucher à l'Arc-de-Triomphe de l'Étoile, même pour l'achever, elle avait fait de la gloire un hochet, elle avait joué à la bataille, elle avait relevé la royauté chancelante de l'Espagne, elle avait fait de S. A. R. le duc d'Angoulême une manière de Napoléon légitime à la cocarde blanche. Voilà pourtant par quelles illusions et par quels plagiats se perdent les monarchies les mieux établies et les plus bienveillantes !

C'est ainsi que l'Arc-de-Triomphe de l'Étoile, après avoir été fondé par Napoléon et par la bataille d'Austerlitz, fut continué par le duc d'Angoulême et par la prise du Trocadéro. Les pierres s'élevaient sur les pierres par obéissance, sans plaisir et sans amour. Les maçons obéissaient à l'architecte, l'architecte obéissait au ministre de l'Intérieur, rien de plus. Le monument s'élevait simplement, sans façon, sans enthousiasme, et surtout sans orgueil, tout comme s'élèverait une maison bourgeoise. Aucun de ceux qui travaillaient à cette œuvre n'avait foi en son œuvre. On allait au jour le jour, on avançait lentement quand il y avait de l'argent de trop. Ce n'est pas ainsi que construit la victoire ou que construit la croyance religieuse, cette autre victoire. Si les monuments catholiques dont l'Europe est couverte, ces hautes cathédrales qui se perdent dans le ciel, et qui sont brodées du haut en bas comme un voile de mariée, avaient été construites par des manœuvres ordinaires, par des maçons à la journée, pas une de ces cathédrales ne serait achevée à l'heure qu'il est; elles seraient restées interrompues comme la cathédrale de Cologne, ce chef-d'œuvre que toute la puissance catholique ne saurait achever dans ces siècles voltairiens. Mais les ouvriers sublimes qui ont travaillé à ces monuments qu'on disait construits par des anges, n'étaient pas en effet des ouvriers de la terre : c'étaient des manœuvres chrétiens. Leur salaire n'était pas de ce monde ; ils savaient que le père de famille les attendait là-haut après leur journée, pour payer lui-même ceux qui avaient travaillé à sa vigne. Dans les temps de croyance, une cathédrale à élever ce n'était pas un monument de pierres à bâtir : c'était une prière à accomplir. Chaque ouvrier s'attachait, sa vie durant, à un pan de muraille ; et là, sublime anachorète, sublime rêveur, il inscrivait jour par jour sa prière et sa pensée. Il n'obéissait qu'à lui-même et à son génie, son travail était isolé comme sa prière. Tantôt grotesque, tantôt sérieux, aujourd'hui plus haut que le ciel, demain plus bas que l'enfer, plein d'espérances ou de désespoirs, heureux ou malheureux, il laissait sur la pierre les traces vivantes de ses pensées les plus cachées, les mystères les plus voilés de son cœur. Après quoi il mourait un beau jour, heureux et fier d'être enterré au pied de la muraille qu'il avait burinée en l'honneur de Jésus-Christ. Le lendemain, un autre maçon, je veux dire un autre chrétien, prenait la place de ce grand artiste qui était mort. Cette œuvre se transmettait ainsi de génération en génération, comme se transmet un de ces poëmes sans fin auxquels la gloire humaine a toujours un chant nouveau à ajouter.

Or, je ne comprends guère qu'il s'élève un arc de triomphe sans enthousiasme, pas plus que je ne comprends une cathédrale bâtie sans croyance. Quel est le peuple catholique qui élève des cathédrales aujourd'hui ?

Et pourtant, si la Restauration avait pu se douter de ce qui allait venir ! Si elle avait jamais pensé qu'à cet Arc-de-Triomphe étaient attachées les destinées de la royauté suprême de Charles X, et qu'à peine achevé par ses soins, le monument impérial secouerait bien vite toutes ces traces de royauté et que son front dédaignerait de porter une cocarde blanche, sans doute elle eût cherché quelque remède à ces menaces de l'avenir. En effet, l'Arc-de-Triomphe de l'Étoile, fidèle à son maître et à son drapeau, à force de patience, cette patience qui appartient à l'éternité, devait finir par atteindre le point du ciel où il voulait cacher sa tête ; mais arrivé à ces hauteurs, il n'a plus voulu d'autre nom que le nom de l'Empereur, d'autre drapeau que le drapeau de l'Empereur. Du haut de ce couronnement de pierres, l'idée impériale s'est relevée et elle a applaudi aux colères des Trois Jours. Cette fois l'heure du réveil était venue, et l'heure du retour avait sonné ; on eût dit que l'Empereur se tenait là-haut comme la sœur Anne du conte des fées, qui regarde de tous ses yeux pour savoir si elle ne verra rien venir. Depuis le jour où la Restauration fut forcée de reprendre le chemin de l'exil, ce qu'on appelait alors le triomphe du Trocadéro est redevenu tout à fait le triomphe d'Austerlitz : prodigieux colosse de gloire, non-seulement élevé au grand homme, mais à un grand peuple ; non-seulement au grand capitaine, mais à la grande armée. En le considérant avec tout le respect qu'il mérite, en l'analysant avec l'enthousiasme qu'il inspire, en pénétrant son sens sublime, on comprend à la fin son utilité et sa signification : c'est un monument religieux tout comme la vieille cathédrale parisienne ; c'est l'autel de la gloire, tout comme Notre-Dame est l'autel du Tout-Puissant. Et comme il faut toujours qu'en France les œuvres les plus complètes restent inachevées par un certain côté, vous remarquerez, je vous prie, que l'Arc-de-Triomphe de l'Étoile attend encore à son sommet quelque chef-d'œuvre de marbre, de pierre ou de bronze qui le couronne dignement. Une belle statue, de soixante pieds de hauteur, conviendrait à merveille à ce monument digne des géants. Mais quelle statue placer si haut ? A quel homme est réservé un pareil honneur ? Si vous y mettez l'empereur Napoléon, n'est-ce pas, à la fin du compte, pousser trop loin cette admiration posthume ? Si vous y placez quelque figure allégorique, la France, par exemple, ou la Victoire, n'est-il pas à craindre que l'allégorie ne paraisse froide et incomplète ? Ou bien, attendrez-vous que l'avenir vous envoie tout exprès un héros digne de ce rare honneur ? Grandes questions auxquelles on ne songe guère dans ce pays, où tout se fait au jour le jour. Certes, si l'idée chrétienne était vivante encore dans ce peuple de France, il n'irait pas chercher si loin ses images ; il placerait sur cette base immortelle quelque belle figure de la Jérusalem céleste, et ainsi seraient calmées toutes les ambitions et toutes les flatteries qui s'agitent, pour y prendre leur place d'un siècle, autour de cet admirable piédestal.

Les Champs Élysées

VI

LES CHAMPS-ÉLYSÉES

Vous dire toute la beauté et toute la nouveauté de cette première soirée parisienne, je ne saurais vous le dire. J'étais étranger, et il me semblait que je rentrais dans ma patrie. J'étais un nouveau venu, et il me semblait que je n'avais jamais quitté cette noble ville qui passait devant moi dans tout son éclat, dans tous ses mystères et dans tous ses bonheurs. L'air était pur et vif; les voitures roulaient doucement sur un sable fin et doux comme le gazon. Ceux qui étaient à pied n'avaient pas l'air moins heureux et moins calmes que ceux qui étaient en voiture. C'était une longue fête dans cette longue avenue. Autrefois l'avenue était déserte, aujourd'hui elle est couverte de jolies petites maisons toutes neuves, palais d'hier bâtis entre quatre pieds de jardin. A ma droite s'élevait l'ancien jardin du fermier-général Beaujon. Beaujon était un de ces financiers fabuleux du siècle passé, hommes sans talent et sans coup d'œil, enrichis par quelque hasard d'antichambre, ruinés par un autre hasard;

sangsues du peuple que dévoraient à leur tour les grands seigneurs ; voleurs ici, volés là-bas ; gens sans autre industrie que l'usure et le prêt sur gages ; mais le gage qu'on leur prêtait, c'était le pain du pauvre, c'était la sueur du mis´rable ; et sur de pareils gages, ils prêtaient des millions.

Ce vaste jardin où s'élevait un hôtel de marbre et d'or, il a pourtant appartenu à cet esclave des fermes et gabelles ! Ce Beaujon est mort insolvable et presque aussi pauvre que le grand Corneille ; mais avant de se ruiner comme il s'était enrichi, avant de mourir seul et abandonné, il avait fondé l'hôpital qui porte son nom : belle et sainte expiation de sa scandaleuse fortune. Une fois disparu de ce monde où il avait fait tant de bruit, les jardins du fermier-général Beaujon furent longtemps le rendez-vous du peuple, qui y venait prendre ses ébats, sans songer par quelles tortures le peuple précédent les avait payés. Après le peuple, sont venus d'autres spéculateurs moins innocents qui ont coupé ces arbres, détruit ces fleurs, ravagé ces gazons, dispersé les oiseaux qui chantaient, et ils ont bâti une ville sur toutes ces ruines ! La ville se peuple peu à peu, elle est charmante ; jetez-y quelques beaux noms contemporains, envoyez-y quelques belles et jeunes femmes, l'honneur et l'esprit de la conversation parisienne, et la fortune de cette ville ne sera plus à faire. En attendant, les Amphions qui ont bâti ces maisons ont inscrit en tête de la principale avenue le grand nom poétique de cet âge : — Châteaubriand.

Tout au bout de l'avenue, au rond-point des Champs-Élysées, après avoir dépassé plusieurs théâtres en plein vent où des joueurs de cor, des chanteurs, des singes, des comédiens ambulants, chargent l'air de leurs modulations vagabondes et de leurs gambades infatigables, vous rencontrez, caché sous les arbres, un théâtre tout orné de sculptures élégantes. Ce théâtre est placé entre deux jets d'eau qui ne se taisent qu'à minuit. De nombreux candélabres projettent une vive clarté sur ces murailles. Quoi ! un théâtre sous ces beaux arbres, à cette belle place de la promenade de chaque soir! rien n'est plus vrai. Quand le Parisien veut occuper dignement quelque bel emplacement de sa ville bien-aimée, aussitôt il vous y construit un théâtre. Le Parisien n'a jamais assez de théâtres, tout

comme l'Italie n'a jamais assez d'églises et de chapelles. Rassurez-vous cependant, le théâtre des Champs-Elysées est la plus innocente de toutes les entreprises dramatiques : là point de couplets grivois, point d'allusions hasardées, point de dialogues obscènes, point de ces grands crimes si chers aux amateurs de la grosse terreur ; mais tout simplement des chevaux qui courent au galop, des écuyers agiles, des écuyères alertes qui dansent sur le dos du coursier écumant, tout comme dansait mademoiselle Taglioni sur ce fil d'or et de soie invisible à tous les yeux profanes : tel est donc ce théâtre innocent où se passent en été de belles soirées presque en plein air, dans une enceinte splendide, aux bruits d'une musique qui n'est pas sans mélodie, pendant que Franconi, le roi détrôné de ses domaines de l'équitation, préside encore à ces rudes et périlleux exercices dont il a été le Molière et le Pierre Corneille tout à la fois.

Maintenant que vous avez laissé le Cirque à votre droite, arrêtez-vous, s'il vous plaît, devant un roi détrôné, mais détrôné après un règne de trois mille années; arrêtez-vous devant cet étranger superbe qui a dominé de toute sa hauteur les plaines du passé, conquête orientale, victoire superbe, mais aussi superbe défaite. Voilà comment il faut tomber lorsqu'on tombe, voilà comment il faut se rendre quand on se rend, voilà comment il faut mourir quand on meurt. Mais quelle chute noble et glorieuse! Tomber là-bas quand son royaume n'est plus qu'un désert, pour se relever ici sur la tête de trente-deux millions d'hommes! Se rendre et s'avouer vaincu, il est vrai, mais ne se rendre qu'à la France, qui va vous chercher en triomphe à travers mille périls et mille fatigues; mourir après une vie de trois mille ans, la vie des Pyramides, mais pour renaître d'une vie de trois mille années encore dans la grande Babylone moderne, et pour voir passer et mourir à ses pieds, comme des nuées de fourmis, tant de générations victorieuses et éloquentes, c'est beau, cela! C'est beau, c'est être plus grand qu'Alexandre, plus heureux que Napoléon.

Que si vous me demandez quel est le nom de ce héros ainsi tombé, quelle fut la fortune de ce noble exilé, de quel trône il est descendu, ce modèle à jamais digne d'envie de tous les rois détrônés; je vous répondrai : c'est l'obélisque de Luxor.

Méhémet-Ali, le régénérateur viager, ou, si vous aimez mieux, le premier homme d'affaires de l'Égypte, cet homme fabuleux qui, dernièrement encore, a pensé allumer l'incendie universel, ce Barbare qui a tous les instincts des grands politiques, dans un jour de ces générosités peu coûteuses si naturelles aux maîtres de l'Orient, avait donné au roi de France les deux charmants obélisques de Luxor, Luxor, ce faubourg de Thèbes, tout comme les obélisques ne sont que les sentinelles avancées des Pyramides. Le roi Charles X, de son côté, pour répondre convenablement à la politesse du pacha, envoya un vaisseau qui devait ramener au roi de France, en temps et lieu, ce singulier présent. Il y a un proverbe français qui dit :

Les petits présents entretiennent l'amitié; le pacha savait le proverbe, et il avait traité les Français en conséquence. Pourtant le présent n'était pas à dédaigner.

Figurez-vous, en effet, un admirable bloc de pierre, d'une charmante couleur rouge, de quatre-vingts pieds de haut et tout d'une pièce. Cette pierre est effilée, et si légère et si fine, que les anciens, qui avaient de l'esprit presque autant que les Français, l'appelaient l'*Aiguille de Cléopâtre*. On dirait que cette jolie pierre est transparente ; elle brille, elle éclate ; elle est chargée de cent mille caractères hiéroglyphiques qui feront longtemps le tourment des Champollions présents et à venir. Cette longue pierre, il a fallu la chercher dans le désert, il a fallu la descendre de sa base presque éternelle ; là elle se tenait debout par son propre poids, là elle était restée immobile trois mille ans. Une fois tombée, il fallut creuser un canal qui menât le *Luxor* à la mer ; mais une fois à la mer, que de soins, que de peines, que d'efforts, que de périls ! Si le vaisseau avait sombré, l'obélisque était perdu à jamais !

Contrairement à un autre proverbe français : *Les hommes se rencontrent et non les montagnes*, la montagne de l'Orient est arrivée enfin dans les murs de Paris étonné. Longtemps Paris attendit l'obélisque avec cette avide curiosité d'enfant qui fait le bonheur de la grande ville. Tout d'un coup, un beau jour, on vit arriver dans la Seine un long vaisseau, ou plutôt une longue bière d'une couleur lugubre. C'était l'obélisque dans son enveloppe mortelle. A cette vue l'étonnement fut général ; qui et celui-là est d'où vient-il ? Les Parisiens descendirent en foule dans cette carène démâtée, et, à travers les planches disjointes, ils regardèrent cet étranger immobile et muet. Après le peuple, les savants accoururent ; même il y en eut un des plus savants qui tomba dans la rivière et qui se fût noyé sans l'assistance d'un brave marin de la mer, qui était venu d'Égypte dans ces eaux douces et peu profondes, et qui s'y trouvait presque aussi étranger que l'obélisque. Hélas ! après avoir sauvé un savant qui ne savait pas nager, et le même soir, ce malheureux marin tombe du haut de son canot dans cette mare qu'on appelle la Seine, et, chose horrible à dire, il se noie dans cette boue aquatique! Venir de si loin, arracher l'aiguille de Cléopâtre de sa base, l'amener là dans ce trou, et mourir dans ce verre d'eau : quelle mort !

Pour remettre l'obélisque de ses fatigues, on le coucha mollement dans la vase de la rivière de Seine. Là, il passa l'hiver sous la glace, regrettant sans doute ses sables et son soleil; à la fin parut le soleil. On avait attendu le soleil français pour que la noble pierre pût rêver qu'enfin elle allait revoir l'ombre affaiblie des déserts de l'Orient. Dès le matin, le bon peuple de France était sur pied, fort empêché de savoir comment donc serait placée sur sa base de granit cette frêle et fine montagne !

A Paris, tout ce qui est un spectacle gratis attire et fascine la multitude. Cette condition : *pour rien*, vaut tout au moins le *sans dot!* de Molière. Vous voyez d'ici cette foule affairée, cette multitude inquiète et turbulente. Des paris étaient ouverts pour l'obélisque, contre l'obélisque. Singulier peuple, toujours prêt à rire, à blâmer tout haut, à hurler ses bons mots dans la rue. Au moins, quand l'obélisque qui est à Rome fut placé par l'architecte Fontana, le souverain pontife put-il obtenir de messieurs ses sujets un moment de silence : *sous peine de mort!* Tous ces Italiens entouraient l'obélisque sans mot dire; le pape était à la fenêtre de son palais, bien décidé à châtier l'interrupteur. D'abord, l'opération s'annonçait bien ; mais à l'instant même où le granit égyptien allait retomber sur sa base, voilà que les cordes fléchissent, voilà que le roc va tomber. Plus le danger était grand, plus grand était le silence universel. A la fin, une voix impatiente se fit entendre dans ce silence. — *De l'eau! de l'eau!* criait la voix. Ce fut un éclair pour Fontana ; les cordes allaient rompre sous l'effort, l'eau rendit aux câbles leur énergie toute-puissante ; l'obélisque, qui fléchissait se releva vainqueur de ce nouvel et dernier obstacle. C'en était fait, l'œuvre était accomplie. Le souverain pontife, qui tenait à ce nouvel ornement de sa ville capitale, voulut qu'on lui amenât l'homme hardi qui avait crié : *De l'eau! de l'eau!* L'homme parut, il fut condamné à mort pour son interruption ; mais l'instant d'après, le pontife lui fit grâce et le nomma chevalier romain pour son bon conseil.

Cette leçon d'histoire, à propos de l'obélisque contemporain et cousin germain de l'obélisque de Luxor, n'aurait pas empêché messieurs les Parisiens de rire et de plaisanter au moment le plus solennel de cette entreprise difficile, qui pouvait réduire en poussière un souvenir de trois mille années : l'âge d'Homère et de l'*Iliade !*

A cette fête de la science, de l'antiquité et des beaux-arts, assistait le roi en personne ; mais, moins alarmé que le pontife, le roi n'avait condamné personne à mort pour irrévérence. A Paris, tant pis pour celui qui ne rend pas au roi ce qui lui est dû de déférence et de respect ; il n'a pas d'autre châtiment que le mépris des hommes bien élevés.

Et maintenant, l'obélisque est debout pour un siècle ou deux peut-être, au milieu de la plus belle cité du monde. Hélas! qui pourrait dire si la pierre fatale n'est pas destinée une seconde fois à dominer un désert?

Mais j'en avais trop vu pour un premier jour. J'étais près d'être ébloui : je fermai les yeux, et je ne les ouvris de nouveau que dans la cour de l'hôtel des Princes, dans une des plus belles rues de Paris.

VII

L'HOTEL DES PRINCES

<------>

L'Hotel des Princes est une vaste et riche maison où vivent dans la meilleure harmonie toutes sortes de princes, ou, si vous aimez mieux, toutes sortes d'oiseaux de passage On dirait, à voir de loin cette ruche où se parlent tous les idiomes de l'Europe, la Tour de Babel avant la confusion des langues. Dans cette hospitalière maison chacun peut venir, car chacun trouvera, à coup sûr, un appartement, une chambre, voire même un taudis au niveau de sa fortune. Les premiers étages appartiennent de droit aux heureux et aux riches de la terre. Là vous trouverez tout le luxe et tout le comfort des grandes maisons; le piano d'Érard, cet admirable instrument qui n'a pas son égal dans le monde, la pendule qui marque à coup sûr l'heure de l'ambition ou du plaisir, le tapis d'Aubusson, la glace de Venise, les tableaux curieux, les meubles rares, rien n'y manque. Il y a une antichambre pour vos gens, une écurie pour vos chevaux, un salon pour madame, un cabinet pour monsieur ; tout ce qui fait la vie élégante. A chaque sonnette est attaché un domestique empressé, sylphe en livrée de ce manoir. Un peu plus haut, le silence est déjà plus profond, le domestique moins nombreux, la sonnette moins exigeante, l'empressement moins vif, l'obéissance moins leste, l'espace plus étroit. A cette hauteur, notre prince de l'*Hôtel des Princes* n'est déjà plus qu'un honnête bourgeois, un nouveau marié de la province qui veut montrer Paris à sa jeune épouse, un gentleman retiré des affaires, un bon garçon qui n'en veut qu'aux plaisirs de Paris, et qui n'a un lit à Paris que pour y dormir : donc, que lui importe cette chambre où il ne doit pas vivre plus d'une heure chaque jour? Que si vous montez encore un ou deux étages, alors vous voilà au milieu d'un monde nouveau, le monde des gens qui commencent ou des gens qui finissent : vieillards ruinés, jeunes gens sans argent, solliciteurs sans crédit ; rêves, néants, déceptions, vanités ; et aussi, espérance, amour, jeunesse, insouciance, bonheur ! Chaque membre de ce petit État vit en paix avec son voisin : on ne se connaît pas, on vit en reclus, chacun dans sa cellule ; on se parle sans même s'être demandé son nom ou son état ; on va, on vient, on rit, on chante, on est malade, peu importe; celui-ci prend une leçon de danse à côté de celui-là qui se meurt; l'un s'en va plein de joie, l'autre arrive les larmes dans les yeux. Toutes les grandes coquettes de l'Europe, oiseaux chantants, sylphides cosmopolites, tous les héros, toutes les héroïnes de ballets, bonnes princesses et bons princes, passent et repassent par l'*Hôtel des Princes;* ils vont, ils viennent ; ils s'en vont, ils reviennent sur un pied, en riant, en chantant : *Bonjour! — bonsoir!* et tout est dit. Singulier monde, cette hôtellerie ! C'est un camp tout ouvert où passent incessamment, et sans jamais s'arrêter, toutes les passions éphémères, toutes les douleurs fugitives, toutes les ambitions qui se contentent de peu. Le hasard et l'occasion, voilà les grands dieux de cet étrange univers; *chacun pour soi*, voilà sa devise. Seulement, une heure arrive chaque jour, heure solennelle, où s'effacent toutes les différences du rang et de la fortune. A six heures, quand sonne le dîner, soudain, de toutes les parties de la maison, vous entendez descendre les convives au pas de course : celui-ci vient du premier étage, celui-là tombe du grenier, rien n'y fait ; les uns et les autres ils vont s'asseoir à la même table et dîner du même appétit. La table est vaste, immense, splendide. A voir ces candélabres d'or chargés de bougies, ces nappes sans fin d'une blancheur éclatante, ces salons couverts de fleurs, on dirait de quelque fête royale ; pourtant c'est la fête, ou, pour mieux dire, c'est le dîner de tous les jours. Problème de l'association ! Pour une somme qui suffirait à peine à payer le plus modique repas chez un restaurateur du Palais-Royal, vous avez à vous cette longue table, cette salle bien chauffée, ces nombreux domestiques, ces bougies étincelantes, cette longue vaisselle d'argent, ce cuisinier éprouvé, ces trois services où rien n'a été oublié de ce que produisent la terre, les forêts, et les eaux douces et la mer : tout cela est à vous, voyageur ! En même temps murmurent à vos côtés des femmes brillantes et parées ; de grands noms français et étrangers sont prononcés à votre oreille ; les vins de France, ces bons vins qui ont popularisé la France tout autant que la langue française pour le moins, éclatent et brillent dans le cristal coloré de mille feux. Quelle joie ! quels dîneurs ! quels admirables égoïstes ! On parle de notre sans-gêne dans les *tables d'hôte* de l'Amérique ; ceux qui en parlent avec tant d'amertume ne se sont jamais assis à la table d'hôte de l'*Hôtel des Princes*. Il est vrai qu'une fois le dîner achevé, la politesse française se montre attentive et empressée. On a mangé à table le meilleur fruit sans l'offrir à sa voisine ; oui, mais, en revanche, on ne consentirait jamais à passer devant elle. Les Français sont plus polis peut-être, mais, à coup sûr, ils sont aussi mal élevés que nous.

Quand j'arrivai à l'*Hôtel des Princes*, j'étais déjà plongé dans la stupeur inévitable que produit en nous la vue subite et multipliée des grandes choses. Rien ne vous fatigue et ne vous blesse autant que l'admiration prolongée. Ainsi je ne vis rien tout d'abord de ce que j'allais voir. Je me laissai conduire à l'appartement qui devait me revenir, d'après l'opinion personnelle de mon hôte : car c'est lui-même qui juge en dernier ressort à quel étage il doit vous mettre dans son univers à tant par jour. A peine entré dans une chambre d'assez bonne apparence, j'ouvris la fenêtre ; la fenêtre donnait sur le plus curieux boulevart de Paris; mais c'était l'heure où la ville, fatiguée du travail et des émotions de la journée, se couche et s'endort, c'était l'heure du silence, du repos, l'heure où tout s'arrête, même l'ambition. Je refermai ma fenêtre en disant à ma ville endormie déjà : *A demain!*

J'appelai : le garçon de l'hôtel accourut. Quand je lui eus donné quelques ordres, j'entrai dans ma chambre à coucher. « Monsieur couche dans cette chambre ? me dit ce digne homme d'un air légèrement effrayé. — Et pourquoi cette question ? lui répondis-je, et qu'y a-t-il donc de si effrayant à coucher dans cette chambre ? » L'homme ne me répondit pas. « Au reste, me dit-il après un instant, si Monsieur ne se trouve pas bien cette nuit-là, il pourra changer de chambre demain. »

Et il sortit. Moi, je me mis au lit dans cet état de somnolence délicieuse et d'engourdissement presque oriental d'un homme qui a fait cinquante lieues avant d'arriver à Paris, et qui, dans les trois dernières heures de sa vie, a vu plus de merveilles incroyables, a entendu et recueilli plus de bruits étranges, a deviné déjà plus de grandeurs et de misères sociales qu'il n'en a vu dans toute son enfance, qu'il n'en a rêvé dans toute sa jeunesse, qu'il n'en verra et qu'il n'en rêvera le reste de ses jours.

VIII

LA VISION

<—>

Alors j'eus une vision, une plus douce vision que si j'eusse été tout d'un coup transporté sur l'échelon le plus élevé de l'échelle de Jacob. Je dormais. Combien de temps avais-je dormi? je l'ignore; mais tout d'un coup, au milieu du premier sommeil, un sommeil couvé depuis vingt jours, au moment où j'étais le plus doucement bercé par cette molle oscillation de la chaise de poste, mouvement qui suit le voyageur jusque dans sa couche et qui le porte dans son lit, j'entendis, ou je crus entendre les plus savantes et les plus touchantes mélodies. A coup sûr, c'était une musique qui venait du ciel; car j'en puis parler en connaisseur : toutes les grandes idées sorties de la tête et du cœur des musiciens de génie, je les possède dans ma tête et dans mon cœur. La musique a été la grande étude, ou, ce qui revient au même, la grande passion de ma vie. Beethoven et Mozart, Haydn et Gluck, Weber et Nicolo, Paësiello et Rossini, je les sais tous. Cependant j'écoutais là de merveilleux accords, et, chose étrange! tout nouveaux pour moi. La main qui touchait ce piano invisible, si c'était un piano, était une main vigoureuse, hardie, pleine de sens et de passion. D'abord ce fut un bruit timide et mystérieux, puis bientôt le bruit devint net, grand, naturel. Moi, cependant, je ne cherchai même pas à savoir si j'étais éveillé ou si jétais le favorisé d'un songe; j'écoutais, j'admirais, et bientôt je pleurai. Que d'idées amoncelées dans cet instrument sonore! que de bruits remplis de génie! Cet homme allait sans s'arrêter d'une passion à une autre passion, d'une douleur à une joie, d'une malédiction à une prière, d'une haine à un amour, et toujours il allait sans repos, sans reprendre haleine, sans fin et sans cesse; il allait à la façon du génie!

Quel homme! Réfléchi même dans ses emportements, fougueux même dans son calme, il avait porté au plus haut degré l'expression chrétienne et la frénésie de la vengeance. Je ne comprenais rien à cette lamentable histoire dont il repassait confusément les principaux détails, mais j'en entendais assez pour comprendre que c'était là une histoire remplie de catastrophes et de douleurs. Quel était son but, son plan, son rêve? à quelle vengeance il marchait? Dieu seul après lui pouvait le dire. Il ne s'inquiétait pas de la confusion parmi tant de grandes choses; il ne s'inquiétait pas de ce chaos où, d'un mot, il pouvait jeter la lumière; au contraire, il se plaisait dans ce désordre; il mêlait et il confondait à plaisir tous les éléments de cette œuvre imposante. Hélas! j'assistais ainsi, sans m'en douter, au dernier enfantement de l'une de ces choses immortelles que les hommes appellent des chefs-d'œuvre.

J'étais muet, interdit, ravi au troisième ciel de l'art; je retenais mon souffle, et je dis à mon sommeil, ce doux et tant désiré sommeil : *Va-t'en!*

Mais le sommeil resta sur mes paupières humides pour écouter.

A la fin le génie invisible s'arrêta. On eût dit, à l'entendre quitter brusquement ce drame nocturne, que l'inspiration passionnée à laquelle il venait d'obéir l'avait abandonné tout d'un coup, pour ne revenir qu'au gré de son caprice. Cet homme, évidemment, était possédé d'une grande idée qu'il avait peine à réaliser tout entière. L'idée était encore rebelle à cette volonté toute-puissante; mais celui-là était du petit nombre des artistes qui ne se découragent pas facilement. Je l'entendis qui marchait dans sa chambre à pas comptés; il se jeta ensuite dans un fauteuil, comme s'il eût voulu dormir une heure. Vains efforts! il n'y a pas de sommeil pour le travail d'une pensée qui n'est pas complète encore. Il revenait donc à l'œuvre, mais cette fois avec une énergie qui tenait du désespoir. Et quelle scène, ou plutôt quel drame il a trouvé cette nuit-là! Que de pitié touchante, que de terreurs! et que d'amour sous ces belles formes idéales! Cet homme était inspiré, à coup sûr. Des cris de douleur sortaient de son âme, mais si tristes, mais si tendres, mais si terribles, que lui-même il sentait le sanglot lui venir. Quelle verve, quel entraînement, et quelle profondeur dans cette passion, dans cet abîme! Il y avait des voix qui sortaient de cet abîme, pures et mélancoliques comme celles des anges; il y avait des voix de damnés dans ce gouffre béant; il y avait mille terreurs qui s'entre-choquaient avec mille espérances. J'en étais ébloui, et je criais merci et miséricorde! Mais, à la fin, tout cessa, tout s'arrêta, tout se calma, tout mourut; et moi, le sommeil me reprit, ou plutôt mon rêve continua, et je rêvai de vous, harpes bibliques suspendues aux saules de l'Euphrate!

Le lendemain, quand mon hôte monta dans ma chambre pour s'informer *si Monsieur avait besoin de quelque chose*, mon premier mot fut celui-ci : *Qui donc est là?* et j'étais pâle, effaré, ravi ; je fis peur à cet homme : « Ah! Monsieur, s'écria-t-il en joignant les mains, je vois ce que c'est: on vous a donné la chambre voisine de Meyerbeer! » Et en effet, c'était lui, c'était Meyerbeer! C'était le créateur inspiré de *Robert-le-Diable*, c'était le célèbre poëte des *Huguenots* ; Meyerbeer, l'éclat, la puissance, le roi de l'art moderne, l'homme qui a fait reculer Rossini lui-même, le triomphateur Meyerbeer! Et savez-vous quelle était cette musique que j'avais entendue cette nuit-là? c'était, Dieu du ciel, l'esquisse déjà brûlante, les premiers cris, les douleurs soudaines, les passions de ce nouveau drame intitulé *le Prophète*, que personne n'a entendu encore, excepté moi dans ma chambre à coucher de l'*Hôtel des Princes*, excepté la sainte Cécile de Raphaël, dans le ciel harmonieux de Mozart, de Weber et de Beethoven!

Telle fut ma première entrée dans les mystères de l'art parisien; vous le comprenez sans peine, c'était commencer par un grand bonheur; mais aussi quelle bonne fortune, pour un esprit sérieux, d'être bercé toute une nuit par le plus sérieux et le plus convaincu des artistes de ce XIXe siècle, qui, sans Meyerbeer, serait appelé le siècle de Rossini tout autant que le siècle de Napoléon!

Mais Rossini où est-il? Qu'a-t-il fait de ce beau génie dont le monde musical devait attendre encore plus d'un chef-d'œuvre? Qu'est-il devenu, ce rare esprit, qui faisait, avec le même bonheur et la même audace, de l'enthousiasme et de l'ironie, du sarcasme et de l'amour? Hélas! il a dit adieu à sa propre gloire, il s'est retiré dans son taudis de Bologne, un taudis tout rempli de macaroni, de petit vin blanc, de poussière et de bons mots. Là, il règne; là, il s'amuse à poursuivre de sa verve infatigable Meyerbeer, son compère; là, il vous parlera de *sa petite musique*, à lui, Rossini, tout en riant d'un petit rire amer; là, enfin, il vit à la façon de ces disciples d'Épicure dont parle Horace dans une de ses épîtres:

Me pinguem et nitidum benè curatâ cute vises
Quum ridere voles Epicuri de grege porcum.

IX

LE RÉVEIL

Quand je me réveillai, ou, pour mieux dire, quand je pensai qu'il était temps de m'éveiller, car à peine avais-je fermé les yeux pour échapper à tous les éblouissements qui m'entouraient, tout Paris s'agitait autour de l'hôtel. Ce n'était plus la promenade de la veille, si dolente et si oisive, sous les arbres du boulevard; c'était le mouvement brusque et heurté d'une ville immense qui court à ses affaires. Il n'y a pas de ville au monde qui passe plus facilement du mouvement au repos, des affaires au plaisir; elle est tout aussi préparée à gagner de l'or qu'à le jeter à pleines mains. En Italie, quand sonne l'*angelus*, aussitôt s'arrête toute pensée profane. Le jeune amant lui-même oublie de presser la main de sa maîtresse pour faire le signe de la croix; l'instant d'après, toute passion reprend le dessus jusqu'à ce que sonne encore une fois l'*angelus*. Le Français de Paris est une espèce d'idolâtre comme l'Italien de Naples ou de Rome; seulement, ce qui l'arrête au milieu de son mouvement perpétuel, ce n'est pas l'*angelus*, c'est le plaisir. Il y a des instants dans la journée où le Parisien le plus occupé se repose à coup sûr. Par exemple, à cinq heures du soir, tout le travail de Paris, si actif et si passionné dans le jour, cesse et s'arrête tout d'un coup et comme par enchantement ; mais en revanche, de sept à neuf heures du matin, la vie, le mouvement, la spéculation acharnée, le jeu de bourse, l'intrigue autour des ministres, l'intrigue dans les salons, le travail de la pensée, le travail du corps, les courses haletantes dans la ville, la vie du manœuvre et la vie de l'homme d'État, tout recommence à la fois et en même temps ; tout d'un coup les rues désertes se remplissent de la foule des marchands et des acheteurs, le silence parisien est rompu par mille cris divers et impitoyables.

A cette heure, tout se crie dans les rues : la laitière arrive traînée par son cheval, et elle s'établit sous une porte cochère ; là, entourée de ses vases de fer-blanc comme un roi souverain est entouré de ses gardes, défendue par son fidèle bouledogue bien mieux que le roi des Français n'est défendu par les patrouilles qui circulent toute la nuit dans le jardin des Tuileries, la laitière trône et règne pendant deux heures. C'était là mon spectacle de chaque matin. Que de fois je me suis mis à la fenêtre rien que pour la voir, cette fraîche et solennelle paysanne, distribuer çà et là, à droite et à gauche, d'une main avare, son lait pur mêlé d'eau fraîche ! Autour de la laitière accourent incessamment toutes les soubrettes des maisons voisines ; ce sont pour la plupart (je parle des soubrettes de la rue de Richelieu) de jeunes et jolies filles, à la peau blanche, à la joue rose, au fin corsage, au malin regard, au pied mignon. Il y a tout un avenir de trois ans d'amour dans toutes ces jeunes et jolies esclaves de la coquetterie parisienne. Elles arrivent donc toutes, les unes après les autres, ou en même temps, à la franche lippée de leur lait quotidien. Elles ont à la main un vase plus ou moins élégant, qui peut servir fort bien à faire reconnaître les maîtresses qu'elles servent ; car pour elles, les jolies filles, elles ont toutes la même robe flottante, le même bas fin et blanc, le même mouchoir plein de caprices, et autour de leur tête mignonne le même foulard des Indes, coquettement et agréablement arrangé, contouré, entortillé, si bien que rien n'est attrayant et plein de grâces comme cette petite tête malicieuse renfermée dans cette soie bariolée de mille couleurs. Et que de feu dans cette petite tête ! et quels battements de cœur sous ces transparents mouchoirs ! et comme tous ces petits cous blancs et fermes se détachent bien de ces cheveux noirs et lisses ! C'est une charmante population féminine, en vérité !

Les unes, alertes et joyeuses, arrivent tenant à la main une porcelaine brillante; elles ne daignent même pas regarder si la mesure est remplie; à peine ont-elles l'air de reconnaître la superbe laitière. Celles-là sont les aristocrates de l'antichambre; elles sont bien près de devenir de grandes dames et d'avoir des domestiques à leur tour. Ces sortes de fortunes ne sont pas rares à Paris. La beauté, la jeunesse, la fraîcheur, ce je ne sais quoi qu'on appelle d'un très-joli mot français, *la gentillesse*, font tous les jours de ces changements. Telle qui était la suivante, devient la maîtresse de sa propre maîtresse. Elle change alors son foulard des Indes contre un chapeau à la dernière mode, sa robe d'indienne contre une robe de soie ; elle laisse là la joie épanouie de ses vingt ans pour prendre un air compassé et grave. Toutes les soubrettes de Paris viennent au monde, naturellement et sans façon, de grandes dames; laissez-les seulement grandir !

Après ces nobles soubrettes arrivent d'autres petites servantes moins avancées, non moins jolies ; celles-là sont encore au service de la bourgeoisie. Elles ont à peine un pied dans le luxe parisien. En attendant qu'elles soient au service d'une belle dame, elles servent comme elles peuvent tout un ménage. Le matin est pour ces jeunes personnes l'heure de la liberté; elles racontent à la laitière leurs petits chagrins de la veille, leurs espérances de la journée ; pour ces éphémères, toute la vie se résume par ces deux mots : *hier soir, aujourd'hui matin*. Elles ne diront jamais *demain;* c'est si loin, demain !

Bientôt arrivent à leur tour les domestiques utiles, cet être sérieux et triste que le Parisien appelle *sa bonne*, par une singulière ironie. La *bonne* est le tyran d'une maison. La *bonne* seule a une volonté ; elle ne fait que ce qu'elle veut. Elle bat les enfants, elle gronde le mari, elle est l'espion de madame, elle protége certains amis de la maison, à certains autres elle ferme la porte. Ce cruel despotisme est pourtant toléré par tous les pauvres bourgeois, qui ne sauraient s'y soustraire sans être obligés de s'occuper eux-mêmes des moindres détails de l'économie domestique. En fait d'hommes libres, je ne sais rien de moins libre que le bourgeois de Paris proprement dit. Il obéit à tout le monde, excepté à lui-même. Il obéit à sa femme, qui est coquette et légère jusqu'à trente ans ; qui, passé trente ans, est acariâtre et méchante. Il obéit à ses enfants, qui sont tous de petits prodiges ; il les porte dans ses bras quand ils sont petits, et quand ils sont grands il les porte sur ses épaules. Surtout il obéit à sa *bonne*, et c'est une obéissance entière : il ne mange que quand sa bonne le fait manger ; il ne boit que lorsque sa *bonne* le mène boire ; il se lève, il se couche aux ordres de sa *bonne;* il est forcé de promener le chien de sa *bonne* et de caresser le chat de sa *bonne*. Pauvre créature humaine ! Vous croyez que ce sont là tous ses tyrans ? détrompez-vous. Il y a là-bas, à la porte de sa maison, un tyran, un espion, un calomniateur, toujours prêt, toujours éveillé, toujours aiguisé, contre le bourgeois. Ce tyran, cet espion, ce calomniateur, c'est la portière ou c'est le portier ; quelquefois même, ce sont tout à la fois la portière et le portier de la maison.

La portière sort de chez elle après la *bonne*, et quand la femme de chambre est rentrée avec son lait. La femme de chambre est trop jeune et elle a à faire trop de belles et bonnes choses pour sympathiser beaucoup avec la *bonne*, qui a quarante ans, avec la portière, qui en a soixante. La jeunesse est déjà une vertu, heureuse et facile vertu : aussi la jeune soubrette s'accommode d'être fort peu de ce bavardage crasseux, de ces médisances souterraines. Lisette ou Julie est plutôt l'amie de sa maîtresse que sa servante ; elle sait tous les secrets les plus cachés ; elle est naturellement portée dans tous les mystères de ce boudoir dont elle a la bonne moitié. C'est elle qui habille sa maîtresse le matin, qui la déshabille le soir ; elle voit les larmes de ses yeux, elle entend les soupirs de son cœur, elle devine la joie de son sourire ; elle est toujours du parti de sa maîtresse, c'est-à-dire elle est toujours du côté de l'amant et contre le mari. Voilà les occupations, les plaisirs et les affaires de Lisette. Les jeunes femmes s'entendent si facilement et si bien ! elles aiment tant les choses d'amour ! L'amour égalise si complétement toutes les conditions ! Que voulez-vous donc que fasse Lisette entre ces deux vieillesses avides, mécontentes et jalouses, la portière et la *bonne*? Lisette, quand elle a son lait, remonte lestement l'escalier, et elle va préparer son déjeuner et celui de sa maîtresse, qui est rentrée hier bien tard, qui n'a pas rapporté son bouquet, qui a oublié le gant de sa main droite, et qui était si émue, si heureuse ! Lisette et sa maîtresse déjeuneront ce matin du même pain, de la même tasse de lait, et peut-être dans la même tasse. On mange si peu à vingt ans !

Vous voyez bien cet être équivoque au regard curieux, à la bouche médisante, au poil retors ; par le Ciel ! c'est la portière. La portière est de sa nature un être malfaisant, Chaque maison de Paris a sa portière nichée dans un trou au bas de l'escalier. Et du fond de ce trou, cet œil éraillé et malveillant observe tout ce qui entre et tout ce qui sort ; et du fond de ce trou, ces oreilles du roi Midas écoutent tout ce qui se dit et tout ce qui ne se dit pas : elle interroge, elle commente, même le silence ; et du fond de son trou, cette langue de serpent venimeux jette son venin sur les plus honnêtes gens de la maison. La portière, c'est la calomnie en graisse et en os ; elle déchire de son ongle noir toutes les réputations qui lui sont confiées. Écoutez-la ;

la voici qui raconte, au coin de la rue, à la laitière qui l'écoute, toutes les histoires, vraies ou fausses, de la maison confiée à sa garde. Au premier étage, l'huissier se présentera demain pour tout saisir. Au second étage, il y aura plainte en adultère dans huit jours. Cette mère de famille bat ses enfants, ces enfants battent leur mère. Ce monsieur n'est pas marié avec cette dame, cette dame vole les habits de ce monsieur. Savez-vous pourquoi on a acheté un pot de fleurs au troisième étage? Et celle-ci, le *quatrième*, l'autre jour dans ce fiacre dont les stores étaient baissés? Ainsi, dans cette loge infernale, c'est chaque jour un flot d'injures qui déborde et qui s'en va gronder autour de la laitière, je ne dirai pas comme le lait, mais comme la boue des rues. La *bonne*, pour n'être pas vaincue à son tour par la portière, renchérit sur les récits de celle-là. La *bonne* sait moins d'histoires que la portière; en revanche elle les sait mieux. Elle voit de plus près ses victimes. Elle raconte donc comment son *bourgeois* a mis l'autre jour son argenterie au mont-de-piété; comment *madame* a emprunté le châle ou le voile d'une de ses amies pour aller au spectacle. Ces horribles mégères s'appesantissent principalement sur la misère de leurs maîtres. C'est là leur grande joie, calculer la ruine de l'homme dont elles mangent le pain, dont elles habitent le toit. N'est-ce pas dur et pénible de voir un si triste débat s'établir ainsi chaque matin autour d'un vase rempli de lait? le lait, cette liqueur innocente, cette boisson de l'Idylle, cet emblème poétique de la virginité des âmes et de la pureté des cœurs; le lait, chanté si souvent par Théocrite et par Virgile; le lait, qui devient ainsi, à tous les coins de Paris, une espèce de ruisseau fangeux autour duquel se donnent rendez-vous toutes les calomnies d'antichambre et toutes les médisances des cuisines du quartier!

Et ce qui ne vous étonnera pas médiocrement, c'est qu'à Paris toutes les maisons, je dis les plus riches, les mieux habitées et les plus belles, sont soumises à cet affreux despotisme. Voici l'hôtel d'un grand seigneur; le dehors est magnifique.

l'or et la soie éclatent aux draperies des croisées, la cour est remplie de chevaux anglais et de voitures à riches armoiries ; entrez ! Avant de voir le maître ou la maîtresse de ces beaux lieux, vous êtes forcé de parler nez à nez à une portière crasseuse qui lave son linge dans un baquet, à son petit qui rôtit de la viande au coin du feu, ou à son mari qui fait des souliers dans le coin le plus obscur de sa niche. Ce qui prouve que rien n'est complet sous le soleil.

Et quand ainsi chaque maison a reçu sa provision de lait, le fourneau s'allume, on fait le café du matin, et ce n'est que lorsque le café est pris que la journée parisienne est commencée.

A vrai dire, ce café au lait est une triste drogue et d'une très-difficile digestion. Cela se compose d'un peu d'eau chaude ressemblant à du lait, d'une poudre noire, concassée et pulvérisée chez l'épicier, d'une betterave changée en sucre, et d'un tout petit morceau de pain délayé dans ce mélange. Tel est le déjeuner courant et quotidien des bourgeois et des bourgeoises, des domestiques et des maîtres ; on n'en connaît pas d'autre. Un grand politique a calculé que le plus sûr moyen d'arrêter une révolution ou de suspendre une émeute parisienne, serait de fermer la barrière aux laitières. Cette passion du café au lait est si grande, que sous l'Empire et pendant la guerre continentale, le Parisien le moins riche aimait mieux payer une livre de café dix-huit francs, et une livre de sucre tout autant, que de se priver de son café au lait chaque matin. En ce temps-là, celui qui était assez riche pour ne pas se priver de sucre et de café, déjeunait sur sa porte ou à sa fenêtre, par vanité. Il y en avait beaucoup qui prenaient leur café sans sucre, comme font les Arabes. Aujourd'hui même, où le sucre et le café sont des denrées, Dieu merci, fort communes, on voit affiché dans Paris du *café châtaigne*, du *café betterave* et autres sortes de cafés ; dans ces sortes de compositions, il y a de tout, excepté du café. Cette horrible décoction a le double avantage de nourrir très-mal son homme, et de donner aux petites-maîtresses qui en font usage une pâleur livide et maladive qui ressemble beaucoup à la jaunisse. J'espère que voilà des détails *trollopiques,* s'il en fut.

Ce qui me plaisait encore beaucoup dans cette étude du petit monde parisien, c'était de voir enfin la laitière, quand son lait était épuisé, recharger ses ustensiles sur sa petite voiture, prendre en main les rênes de son cheval, appeler en sifflant son terrible boule-dogue, et partir au petit trot, non pas sans jeter un ironique coup d'œil de mépris sur ces sottes maisons où les jeunes servantes sont aussi coquettes que leurs maîtresses, où les vieilles servantes sont autant de despotes insatiables, stupides maisons qui prennent l'eau de Seine pour du lait pur, et qui nourrissent à leur porte ces reptiles venimeux qu'on appelle des portiers.

Il me semblait entendre la laitière, robuste et intelligente paysanne, parler ainsi à ses pratiques les bourgeois : — Imbéciles ! j'emporte de votre ville deux choses que vous n'aurez jamais de nous autres paysans : j'emporte votre argent et vos secrets.

X

LE CAFÉ DE TORTONI

<-------->

Il est donc bien convenu que le Parisien ne déjeune guère. Il a trop à faire et puis il a de trop grandes affaires ; il est persuadé qu'un déjeuner plus substantiel lui ôterait le libre exercice de ses ambitions, de ses projets, de son avarice, de ses passions. Pour que la tête du Parisien soit libre, il faut que son estomac soit libre aussi. On ne pousse pas plus loin toutes les précautions à l'usage de l'*homme machine*. Cependant il y a dans Paris un bel endroit bien fréquenté où l'on déjeune sérieusement, du moins en apparence : c'est le Café Tortoni.

La réputation du Café Tortoni est européenne. Il est situé sur le boulevard, presque à l'angle de la rue Laffitte, on devrait dire de la rue Rotschild, cette rue de la finance. Il n'est pas d'étranger qui, le soir, dans l'été, n'ait été se reposer à l'ombre éclatante et éclairée du café Tortoni. C'est le rendez-vous général du beau monde, c'est une halte obligée au sortir de l'Opéra. Les femmes elles-mêmes y affluent dans leurs belles toilettes, dans les belles nuits limpides de l'été. A Tortoni, le soir, la glace prend tous les noms et toutes les formes. Les plus riches équipages entourent ce vivant glacier d'une triple ceinture de livrées et de chevaux admirables. Voilà pour le Tortoni du soir; mais le Tortoni du matin vous présente un tout autre aspect. Hier, en se retirant, le Tortoni du soir s'est dit tout bas : *A demain les affaires sérieuses.* Aujourd'hui le Tortoni du matin ne pense même pas à se dire : *A ce soir les plaisirs.* En effet, le Tortoni du matin n'est rien moins que le péristyle de la Bourse, ce grand temple ou plutôt ce vaste gouffre de la fortune publique. Dans cette maison vous voyez

accourir chaque matin les agents de change le plus en crédit sur la place, tous les banquiers importants, tous les *marrons* de quelque poids. Ces messieurs arrivent tout habillés, tout gantés, comme s'ils allaient au bal. Le cheval s'arrête devant la porte du café, le maître en descend, et sa première visite est pour le buffet, où il choisit lui-même son déjeuner. Tout en se livrant à cette occupation importante, notre homme regarde, écoute, salue. Il a l'air discret autant qu'affamé. Il appelle tout haut le garçon : Vite, vite ! je n'ai pas le temps d'attendre. Le pauvre homme ! En effet, il a tant de choses à faire aujourd'hui ! Cependant il s'assied à une table, on l'entoure. On se dit bonjour sans penser à mal. Puis, par un certain détour qui n'appartient qu'à la rhétorique de ces messieurs, ces messieurs s'interrogent les uns les autres — Quoi de nouveau ? Qu'y a-t-il ? — Mon Dieu, rien de nouveau. — Madame Stoltz était bien en voix avant-hier ; M. Berryer a été admirable à la Chambre ; le Roi est allé visiter les fortifications. On a rencontré M. le duc d'Aumale dans la rue Blanche. — M. de Chateaubriand est malade. M. de Rotschild vient d'obtenir le grand cordon de la Légion-d'Honneur. — Avez-vous lu le nouveau pamphlet intitulé : *les Boutons de guêtres ?* ça mord violemment. — Le petit baron C*** a pris la fuite : il a perdu cent mille écus à la Bourse. — Que dites-vous, cent mille écus ? trois millions, mon cher ! Le cousin de mon beau-père est là dedans pour huit cent mille francs. — Vous savez les nouvelles de la grande tragédienne ? — Décidément, les Anglais sont battus dans l'Inde. — Du reste, rien de nouveau, sinon que le ministre de la Guerre s'est brûlé la cervelle hier soir. — Quoi ! le ministre de la Guerre ? — Rien n'est plus vrai. On l'accusait de porter sans brevet la croix de chevalier de la Légion-d'Honneur. — Le ministre de la Guerre n'avait pas la croix d'honneur ? — Il paraît que non, mon cher ! — Ah bah ! tiens ! et moi qui lui ai vu le grand cordon ! — Ainsi parlent nos deux interlocuteurs ; seulement ils oublient d'indiquer qu'il s'agit du ministre de la Guerre en Belgique. Vous cependant, innocent étranger, qui entendez par hasard cette conversation de bonnes gens, vous les trouvez bien naïves et bien simples, et vous ne comprenez pas qu'on mêle ainsi les choses plaisantes aux choses sérieuses ; vous êtes un nouveau venu, mon cher. Tous ces hommes, si jeunes, si simples et si bons en apparence, qui mangent si naïvement une aile de poulet froid et qui boivent de l'eau rougie, tenez-vous bien !

ce sont des habiles parmi les plus habiles. A l'heure qu'il est, ils ont l'air aussi innocents que vous l'êtes en effet ; eh bien ! il n'y en a pas un seul parmi ces naïfs qui n'ait lu en se levant, avec le plus grand soin, tous les journaux de toutes les couleurs, qui n'ait prêté avec inquiétude l'oreille à tous les bruits les plus divers ; pas un seul qui, toute la nuit, n'ait appliqué son attention à la seule ambition, à la seule gloire, à la seule pensée de sa vie, l'argent. Gagner de l'argent, en gagner beaucoup, en gagner toujours, pour le dépenser avec un mépris qui tient du délire, voilà le métier de ces gens habiles. Et que de soins ne leur faut-il pas pour veiller en même temps sur eux-mêmes et sur les autres ! Et que d'intelligence ne leur faut-il pas pour comprendre en même temps les vérités les plus diverses et les mensonges les plus opposés ! Et quelle infatigable patience à chercher, à attendre le jour de la fortune ! et quel grand courage pour frapper le coup décisif quand le moment de frapper est venu ! Et quelle ambition dévorante, cette ambition de l'argent ! Et quel est le supplice de ces Tantales de la Bourse, qui voient couler devant eux le fleuve de la richesse française et qui se baissent incessamment pour puiser à pleines mains dans ce flot d'or qui recule toujours sous leurs yeux éblouis ! Et avec quelles prières suppliantes ils demandent au hasard la goutte d'eau qui doit désaltérer leurs gosiers avides ! Ces gens-là sont bien curieux à étudier. Leur rôle est joué avec tant d'aisance ! ils sont de si excellents comédiens ! Ils ont si bien étudié la grâce et les mouvements du chat qui guette la souris ! Cependant, comme je vous le disais, chaque matin ils font semblant de venir déjeuner gaiement et en toute liberté de cœur et d'esprit.

A cet instant de la journée les hommes d'argent ont encore leur masque d'hommes civilisés. Ils ont les belles manières du monde, ils se saluent avec grâce, avec politesse, — avec la grâce et la politesse de deux duellistes de profession qui vont bientôt se mettre en garde pour s'égorger.

Pour les étrangers, le spectacle de cette réunion de spéculateurs est un spectacle plein d'intérêt et de curiosité; d'autant plus qu'à côté des gros bonnets de l'ordre et des caisses les mieux remplies, à côté de financiers sérieux, vous rencontrez de jolis petits jeunes gens qui, en désespoir de cause, se mettent à jouer le grand jeu de la Bourse, pour en finir tout d'un coup soit avec la misère, soit avec la vie. Pour ceux-là, il ne s'agit pas de construire une fortune, il s'agit de reculer la ruine. Il leur faut encore, rien que pour trois mois, rien que pour huit jours, conserver leurs meubles dorés, leur loge à l'Opéra, leurs chevaux au bois de Boulogne, leur maîtresse au théâtre des Variétés. — Rien que trois mois, rien que huit jours ! Que la Bourse leur accorde seulement les vingt mille francs dont ils ont besoin pour ne pas se tuer tout de suite, après quoi leur parti est pris et bien pris, l'arme est chargée, leur cervelle est toute prête à sauter ; vous verrez, vous verrez comme ils savent mourir. Les imprudents et les malheureux ! Mais comment font-ils pour conserver cette santé, ce sourire, cette vive allure, pour cacher sous tant de joies apparentes des angoisses si poignantes? Mystères des mystères ! Après ceux-là, vous rencontrez, plongés dans une extase muette, les *coulissiers* les plus acharnés, ceux qui ont été déjà ruinés deux ou trois fois, et qui, après avoir été chefs d'une maison de banque, vivent des miettes, des replâtrages, des morceaux dont les autres ne veulent pas. Ceux-là s'en vont chaque jour grapillant obscurément dans le cinq-pour-cent, glanant dans le trois-pour-cent, faisant le *Bon du Trésor* ou les actions de la *Banque de France*, achetant ou revendant les obligations de la Ville, dont ils assurent les primes au besoin, tripotant sur Naples, sur l'Espagne ou le Portugal, par petites et imperceptibles fractions, Ouvrards en guenilles, Rotschilds en haillons.

Tout d'un coup sonne lugubrement une certaine heure. Chacun remonte dans sa voiture, les chevaux s'envolent au galop, et bientôt tout disparaît, le boulevard, les arbres, les maisons, le *Pavillon d'Hanovre*, cette maison que M. le maréchal de Richelieu s'était bâtie, et que les Parisiens l'accusèrent d'avoir volée à la guerre. Le *Pavillon d'Hanovre!* le nom est resté à la maison de M. de Richelieu. En vain les jardins ont été vendus en lambeaux, en vain l'hôtel superbe a été démoli, le sarcasme est resté ; on dit encore, et l'on dira toujours, le *Pavillon d'Hanovre.* Si M. le duc de Richelieu eût gagné cette maison à la Bourse, il y a longtemps que Paris lui eût pardonné cette bonne fortune ; mais la gagner à la guerre, faire sa fortune avec gloire, voilà ce qu'on ne pardonne guère dans aucun pays de l'univers.

Intérieur d'un Restaurant.
(Les Trois Frères Provençaux.)

M. Soulié, Quai Malaquai N° 9, Paris, 1845.

XI

LA FASHION

<-->

Un autre jour nous irons à la Bourse ; puisque nous sommes bien dans le splendide Café, restons-y. Déjà les rues de Paris sont moins remplies que tout à l'heure. La foule allait à ses affaires, elle est arivée à ses affaires, attendez qu'elle en revienne. Paris est réglé comme la mer, il a son flux et son reflux à certaines heures du jour. Le Café, si rempli tout à l'heure de tant de passions silencieuses, est à peu près vide. Quelques députés du tiers-parti déjeunent tranquillement sans avoir peur d'arriver trop tard à la séance, car la séance sera rude : M. Fulchiron doit parler en faveur de la tragédie française et protéger Corneille, Racine et Voltaire contre les novateurs. Dans un autre coin, voici un musicien de l'Opéra qui attend l'heure de la répétition et qui tire sa montre à plusieurs reprises. Dans la rue, vous voyez déjà circuler contre les murs et de leurs pas le plus léger quelques petites-maîtresses sur le retour ; l'heure de la Bourse est pour elles l'heure de la liberté, et elles en profitent, honteuses cependant d'être si matinales. Ces grands jeunes gens tout blonds arrivent d'Angleterre ; ils en sont à leur premier voyage, et ils s'étonnent de voir si peu de monde venir à leur rencontre. Il y a là des Allemands qui voyagent en philosophes, des Italiens réfugiés qui n'ont sauvé de la liberté italienne, ce noble débris, qu'une centaine de mille livres qu'ils viennent manger à Paris, loin du Spielberg ; il y a là de malheureux proscrits polonais qui n'ont plus de leur ancienne fortune qu'un million ou deux emportés par bonheur ; en un mot, ce lieu-ci est le rendez-vous de tous les riches oisifs, ou, si vous aimez mieux, de tous les oisifs. On y parlait d'argent tout à l'heure, à présent on y parle de cannes, de cravaches, de chiens, de modes nouvelles. Quant aux chevaux, le grand sujet de la conversation parisienne, ce n'est pas le lieu d'en parler : il y a un club à Paris fondé tout exprès pour cette causerie toute remplie d'émotions. Au reste, ne vous fiez guère aux beaux jeunes gens qui parlent incessamment de leur écurie : le cheval est la plupart du temps une illusion à deux francs la course dans l'histoire du beau monde parisien.

Si vous êtes tant soit peu observateur, vous remarquerez, dans une salle du Café, un petit cadre qui a l'air bien inoffensif en apparence. Dans ce petit cadre sont renfermées les annonces des dandys de Paris, écrites à la main. Sur ces petits morceaux de papier vous lisez sans fin et sans cesse les annonces suivantes : — A vendre, un cabriolet *presque neuf.* — A vendre, un tilbury *qui a fort peu roulé.* — A vendre, une berline anglaise. — A vendre, une paire de harnais de Brune, *aussi bons que neufs.* — A vendre, deux chevaux. — Un cheval. — Une jolie petite jument. — Un fusil de chasse. — Un vase étrusque. — S'ils pouvaient afficher *leurs maîtresses ayant fort peu servi,* nul doute que la maîtresse ne serait affichée à côté du cheval : car dans ce petit cadre, tous ces petits jeunes gens ruinés viennent mettre à l'encan leur luxe de la veille pour payer à moitié leurs créanciers du lendemain. J'avais besoin d'un cabriolet et d'un cheval, j'eus bientôt trouvé ce que je voulais dans le cadre en question.

— Monsieur, me disait le vendeur, je vous vends le cheval, le cabriolet, et je vous donne le domestique par-dessus le marché, s'il vous plaît.

— Monsieur, disait le domestique, il m'est dû trois mois de gages... Cheval, domestique, cabriolet, tout fut à moi pour fort peu d'argent. A la vérité, le cheval était poussif, l'essieu du cabriolet se brisa le second jour, et le domestique se paya sur ma montre des trois mois de gages que son ancien maître lui devait.

Quand je portai ma plainte au garçon du Café : — Monsieur, me dit-il, vous auriez eu tout cela à bien meilleur prix si vous aviez attendu le Mardi-Gras ou le mercredi des Cendres. Ce jour-là, deux chevaux anglais de six ans ne se vendent pas plus cher qu'un seul cheval, et l'on a la voiture par-dessus le marché. Tel est ce grand bazar où se vendent tant de choses, où se vendent toutes choses. Paris est un terrain mobile où les révolutions les plus soudaines sont à peine suivies d'un étonnement de vingt-quatre heures. Interrogez les souvenirs du *Café de Paris*, et vous resterez bien étonnés de toutes ces histoires surprenantes. Dans le fond de l'histoire, c'est toujours le même héros, c'est toujours la même catastrophe : un petit jeune homme de dix-huit ans mal accompli qui s'en vient faire ses premiers essais de la vie élégante avec un peu d'argent comptant que lui a donné sa grand'mère. A peine arivé, ce bon petit jeune homme est entouré de toutes parts. L'usurier veut savoir quel est l'*avenir* de ce jeune homme ; la femme galante, qui ne voit pas si loin, se demande s'il a au moins six semaines à mener la vie des riches ; le marchand de chevaux s'occupe, avant tout, de lui donner un groom de sa main ; bientôt ce ne sont plus que tapissiers, tailleurs, bijoutiers, maquignons et le reste. Le peu d'argent comptant s'en va bien vite. L'argent parti, le prêteur d'argent se présente, et voilà mon jeune homme qui, en moins de six mois, a parcouru d'un bout à l'autre cette pente glissante, jusqu'au jour où il affiche lui-même, dans le cadre placé là, son luxe passé, sa ruine présente. Alors que devient-il, le malheureux? S'il est resté un homme de cœur et d'esprit, il entre dans la vie laborieuse; s'il est resté quelque peu jeune et beau, il se marie avec une femme vieille et riche; ou bien, si son père lui pardonne et le rappelle, alors notre enfant prodigue rentre sous le toit paternel, où il regrette nuit et jour la vie dissipée, les nuits de bal et d'orgie, les amours faciles, tout le vagabondage d'autrefois. — A cette vie malheureuse il y a encore une issue, la prison pour dettes, cinq années de la vie; que disons-nous? cinq années de sa jeunesse en échange d'une paire de chevaux poussifs, d'un tilbury passé de mode, d'un habit râpé, de vins frelatés, et de honteuses amours à la portée du premier venu.

C'était bien la peine d'être jeune, beau et riche, pour venir afficher misérablement toutes ces richesses à la porte du *Café de Paris.*

XII

LE CHATEAU DES TUILERIES

<----->

Depuis la révolution de Juillet, le château des Tuileries a grandi de toute la hauteur d'une révolution. Autrefois le château des Tuileries était tout simplement le palais du roi ; ce palais était entouré de soldats. Les Cent-Suisses, ces hommes helvétiques, épées plus longues que bien aiguisées, soldats bien plus curieux qu'utiles; les gardes-du-corps, belles cuirasses dorées et à toute épreuve, nobles cœurs, intelligences habiles ; la foule des courtisans qui refaisaient de leur mieux l'ancien régime, sinon avec le vieil esprit et la vieille grâce française, du moins avec la même obéissance obséquieuse : tels étaient les habitants et les maîtres de ce vaste château. Le roi était enfermé le dernier dans les grilles de son Louvre, il était le premier esclave de cette étiquette restaurée; il subissait sans se plaindre, et comme une des conditions de sa triste royauté, l'assaut quotidien de ces prêtres et de ces gentilshommes qui s'imposaient au roi légitime en leur qualité de clergé légitime, de noblesse légitime. Dans le fait, ces trois légitimités avaient la même valeur l'une et l'autre, c'est-à-dire qu'elles étaient bâties sur le même sable. Le château des Tuileries, gardé par des gardes-du-corps, servi par des gentilshommes de la chambre du roi, rempli de courtisans et de prêtres, de cravats et de grands-cordons bleus, était une façon de paradoxe hasardé par quelque rhéteur malhabile dans ce pays constitutionnel, paradoxe innocent et peu dangereux, et qui se rattachait à des vérités incontestables, mais passées de mode : la vieille monarchie, les vieilles croyances, la vieille noblesse. Mais il eût fallu à toutes ces antiquités respectables un peuple moins sceptique et moins nouveau.

Aujourd'hui donc que l'on a fait subir à la royauté, cette âme mystérieuse du monde politique, les derniers et les plus sanglants outrages, comment une royauté quelconque a-t-elle pu songer un instant à se soustraire à cette loi nouvelle des royautés de l'Europe qui leur crie chaque matin : — Souviens-toi que tu es roi, c'est-à-dire soumis à toutes les vicissitudes des autres hommes? — *Nihil humani alienum!* Les Français surtout, depuis trente ans, ont-ils assez outragé leur ancienne idole, leur ancien orgueil, leur vieil amour, je dis plus, leur impérissable amour, la royauté! Rien n'a pu assouvir cette fureur soudaine qui a saisi la nation depuis trente ans, et qui la pousse incessamment à briser tous les pouvoirs, bons ou mauvais, usurpés ou légitimes ; il suffit que le roi ait des pouvoirs! Ces Français, qui avaient été les sujets, ou plutôt les muets de ce despote nommé Louis XIV, ils s'en vont un matin à Versailles chercher le roi et la reine, et l'enfant royal et toute cette famille, la sainte prédestinée du malheur, et à travers les haches sanglantes, à travers les piques porteuses de têtes coupées, à travers les malédictions obscènes de la halle, les imprécations furibondes des faubourgs, à travers tout ce qui était vice et sang, cruauté et corruption, lâcheté, infamie, on conduit ce roi et cette femme et ces enfants dans ce même château des Tuileries, étonné de tant de fureurs, et qui depuis ce temps n'a plus été que la grande auberge des rois.

Comment donc, je ne dis pas le roi Charles X, l'imprévoyant gentilhomme ; je ne dis pas M. le dauphin, ce dernier né de la vieille cité des Bourbons, dernier écho de tant de voix puissantes, dernier effort de tant d'énergie, dernier représentant de tant de héros ; je ne dis pas madame la duchesse de Berri, malgré tout son dévouement, toute sa loyauté, tout son courage ; mais au moins comment donc madame la dauphine, cette âme éprouvée par des infortunes plus grandes que n'en ont jamais rêvé les poëtes dramatiques les plus impitoyables, comment madame la dauphine, cette intelligence exercée par le malheur, cette enfant gâtée de l'adversité, qui ne lui a épargné, Dieu merci, aucune de ses leçons les plus sévères et les plus injustes, a-t-elle pu prendre au sérieux le palais des Tuileries? Comment a-t-elle osé dire, elle, cette chrétienne stoïque, rentrée dans ces murs par un miracle : *Seigneur, nous sommes bien ici, dressons-y, s'il vous plaît, trois tentes?* Madame la dauphine avait-elle donc oublié, tout comme le roi Charles X, et tout aussi bien que monseigneur le dauphin, la sévère histoire écrite en caractères sanglants sur les murs des Tuileries? Il y a dans le jardin des Tuileries une allée sur laquelle le peuple plaça un ruban vert, pour témoigner qu'il se séparait à jamais de la royauté de France. Ce ruban vert fut un mur d'airain infranchissable ; aucune fidélité n'osa le franchir ; un imprudent jeune homme, qui avait passé un pied en dehors de ce Rubicon terrible, ôta son soulier devant le peuple, et avec son habit il essuya l'empreinte de cette poussière royale! Le vent de 93 est venu qui a emporté ce ruban vert, mais la funeste barrière entre le peuple de France et les enfants de saint Louis n'a jamais été levée. Si madame la dauphine se fût mise à la fenêtre, elle eût pu la voir encore de ses yeux d'aigle, cette barrière infranchissable ; mais, au fait, par quelle fenêtre de ce palais madame la dauphine aurait-elle osé regarder le peuple de Paris? A chacune de ses ouvertures, le roi Louis XVI, sommé de comparaître, a été insulté en personne! à chacune de ces fenêtres, la reine, cette malheureuse Antoinette d'Autriche, rappelée par les voix vineuses des furies de la guillotine, était forcée de venir nuit et jour et de tendre à ce peuple abominable ses mains suppliantes et son enfant! Je ne conçois pas, en vérité, à présent que j'y pense, que cette famille de rois proscrits ait osé rentrer dans ce château des Tuileries, si rempli pour eux de désastreux souvenirs. Dans ce château des Tuileries, il y a une porte par laquelle est entré le roi Louis XVI comme un captif qu'on jette en prison ; dans ce château des Tuileries, il y a une porte par laquelle est sorti le roi Louis XVI pour aller dans sa prison du Temple ; dans ce château des Tuileries, il y a un lit, le lit de la reine de France, qui a été souillé, tout chaud encore, par des baïonnettes sanglantes !— Et voilà pourtant le château qu'ils allaient habiter, et voilà pourtant le lit souillé dans lequel ils croyaient dormir, les insensés !

Bientôt ce roi, Louis XVI, chassé de ce palais déshonoré des Tuileries, fut traîné de la prison du Temple, son dernier palais, à l'échafaud, son dernier trône. Au moins, cette fois, la mort sauvait le roi de l'insulte ; au moins, cette fois, sur ce trône ensanglanté, on coupait la tête du roi, on ne la coiffait pas du bonnet rouge! N'importe, l'atteinte, pour être plus honorable, n'en fut pas moins entière. Les sujets des rois de France, qui s'étaient d'abord étonnés *de la quantité de larmes que contenaient les yeux des rois*, finirent par s'étonner *du peu de sang que contenaient leurs veines*. Ce roi égorgé précéda de quelques heures dans la tombe son clergé et sa noblesse, égorgés par le même couteau. Quelques jours plus tard, la reine elle-même, oui, la reine, cette noble femme, cette mère, cette sublime malheureuse, tendait au bourreau sa tête blanchie en vingt-quatre heures, hélas! Quelques jours plus tard, madame Élisabeth, cette admirable et sainte fille, franchissait d'un pas léger les marches glissantes de ce triste autel où elle allait gagner les palmes du martyre. Tout à coup le peuple, qui était déjà inattentif à ce sang royal qui allait couler (il avait déjà vu tant de sang royal), porta un regard avide et curieux sur le sein de cette jeune femme, dont le mouchoir venait de tomber. La foule savait comment mouraient les rois ; elle allait apprendre comment on souillait les virginités royales. Mais la jeune Élisabeth, cette vertu que rien n'a pu ternir, sortant enfin de cette calme résignation qui fut sa vie, et se voyant la gorge nue en présence de cette foule à qui elle ne devait que sa tête : — Monsieur le bourreau, s'écria-t-elle, couvrez-moi ! (Elle avait les mains liées.) Et le bourreau, plus humain que son aide le peuple de 93, couvrit cette belle gorge si agitée par la pudeur, et que la mort n'avait pas fait battre. Ceci ne vous rappelle-t-il pas ces vers touchants du poëte français, par exemple :

> Elle tombe, et, tombant, range ses vêtements,
> Dernier trait de pudeur à ses derniers moments.

Quelques jours plus tard encore, le jeune dauphin, pauvre enfant qu'avait souillé tout haut l'infâme accusation de Fouquier-Tinville, était assommé à coups de pied par le savetier Simon, comme on ne tuerait pas un chien enragé.—Et voilà ce que le château des Tuileries avait fait de ses derniers habitants.

Malheur aux grandeurs flétries dans leur racine par l'insulte populaire ! Malheur aux palais des rois, brisés jusque dans leurs fondements ! Ce que frappe la foudre, on le répare. Les flèches des cathédrales ont été brisées par le feu du ciel, elles ont été rétablies là-haut par des manœuvres habiles. Mais quel est le manœuvre assez puissant pour réparer un des quatre morceaux de bois doré et changer le morceau de velours dont se compose un trône ? Ce château des Tuileries, pas plus que le château de Versailles, ne s'est relevé de tant de régicides multipliés. Quand, à force de liberté sanglante, à force de victoires au dehors et de défaites au dedans, la France fut tombée sous le joug licencieux et méprisé du Directoire, cet efféminé Barras et ses dignes collègues, ces trois hommes qui eurent tous les genres d'audace, voire même l'audace de la peur, n'osèrent pas habiter le château des Tuileries. Cette solitude leur fit peur ; l'histoire écrite sur ces murailles les fit pâlir et les entendit trembler au fond de l'âme ; il devait y avoir, à minuit, l'heure des fantômes, dans ces demeures royales, des ombres royales, des revenants décapités qui portaient leur couronne sur le tronçon de leur cou, faute de tête ; une veuve royale en longs cheveux blancs qui s'en revenait de la mort, vêtue du casaquin blanc que lui avait prêté par charité une comédienne, et de la robe noire raccommodée de ses propres mains avant de marcher à l'échafaud. Barras eut peur : ce voluptueux ambitieux qui réussit une heure, parce que pendant une heure il se trouva de niveau avec le vice de son temps, vieux levain de la cour de Louis XV, qui n'avait pas eu son éruption et qu'avait comprimé la terreur ; Barras, qui avait souillé tant de lits, n'osa pas se coucher dans le lit de la reine ; il eut peur qu'à peine endormi dans les bras de ses courtisanes, le grand roi Louis XIV, poussé par l'orgueil de sa race, ne fît retentir les dalles silencieuses de son talon rouge, qu'il ne vînt tirer lui-même les rideaux de ce lit obscène, et demander à ce cadavre couché là avec d'autres cadavres, au milieu des Tuileries et sur les fleurs de lis de France, quel était son nom de Bourbon et quelle place son règne occupait donc parmi tant de règnes? Le Directoire laissa les Tuileries désertes ; à peine le Directoire parut-il aux heures où les morts se cachent dans leur suaire ; mais sa vie de chaque jour, mais ses nuits d'orgie, mais le repos de ses servitudes, mais les combinaisons de cette politique vénitienne, vénitienne par le vice et par la peur, mais ses terreurs causées doublement par les victoires et par les revers, le Directoire cacha tout cela dans le palais du Luxembourg, élevé à l'italienne par l'Italienne Médicis.

Les Tuileries ! palais souillé par les révolutions sanglantes ! murs déshonorés par des trahisons de tout genre ! Quand le frère de Louis XVI ramena dans ces murs cette royauté restaurée pour durer quinze ans à peine, on eût pensé que cette fois le feu roi serait remis en honneur dans ces murs, dont il avait été arraché par le bourreau ; on eût pu croire que la reine Marie-Antoinette, qui a tant versé de larmes dans ces murailles épouvantées, y verrait au moins son image et son souvenir remis en honneur. Oh ! que non pas ! Sa Majesté Louis XVIII ne s'arrêtait guère à de si tristes souvenirs. Il n'avait pas assez de temps devant lui pour porter le deuil de sa race. A présent donc qu'il était redevenu un roi, il ne songeait qu'à jouir en paix de sa monarchie ressuscitée ; à ces causes, la reine de France obtint à grand'peine un autel funèbre dans cet abominable cachot de la Conciergerie, dont elle n'avait été tirée que deux fois en vingt jours : une fois pour être insultée par des juges abominables, et le lendemain pour être livrée au bourreau. Quant au roi Louis XVI, une chapelle fut élevée à sa mémoire, mais bien loin du château des Tuileries, bien loin du roi son frère Louis XVIII qu'eût troublé ce voisinage funèbre. Pauvre roi ! pauvre martyr ! Ils l'avaient abandonné à sa propre misère ! Ils l'avaient laissé prisonnier, lui et sa famille ! Ils avaient contribué, par leur fuite loin de ce royaume en révolution, à soulever les haines de la multitude et les fureurs populaires ; et maintenant qu'ils étaient de retour après tant d'années d'exil, la mémoire du roi martyr leur était importune ; ils chassaient ce souvenir qui dérangeait leur triomphe ! A chaque instant ils revoyaient, comme fait Macbeth, l'ombre de Banco : *Du sang ! toujours du sang !* et, pour ne plus rien voir, ils fermaient les yeux. Tout ce qu'on fit en l'honneur du roi égorgé, ce fut d'instituer une messe funèbre dans l'église de Saint-Denis, et de commander une statue à un habile sculpteur. Cette statue de marbre était destinée à un monument expiatoire ; le sujet était naturellement trouvé dans cette grande parole suprême de l'abbé Edgeworth : *Fils de saint Louis, montez au ciel !* Mais, ô vanité des souvenirs et du respect ! cette messe funèbre du 24 janvier, cette expiation d'un crime abominable fait pour déshonorer toute une histoire, ce dernier et frêle respect qui s'attachait au souvenir d'un roi de France, tout cela a été aboli par la Révolution de Juillet! bien plus, le monument expiatoire du roi martyr, après quinze années de prospérité et de toute-puissance, la Restauration l'avait à peine achevé, et ce fut le Roi de Juillet qui eut l'honneur de rendre les derniers devoirs à la mémoire de Louis XVI, et de placer ce monument expiatoire sur le tombeau définitif du roi martyr!

XIII

LES CENT-JOURS

On écrirait une belle histoire avec le château des Tuileries. Dans ce Paris qui n'est pas crédule, Dieu merci, vous entendez plus d'un homme du peuple vous raconter sérieusement que le palais des Tuileries est habité par un génie malfaisant, le petit homme rouge, qui se montre à de certaines heures funestes. — On l'a vu en 1814, — on l'a vu en 1830, — on l'a vu qui se promenait autour du drapeau le jour où mourut M. le duc d'Orléans. Ainsi le château des Tuileries a passé à l'état de légende; le peuple en a peur, lui qui n'a peur de rien; tous les nouveaux venus au pouvoir en ont peur.

Il n'y eut que Napoléon Bonaparte, quand il eut jeté avec le fer et le feu, avec la gloire, avec l'innocence d'une vie qui n'avait appartenu ni au passé royal ni au passé républicain de la France, les premiers fondements de sa toute-puissance, monument d'airain aux pieds d'argile, qui osa prendre, comme un roi, possession du château des Tuileries. Cet imprévoyant grand homme, arrivé au faîte humain, s'imagina qu'il était parvenu au faîte royal. Il se dit que s'il y avait des brèches au palais des Tuileries, on n'avait qu'à y mettre de la pierre ; que s'il y avait du sang sur les murs, on n'avait qu'à les passer à la chaux vive ; que si les grilles avaient été forcées, il fallait les entourer de canons, et que pour gardes-du-corps et pour cent-suisses, il avait Aboukir, Iéna, Wagram, Austerlitz ! Il se figurait, celui-là aussi, que l'histoire de France commençait à lui, l'Empereur ! que la royauté de France commençait à lui, l'Empereur ! qu'il n'avait fait que reprendre sa couronne dans le trésor des rois de France, son ampoule à Reims, son oriflamme à Saint-Denis ! S'il avait eu le temps il aurait intenté un procès à la vieille race de saint Louis, pour avoir occupé ses Tuileries et pour avoir usurpé son trône si longtemps ! Voilà comment il croyait à sa fortune.

Qui sait ? Il y a tant d'influences inconnues dans les lieux qu'habitent les hommes ! Vous étiez joyeux tout à l'heure, et tout d'un coup votre guide vous arrête sur les ruines de quelque cité anéantie : *Campos ubi Troja fuit;* et tout d'un coup votre sourire s'arrête et vous voilà devenu tout pensif. Je doute que Voltaire lui-même, s'il fût entré par une douce soirée d'été dans quelque sainte cathédrale à demi éclairée par les derniers feux du jour, et s'il se fût trouvé seul, dans l'ombre colorée des vitraux, au milieu des derniers parfums de l'encens et des derniers soupirs de l'orgue, ne se fût pas mis à genoux comme un catholique fervent aux pieds de Notre Seigneur Jésus-Christ, son ennemi éternel ! Ainsi peut-être le château de Tuileries eut son influence inévitable sur le jeune premier Consul d'une république de dix ans, déjà vermoulue. Du haut de ces voûtes solennelles descendait sur le jeune Bonaparte le souvenir vivant toujours de la puissance absolue qui avait élevé ces murailles. L'écho de ces vastes salons répétait incessamment des ordres absolus ; et désormais ce palais des Tuileries avait été élevé par des sujets pour leur maître. C'est ainsi que le premier Consul, quand le jour fut venu, se trouva tout posté pour passer Empereur. Il occupait les Tuileries, donc il était le maître. Il s'était assis sur le trône, donc il devait régner. En conséquence il envoya chercher le pape, pour le sacrer Empereur et Roi, comme plus tard il envoya chercher une archiduchesse d'Autriche pour lui faire un dauphin impérial. Eût-il jamais osé dire à l'empereur d'Autriche : — *Envoyez-moi votre fille!* s'il n'eût pas habité le château des Tuileries ; s'il n'eût pas embrassé d'un coup d'œil ce vaste ensemble de dômes, de palais, de jardins, d'eau qui coule ; s'il n'eût pas dit en lui-même : Voilà le domaine d'une impératrice, d'une fille des Césars, à coup sûr !

Toutefois, même au plus fort de ses illusions, l'empereur Napoléon Ier ne se sentit pas assez roi pour se tenir renfermé dans ces nobles murs. A peine se donna-t-il le temps de peupler les Tuileries de chambellans, gardes, maîtres de cérémonies, maîtres d'hôtel, pages, dames d'honneur, gentilshommes, princes, ducs, barons ; à peine, en un mot, eut-il peuplé ce palais des rois, selon l'ancienne étiquette royale, de toutes les inutilités chamarrées et brodées qui composent ce qu'on appelle une cour, qu'il sortit du palais pour retourner dans son camp, qu'il abandonna ses courtisans pour retrouver ses soldats, la royauté pour la victoire ! Il échappa ainsi longtemps à cette demeure menaçante, à cette influence sinistre, à ce château des Tuileries usurpé; la seule chose qu'il eût usurpée : car la gloire, la victoire, la puissance, il les avait conquises. Aussi est-il tombé pour ce qu'il avait *usurpé*, non pas pour ce qu'il avait *conquis*.

Quand les Bourbons, rappelés par la lassitude de la France, par les armes de l'Europe et par M. de Chateaubriand, rentrèrent un jour dans le château des Tuileries, ils eurent peine à croire à leur bonheur. Ils ne songèrent à aucune des infortunes dont ces lambris avaient été les témoins indifférents; leur premier soin fut d'effacer sur ces murailles les aigles impériales qui y déployaient leurs ailes fatiguées, et qui tenaient dans leurs serres énervées la feuille de laurier desséchée. On regratta avec soin tout le palais, comme si un pestiféré venait d'en sortir. Hélas! c'était quelque chose de plus triste qu'un homme tué par la peste : c'était la plus grande autorité de son siècle qui venait de se laisser choir. Quand son palais fut badigeonné à neuf, quand son lit fut refait tant bien que mal, Louis XVIII se mit à l'aise, il s'étendit sur ce trône et dans ce lit bien mieux qu'il n'avait fait dans son royaume anglais d'Hartwell. Louis XVIII, qui était pourtant un homme d'esprit, à ce qu'on dit, était si persuadé de l'éternité désormais impérissable de la légitimité, ce nouveau principe, vieux comme toutes les révolutions, qu'il remettait en lumière, que pas un seul instant il ne vint à penser qu'il habitait tout simplement une maison décriée, une hôtellerie mal tenue et mal gardée, incessamment ouverte à tous les vents de l'adversité. Bien plus, il vit partir en riant les armées alliées, ses protectrices, et au lieu d'arrêter en suppliant le dernier Cosaque, il vit partir le dernier Cosaque avec ce rire voltairien qui ne l'a jamais quitté. Ce roi ne comprenait pas que sans Cosaques sa royauté était trop vieille, et que sa Charte était trop jeune pour le défendre. En conséquence, un courrier venu des frontières frappait, une nuit, à la porte des Tuileries. Ce courrier frappait comme frappe une mauvaise nouvelle; on lui dit que le roi dormait, il répondit qu'il fallait réveiller le roi, car on avait vu sur la route un petit homme en petit chapeau, vêtu de gris et les mains derrière le dos, qui arrivait à pied et tout seul, l'épée dans le fourreau, pour reprendre le trône constitutionnel de France sur ses rois légitimes. Ainsi parlait le courrier, et il ne voulut rien accepter pour prix de sa nouvelle: il en faisait la charité à la maison de Bourbon.

Donc il fallut que Louis XVIII quittât à l'instant même cette maison garnie aussi vivement que s'il eût été surpris par l'incendie. Il ne prit même pas le temps de faire ôter les draps de son lit et les ordonnances médicales de sa chambre. De son côté, l'Empereur arriva si vite, qu'il trouva le lit défait, les médecines éparses, et, sous le lit, des os de poulets à demi rongés. Je tiens ce dernier détail d'une belle dame, courtisane du malheur, qui frappa chez l'Empereur de retour, à une porte bien connue d'elle et au nom de leurs anciennes amours. Elle entra au moment où l'Empereur parcourait sa chambre à coucher : — Tenez, regardez, dit l'Empereur en prenant la main de cette femme! S'ils n'avaient fait de ma chambre à coucher qu'une cuisine! mais ils en ont fait un chenil!

Combien de nuits Napoléon Bonaparte passa-t-il dans ce palais retrouvé? et combien d'heures de sommeil y trouva-t-il? Quelles exclamations de désespoir entendirent ces murailles! Quelles plaintes répéta cet écho! Que faisait-il, le grand Empereur tombé, à l'heure de la nuit, lorsqu'il cherchait vainement dans le ciel le feu obscurci de son étoile? Il eût donné le reste de ses cent jours pour une heure de sommeil. Lui, cependant, Louis XVIII, il avait dormi sur le volcan des Tuileries, car c'est le bénéfice des rois de droit divin de dormir sur la divinité de leur puissance; c'est le chevet sur lequel reposent les têtes royales. Mais l'empereur Napoléon, roi de la force, fait empereur par la victoire, sur quoi donc pouvait-il dormir, à présent qu'il n'avait plus pour protéger son sommeil, ni la force, ni la victoire? Donc, il courba son front devant cette nécessité inflexible, il se résigna; seulement, il se prit à rire de pitié en songeant à cette royauté vermoulue de la maison de Bourbon qui allait revenir contre l'Empereur, sans se douter qu'elle venait en effet contre la liberté.

L'Empereur sortit donc encore une fois (la dernière) du château des Tuileries ; que n'aurait-il pas donné alors pour n'être jamais rentré dans ce palais fatal? L'abîme de Waterloo l'attendait, et il s'y précipita tête baissée avec son armée, dont il n'avait plus que faire et qui n'avait plus rien à faire sans lui. Il y eut ici une trêve dans les guerres du monde, trêve nécessaire, car le monde était fatigué et n'en pouvait plus. La guerre veut du sang et de l'or, et, en 1815, dans toute l'Europe il n'y avait plus une goutte de sang, plus une once d'or pour les batailles. Il faut donc mettre ici une belle et correcte page blanche de dix années, pendant lesquelles la France paya ses dettes et pansa ses blessures. Mais aussi, dix ans plus tard, la France heureuse, repeuplée, riche, oisive, s'aperçut un beau jour qu'elle avait été vaincue à Waterloo, et que l'Empereur venait de mourir à Sainte-Hélène. Alors ce furent des cris, des clameurs, des chansons, des regrets, des injures, des déclamations furibondes ; on revenait à l'empereur Napoléon par la liberté.

Ce qui fut triste aussi, ce fut le départ de cette autre femme, Majesté autrichienne, qui sortait des Tuileries, chassée et fugitive, tout comme Marie-Antoinette, sa cousine, était sortie captive et proscrite. L'impératrice Marie-Louise, cette femme qui, tout au rebours de Marie-Antoinette, ne fut jamais au niveau de ses grandeurs non plus que de ses misères, s'enfuyait de ce trône, chassée par les propres soldats de son père. Elle quitta sans lui donner un regret, un coup d'œil, un adieu, cette demeure où elle avait passé quelques-uns de ces jours que les Dieux eux-mêmes n'ont pas rêvés.

Avec elle fuyait aussi cet enfant à demi Bonaparte, né roi de la Rome-Française, mort prince autrichien. Triste fuite! Mais cette malheureuse femme ne songeait pas quel empire elle enlevait à cet enfant! hélas! elle ne s'inquiéta guère que pour son trésor, que des soldats autrichiens voulaient lui prendre. Ce trésor, c'était quelque argent qu'elle avait sauvé du naufrage, comme si l'argent était chose royale.

Fuite pour fuite, j'aime mieux la fuite du roi Charles X. Ce noble roi, bienveillant, courageux, résigné, honnête homme, roi-chevalier, fut renversé par un coup de tonnerre qui grondait depuis 1820 sur sa tête. Alors, comme un homme de sang-froid réveillé en sursaut, Charles X fit sa prière; puis il se releva, et il dit comme Louis XVI : « Partons! » Il partit aussi résigné. Il s'assura que son monde le suivait, et sans verser une larme, sans pousser un soupir, il regagna les côtes de Cherbourg, où l'attendait cette mer traversée tant de fois dans des appareils si divers et pour des causes si différentes. Il avait si peu d'argent qu'il fut obligé d'en emprunter, lui, le roi, à Sa Majesté M. Odilon Barrot, et, vraiment, il était temps que M. Odilon Barrot ouvrît la bourse de cette nation ingrate : Monseigneur le duc de Bordeaux avait tant joué avant de partir, il avait parcouru d'un pas si animé, si leste, si heureux, les jardins des Tuileries, beaux arbres, doux ombrages, solitude habitée, bassins où se jouent l'eau et le soleil, demeures souveraines à l'usage des enfants que Labruyère appelle *les fils des Dieux*, que Monseigneur le duc de Bordeaux, enfant destiné à la plus belle couronne de l'univers, lorsqu'il abandonna le jardin des Tuileries, n'avait point de souliers à ses pieds.

XIV

1830

Cependant, en 1830, le peuple, qui n'était pas entré au palais des Tuileries depuis 1792, voulut prendre sa revanche. Il se précipita, de tout le poids de sa colère et de son mépris, dans ces murs qu'il avait respectés si longtemps; il brisa tout ce qu'il rencontra sur son passage; il s'enivra avec le vin des caves, il mangea les confitures royales, il se coucha dans le lit du Roi, il prit place sur le trône légitime, il hurla ses chansons dans ces murs, il ne respecta même pas la chambre de madame la Dauphine, ce sévère type du malheur et de l'austérité chrétienne; puis, quand il n'y eut plus là-dedans ni une bouteille à vider, ni un meuble à briser, ni une place à profaner, quelqu'un, ce quelqu'un homme d'esprit qui se rencontre toujours à propos quand les révolutions sont accomplies, un habile qui voulait se défaire de ces héros improvisés des trois jours, vint dire au peuple que les soldats de Charles X l'attendaient à Rambouillet. A cette nouvelle, le peuple reprend ses armes et il court à Rambouillet, où il espérait se mesurer de nouveau avec la garde royale. A Rambouillet, il ne trouve que des fusils jetés par terre, des bouteilles vides, un palais dévasté : — Ce n'était pas la peine de nous faire quitter nos Tuileries ! se dit le peuple, et aussitôt il fit atteler ses voitures, — les voitures du roi Charles X, — et il revint à Paris de toute la vitesse de ses chevaux, — les chevaux du roi Charles X.

Mais, dans cet intervalle, quelque autre habile, un de ces hommes qui devinent à l'avance les monarchies qui s'élèvent, qui abandonnent vingt-quatre heures avant les autres les monarchies qui succombent, avait déjà fermé, de sa propre autorité, les portes du château des Tuileries. Alors on dit au peuple, qui revenait gaiement pour rentrer dans son château, que chacun eût à retourner près de sa femme, et que la Révolution de Juillet ne répondait pas des suites conjugales de trois nuits passées loin du logis. Aussitôt voilà mes vainqueurs qui jettent leurs armes, qui laissent là leurs voitures, et qui partent en toute hâte dans leur ménage, à grande peur d'être grondés par leurs femmes et d'être appelés *fainéants!*

Il y eut tout de suite une main invisible qui s'empara des fusils des vainqueurs de Juillet pour ne jamais les rendre. On ramena les chevaux dans leurs écuries, les voitures sous la remise, et le château des Tuileries fut fermé, comme on dit sur les affiches de théâtres : — *Pour cause de réparations et pour les répétitions de la pièce nouvelle.*

C'est ainsi que, peu à peu, ce grand abri de tant de scènes et de tant de révolutions improvisées reprit une face royale. Après quelques instants d'hésitation, et sur les vives instances de M. Casimir Périer, Sa Majesté nouvelle le roi des trois jours s'en fut habiter le château des Tuileries. Il quitta, non pas, dit-on, sans regrets et sans de longs adieux, ce Palais-Royal où il avait refait sa fortune. Une fois dans ces demeures de la toute-puissance, le roi Louis-Philippe eut bientôt fait des Tuileries une bonne et hospitalière maison qui se souvient de sa double origine : origine royale, origine populaire.

Voilà donc les Tuileries une autre fois restaurées ! Moi, cependant, qui avais appris à fond cette histoire, et qui venais de la lire dans les vieux souvenirs de la Révolution de Juillet, jugez de mon étonnement quand je vis toute chose à sa place, le soldat sous les armes, le cavalier à cheval, le Carrousel tout en armes !

Et, bien plus, quel est ce cortége de voitures qui s'avance à pas lents? C'est la livrée royale ; ce sont les chevaux du sacre, quand le roi actuel était le duc d'Orléans ; c'est l'introducteur des ambassadeurs, qui est allé chercher, et qui le ramène pour sa seconde ambassade, l'ambassadeur de la Sublime-Porte, Son Excellence Réchid-Pacha ; Réchid, ce Parisien de Constantinople, poëte élégant, dont les molles élégies font la joie et l'orgueil du Bosphore de Thrace, homme d'État tout rempli de prévision calme et de sagesse hardie, Anglais par le caractère, Français par le langage, par l'urbanité, par la politesse, et très-populaire dans cette France où l'esprit, la bonne grâce et la poésie vous donnent droit de cité à coup sûr. Les gens de lettres et les artistes savent son nom, les belles dames le saluent quand il se montre, le Roi l'a nommé grand-officier de la Légion-d'Honneur, le peuple le regarde passer dans ces belles voitures que le peuple regarde avec un air de componction, et non pas sans quelques regrets, parce qu'il se souvient qu'à bien prendre, il s'est promené, lui aussi, en aussi bel équipage pendant trois jours.

XV

LE LOUVRE

<—>

Maintenant, passons, s'il vous plaît, du palais des Tuileries dans le jardin des Tuileries ; passons des affaires aux plaisirs, des inquiétudes sans fin aux innocentes joies, de la nouvelle royauté de la France à l'enfance royale de la France qui s'épanouit là-bas sous ces arbres. L'aspect général du château des Tuileries est, sinon imposant, du moins magnifique. Pour le bien voir, il faut arriver par la place Saint-Germain-l'Auxerrois. Quand vous avez salué tristement la vieille église de Saint-Germain-l'Auxerrois, autrefois la paroisse des rois, église dévastée et profanée, un jour de carnaval, par des hommes en habits de Gilles et d'Arlequins (ô vengeance des peuples ! la Saint-Barthélemy n'a-t-elle pas été sonnée par le bourdon de ces sombres tours?), ruine restaurée enfin et sauvée pour longtemps, si les révolutions le permettent, vous avez devant vous la colonnade du Louvre, ce chef-d'œuvre qu'on mettrait au rang des merveilles si, dans ce dix-neuvième siècle rempli jusqu'aux bords, on pouvait donner encore à quelqu'un ou à quelque chose le nom de merveille. Cette façade est si légère et si grande à la fois, elle réunit à un si haut degré les deux plus excellentes qualités de l'architecture, la force et la grâce, qu'on ne peut se lasser de l'admirer. Mais voyez l'imprévoyance française! toute cette magnificence où respire le grand siècle est entourée encore, à l'heure qu'il est, et pour trois siècles au moins, d'une ignoble palissade en planches, bonne tout au plus à défendre un carré de choux. Tout le palais est renfermé dans cette ignoble enceinte : on dirait la perle de Cléopâtre conservée dans le fumier des écuries. Bien loin d'avoir planté tout autour de ces murs superbes quelques arbres magnifiques, comme c'était la volonté du grand architecte Perrault, on a laissé pousser tout à leur aise mille plantes parasites qui s'élèvent sans pudeur à cette ombre splendide. Pour remplacer le fin et frais gazon qui eût servi de charmante bordure à ces pierres ciselées, vous avez d'horribles chardons qui lèvent leur tête menaçante contre ces dentelures si délicates. C'est hideux à voir, tant de richesse et tant de négligence réunies! le chardon, plante des ruines, qui menace du fond de son néant ce palais inachevé, ces nobles murs que rien n'abrite, pas l'ombre d'un tilleul pour rafraîchir leur tête échauffée par le soleil, pas un tapis de mousse pour reposer leurs pieds fatigués! Quatre ou cinq générations de rois, ou de républiques, ou d'empires, ou de chartes, ont passé sous ces voûtes, sans songer à planter un arbre, à semer un peu de gazon, à enlever ces barrières en bois peint et pourri! Bien plus, la Révolution de Juillet, embarrassée de ses morts des Trois-Jours, a imaginé de venir creuser au pied de la colonnade du Louvre une immense fosse. Dans cette fosse, la Révolution est venue vider plusieurs tombereaux de morts. Ils ont tous été précipités pêle-mêle dans la même terre et dans la même gloire. Le canon de la place de Grève tonnait encore, le drapeau tricolore venait à peine d'être arboré, que ce même peuple, tout brûlé de la poudre et du soleil, s'en vint chercher un prêtre à l'église Saint-Germain-l'Auxerrois, pour prier sur cette tombe entr'ouverte. Le prêtre arriva, revêtu de ses habits sacerdotaux, et il bénit ceux qui venaient de mourir pour chasser du trône légitime le roi Charles X et sa famille ! La tombe fut refermée au milieu des larmes et des cris de joie, larmes de deuil, cris de victoire. On entoura le tombeau de quelques planches noircies et surmontées d'un drapeau tricolore. Un chien perdu, qui se trouva là par hasard, fut attaché à cette colonne funéraire et gardé par une sentinelle, et sur le chien du Louvre un illustre poëte a fait une chanson. Quelques jours plus tard, ce tombeau des héros de Juillet fut enfermé dans l'enceinte de planches qui entoure le Louvre. La sentinelle qui gardait le tombeau avait été relevée sans qu'on la remplaçât ; le chien caniche avait été rendu à la liberté, et il avait été chercher un nouveau maître ; si bien que de cette ovation à la fois héroïque, religieuse et poétique, il ne resta absolument rien, pas même la chanson du poëte. Ce que c'est que de nous !

Il faut dire cependant que les morts enterrés là n'ont guère attendu plus de dix années le grand jour du tombeau et de la récompense. Une colonne en bronze leur a été dressée tout au bout des boulevards et sur l'emplacement de la Bastille. Il est vrai que c'est bien un peu une colonne de pacotille, qui ne ressemble en rien à celle de la place Vendôme, bronze triomphant et animé du haut en bas par les plus habiles sculpteurs ; mais enfin mieux vaut être enseveli avec honneur à cette place que d'être jeté dans un coin du Louvre, où l'on se souvient de vous à peine une fois tous les ans.

Quand vous avez ainsi jeté votre coup d'œil sur ces tristes ruines d'un palais inachevé, sur cette malencontreuse palissade en mauvaises planches qui gâte l'effet du Louvre et qui attriste tous ceux qui passent, vous entrez dans la cour du Louvre par une grande porte qu'on dirait faite pour des géants, et alors, par le ciel ! voici bien une autre désolation ! Cette cour du Louvre est peut-être, à n'en considérer que les infinis détails, ce que Paris renferme de plus riche et de plus beau. Elle est brodée du haut en bas par ces mains de fées que le XVIe siècle italien avait prêtées à la France comme le plus beau don qu'on pût lui faire. Jean Goujon éclate et brille de toutes parts sur ces nobles murs. Cariatides, bas-reliefs, festons, statues, colonnades, c'est à ne pas en croire ses yeux. Figurez-vous tout un poëme qui se déroule devant vous ; non pas un de ces poëmes primitifs, qui ne valent guère que par une certaine naïveté sauvage, génie sans élégance, passion sans frein, enthousiasme sans limites et sans retenue ; il s'agit ici d'un de ces beaux ouvrages où l'art et le goût s'entendent et s'accordent à merveille, où l'invention est réglée par le plus bel ordre, où l'enthousiasme obéit à la plus sage raison. Richesse réglée et correcte, telle est la cour du Louvre. Mais, hélas ! ne jetez qu'un seul coup d'œil sur tous ces chefs-d'œuvre ; car, si vous vouliez y regarder de plus près, quel désordre ! quel abandon ! Vous n'avez devant vous qu'une ruine, et la plus affligeante de toutes les ruines, la ruine d'un monument qui n'a pas été achevé, la mort d'un palais qui n'a pas vécu, de nobles pierres que n'ont pas habitées les hommes, un grand siècle sans souvenir, un écho qui n'a rien à vous dire, des escaliers qu'un pas humain n'a pas foulés, un désert bâti, un silence qui n'a pas commencé par être le grand bruit, le vide affreux aux mêmes lieux où vous cherchiez le mouvement, le bruit, la fête, la gloire, l'art, la puissance, le malheur, la révolution, la défaite, tout ce qui compose cette chose sans nom qu'on appelle le pouvoir !

Singulier penchant des Français à tout entreprendre, à ne rien finir ! tout de feu d'abord, tout de glace ensuite. Qui dit aux Français : le Louvre ! dit autant, dit beaucoup plus que si l'on disait à Méhémet-Ali : les Pyramides ! Eh bien ! dans toute cette foule d'oisifs ou de gens occupés qui passent et qui repassent, qui vont et qui viennent sans fin, sans cesse, sans repos, sous les guichets du Louvre, il n'y a pas un homme qui pense une seule fois que c'est grand dommage de laisser ainsi le Louvre inachevé, que c'est là un désordre peu honorable pour la France ; que si cette merveille si bien commencée était enfin complète, Paris pourrait se vanter, à bon droit, du plus magnifique monument de l'univers! Figurez-vous en effet quatre palais les uns sur les autres, une ville entière toute à jour, brodée et ciselée et éclatante ; tous les arts réunis dans ces murailles, tous les chefs-d'œuvre, toutes les renommées, toutes les gloires, toute la puissance. Le Louvre, s'il était réuni aux Tuileries, formerait sans contredit le plus étonnant, le plus rare et le plus magnifique assemblage des plus belles et des plus grandes choses qui se pourraient admirer sous le soleil. Que dis-je, le Louvre réuni aux Tuileries ! il s'agit bien de cela ! il s'agirait seulement de terminer la cour du Louvre, de la débarrasser des pierres qui l'obstruent, de combler les ruines qui en font un bourbier en hiver, une mine de sable en été. Finir le Louvre! On demande seulement qu'on débarrasse les belles colonnes du Louvre du plâtre qui les recouvre, on demande que l'on mette des vitres aux fenêtres du palais ; car figurez-vous que les fenêtres de cette noble maison n'ont pas de vitres ; l'eau et le vent, et l'hiver, hôtes incommodes et destructeurs, entrent et soufflent incessamment dans cette demeure, comme si c'était un château abandonné dans les Alpes. Aux plus basses fenêtres du Louvre, j'ai remarqué qu'on avait remplacé les grandes vitres par quatre petites vitres qui coûtent moins cher, économie d'épicier dans son arrière-boutique ; et tout ce beau palais est ainsi abandonné au froid, au chaud, au vent, à la boue, à la poussière ; nul ne l'habite, nul ne le répare ; personne n'a intérêt à conserver ces plafonds qui tombent, ces bois précieux qui se dégradent, ces grilles qui se rouillent, ces ardoises que le vent emporte. Au moins la République, qui ne se piquait guère d'atticisme, avait logé dans le Louvre quelques artistes et quelques poëtes dont les femmes avaient soin de balayer les toiles d'araignées ; la Restauration a chassé de ces demeures les poëtes et les artistes, et elle n'a mis personne à leur place.

A l'heure qu'il est, on parle de placer au Louvre la Bibliothèque Royale ; ce serait un lieu quelque peu brillant pour l'étude, mais enfin le Louvre serait habité, sinon par des princes, — mais où sont les princes? qu'appelez-vous des princes aujourd'hui?—du moins par les princes de la pensée, par les rois de la parole, par les dieux de la poésie et de l'histoire : Homère, Virgile, Platon, Descartes, Démosthènes, Mirabeau, les seuls rois qu'on n'ait pas détrônés, les seuls dieux dont on n'ait pas brisé les autels.

De cette première cour des Tuileries, vous passez dans une autre cour immense qui est en pleine démolition, celle-là. A votre gauche, vous avez le musée de France, noble musée; aussi, pour le bien voir, il nous faudrait un autre soleil que le soleil de l'hiver. Autrefois, entre le Louvre et les Tuileries, il y avait une place entière chargée de maisons, d'hôtels, de rues ; l'empereur Napoléon, qui avait le sentiment de toutes les grandeurs, avait décidé que, lui régnant, les Tuileries et le Louvre ne seraient qu'un seul et même palais, tout rempli de la même grandeur impériale et royale. En conséquence, l'Empereur avait acheté toutes les maisons qui étaient devant son soleil ; mais il n'avait pas eu le temps de les faire abattre : la gloire et Waterloo l'en ont empêché. La Restauration, qui eut peur de tous les projets de l'Empereur, s'estima trop heureuse de retrouver le Louvre tel quel, et aussi les Tuileries ; et, dans sa joie, elle ne demanda pas à réparer, à sauver, à agrandir ; elle se fit petite, elle se cacha dans sa maison tant qu'elle put, de peur que les révolutions ne vinssent l'y découvrir : elle eût été bien effarouchée si on fût venu lui proposer d'achever le Louvre, et de mêler le château des Tuileries à ce séjour des artistes, à cette grande route par où passait le peuple chaque jour. Louis-Philippe, qui est au-dessus de toutes ces peurs mesquines, ne demanderait pas mieux que d'entreprendre cette illustre tâche, pourvu qu'il fût dignement secondé; et, à coup sûr, le Louvre serait achevé par ce roi, le protecteur des palais qui tombent, si seulement il avait à son service l'ancienne liste civile de la Restauration.

Cependant, le roi actuel se dédommagea de cette contrainte en faisant balayer la place qui obstruait les Tuileries. Il démolit chaque jour les plus tristes maisons en attendant qu'il y puisse amener le Louvre, comme on dit que la mer doit un jour arriver à Paris. Chaque jour, la route que le Louvre aurait à faire pour donner la main aux Tuileries, s'aplanit et se déblaie. Avancez donc avec moi parmi ces ruines, ruines amusantes à voir, celles-là. Voici que nous passons sous un beau petit arc de triomphe, assez mal placé à la porte du palais des Tuileries. Cet arc de triomphe est du goût de l'empereur Napoléon et de M. Fontaine, son architecte. On l'avait élevé pour y placer les chevaux pris à Venise, nobles coursiers que Venise elle-même avait dérobés à Constantinople. Après l'invasion, Venise reprit ses chevaux, et à la place des chevaux de l'empereur Constantin, Louis XVIII fit placer quatre chevaux de course, qui s'essoufflent à courir après je ne sais quel fantôme de gloire et de liberté. Nous voici maintenant dans la cour. Le vieux palais nous regarde de toutes ses fenêtres, ou plutôt, toutes ses fenêtres sont à jour, et nous pouvons voir ce qui s'y passe. On dirait, en effet, que le roi des Français habite un palais de verre. Vous passez ensuite sous le vestibule du château. A la place de cet escalier étroit et mesquin qui conduit à la salle des gardes, il y avait un escalier vraiment royal qui servait à merveille toute cette représentation et toute cette étiquette. Louis-Philippe a fait disparaître cet escalier dont il n'avait que faire, pour construire à la même place un salon d'entrée dont il avait besoin. Ce roi-là est avant tout un homme qui aime ses aises et celles de sa famille. Pour lui, la représentation royale ne vient qu'après le bien-être bourgeois. Il ne sera pas fâché d'être entouré d'un peu d'étiquette, pourvu que cette étiquette ne prenne rien sur la liberté de ses mouvements. Je ne sais pas, ou plutôt je sais bien ce qu'il répondrait si son architecte venait lui dire : — Sire, il faut vous passer ou d'une salle du trône ou d'une salle à manger. Tant pis pour la salle du trône ; il n'y a pas de bourgeois aimant le *comfort*, qui ne restât pourtant épouvanté en songeant à tout l'argent que Louis-Philippe a dépensé, rien qu'à faire établir des salles à manger, des cuisines et des couloirs. — Quinze cent mille francs pour les cuisines du château de Fontainebleau, où il donne à dîner deux fois par an ! — Un million pour les cuisines du château d'Eu, où il dîne à peine tous les deux ans !

Aussi, quand, forcé par Casimir Périer, qui, en fait de rois français, ne reconnaissait que le roi logé aux Tuileries, Louis-Philippe s'en vint s'établir aux Tuileries, son premier soin fut d'assainir cette demeure royale, qui, dans plusieurs parties, ressemblait à un cloaque. On refit les planchers qui se lézardaient, on changea les tapis qui n'avaient pas été battus depuis quinze ans, on mit de plain-pied les appartements qui se liaient par des escaliers de bois, on donna du jour et de l'air à des corridors qui n'avaient ni jour ni air; faut-il donc tout vous dire? on établit trois cents lieux d'aisance dans ce noble palais qui en manquait; un salon manquait encore sur la façade du jardin, Louis-Philippe fit bâtir intrépidement un grand salon sur la façade même, si bien que la façade en fut détruite. Or, cette façade était le chef-d'œuvre de Philibert Delorme. Vous jugez des clameurs du Parisien. Toucher à *son* château des Tuileries! Lui gâter à plaisir la façade de son Philibert Delorme! Remplacer ces deux charmants balcons de la Renaissance par une lourde maçonnerie! Ce fut dans tout Paris un bruit à ne pas s'entendre. Louis-Philippe répondit à toutes ces clameurs en se faisant pour lui-même et à son usage particulier un petit jardin entouré d'un vaste fossé tapissé de verdure. Il prétendit qu'il n'était pas juste que lui, le roi, habitant des Tuileries, il fût le seul à ne pas se promener dans son jardin, et que du moins il en voulait avoir sa part. Aussitôt les clameurs de recommencer, et le Parisien d'entrer en fureur de plus belle! Voilà qu'on lui prenait non-seulement son palais, mais encore *son* jardin; et, non content de lui prendre son jardin, on lui construisait un fossé. Le roi se plantait des arbres pour lui tout seul! des fleurs pour lui tout seul! il envoyait chercher dans *leur* jardin des statues pour lui tout seul! On ne pourrait plus aller jusque sous ses fenêtres pour voir passer la cour quand elle allait à la messe! Et puis, voyez le grand crime! il fallait faire six pas de plus pour aller gagner le Pont-Royal! les plaintes étaient féroces. — Paris était gros d'une révolution.

Le roi répondit aux plaintes de Paris en faisant fermer les portes du jardin des Tuileries à tout homme qui était en veste et en casquette, à toute femme qui était tête nue ou en bonnet. — Ainsi était rétablie la consigne de l'ex-roi Charles X.

Le peuple perdit ce jour-là le dernier des droits qu'il avait conquis sur la monarchie aux trois jours de la Révolution de Juillet : — son entrée au jardin des Tuileries en veste et sans chapeau.

Une fois que le roi eut bien prouvé qu'il voulait se servir à sa guise et comme il l'entendait du château des Tuileries, les plaintes cessèrent. Le Parisien, qui tient à son jardin, cessa de le disputer au roi, tant il eut peur que le roi n'en prît une plus grande part. Vint l'hiver : le roi donna des bals à tout Paris dans le même salon qu'il avait pris sur la façade des Tuileries, et tout Paris trouva que Louis-Philippe avait bien fait d'usurper encore cette magnifique salle de bal. Vint le printemps : le printemps fit pousser les arbres, fit éclore les fleurs du jardin particulier du roi, il tapissa d'une nouvelle verdure ces formidables fossés, et tout Paris trouva que le roi avait bien fait de s'arranger à lui-même ce joli petit jardin que tout le monde pouvait voir, et dans lequel son propriétaire ne venait jamais. Les belles dames et les beaux messieurs trouvèrent ensuite que cela avait été fort convenable, de ne pas les confondre plus longtemps sous les mêmes ombrages avec les grisettes et les ouvriers : on cessa donc de crier au vandalisme, de s'insurger contre M. Fontaine en faveur de Philibert Delorme, et tout le monde fut content.

Que d'émeutes parisiennes le roi tout seul, et sans coup férir, eût ainsi conduites à bonne fin, si sa police ou ses polices l'avaient laissé agir !

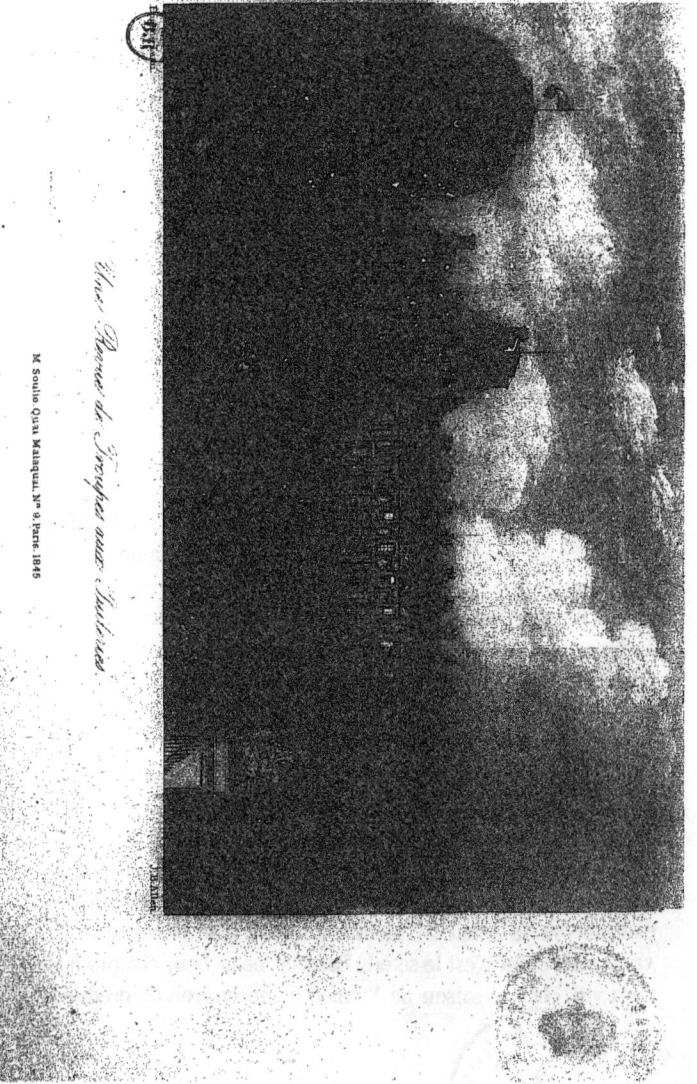

Une Pensée de Joseph aux Indes.

M. Soulie Quai Malaquai, N° 9, Paris. 1845

XVI

LE JARDIN DES TUILERIES

Le jardin des Tuileries est le plus aimable lieu du monde. Que de fois je me suis promené en me disant que jamais dans mes voyages je n'avais rencontré une plus belle réunion, au milieu de plus beaux arbres entourés de plus riches édifices, et dans une ville plus superbe! Qui que vous soyez, étranger, nouveau venu dans Paris, qui n'avez pas encore tiré vos lettres de recommandation de votre portefeuille, entrez dans le jardin des Tuileries, et tout de suite vous vous trouverez au milieu du plus vaste et du plus riche salon de ce monde. Un sable brillant comme l'or tapisse toutes ces longues allées, qui servent de promenades toute l'année aux plus belles dames de la ville : l'été, parce que le jardin est rempli d'ombre et de fleurs ; l'hiver parce que le jardin est un des endroits où le soleil se montre encore, pâle et calme il est vrai, mais enfin c'est le soleil. Dans ce beau lieu, chaque âge de la vie, chaque saison de l'année a son endroit de prédilection où l'on est sûr de les rencontrer chaque jour à la même heure. Une longue terrasse, chargée de jeunes arbres, longe la rue de Rivoli. Cette terrasse est le rendez-vous quotidien du soleil et des vieillards. Le soleil, chassé du jardin par les grands arbres ou par l'hiver, vient s'abattre sur cette terrasse qui lui est laissée ; le vieillard, chassé loin de ces grands arbres par la fraîcheur et par la solitude, l'ennemie des vieillards qui ont été occupés toute leur vie, vient chercher sur cette terrasse le soleil du jardin et le bruit de la rue. A deux heures, la rue est belle et peuplée. Toutes les riches voitures de Paris y viennent déposer, non pas leurs maîtres, les maîtres sont encore à leurs affaires, mais leurs maîtresses élégantes et parées à demi, dans cette parure négligée qui est le triomphe de la femme parisienne. Du haut de cette terrasse où il se promène lentement avec son ami le soleil, le vieillard s'amuse encore à regarder ces jeunes femmes, le printemps de l'année, qui glissent devant lui sans daigner lui donner un regard. La jeune femme redoute également le soleil et la vieillesse, le hâle du soleil, le sourire du vieillard ; la jeune femme s'enfuit donc, non pas sous l'ombre absente des tilleuls, car Galatée veut être vue, mais au bord de cette allée où tous les jeunes gens passent et repassent devant les jeunes femmes. C'est là ce qu'on appelle la Grande Allée ; c'est le seul endroit du jardin des Tuileries, jardin vaste et magnifique, que les jeunes gens et les jeunes femmes consentent à visiter. Les femmes nonchalamment assises sur des chaises de paille, causent entre elles de modes ou de spectacles ; elles se disent quelle est l'étoffe la plus nouvelle, — quel roman les a fait pleurer, — quelle est la pièce du Gymnase où il faut aller ce soir. — La femme de Paris a deux conversations pour le moins à son service : la causerie en plein vent et l'éloquence vagabonde et railleuse du salon. Au jardin des Tuileries, par exemple, ou au théâtre, les femmes ne disent que de ces choses que tout le monde peut entendre : point de médisances, point de raillerie, rien d'amer, une conversation inoffensive dans laquelle personne n'est intéressé, à laquelle chacun peut prendre part. C'est l'effet d'un tact infini et tout parisien. Or, les plus belles dames de Paris se donnent rendez-vous chaque jour dans cette grande allée des Tuileries. Cependant à chaque instant un homme les salue ou les aborde, mais pour un instant seulement, et ce salut compte pour une visite. Vous auriez peine à reconnaître toutes ces femmes, tant elles sont simples, bonnes et gracieuses, dans la grande allée des Tuileries. Chez elle, la Parisienne est pleine de grâce, mais d'une grâce un peu sérieuse ; chez les autres elle est réservée et froide, elle n'a de l'abandon et de la naïveté que dans la grande allée des Tuileries. Pour la grande allée des Tuileries, la Parisienne met en réserve son chapeau le plus simple, sa robe la plus simple, sa chaussure la plus simple ; elle ne va pas là seulement pour être vue, mais encore pour y voir ; elle ne va pas là pour être admirée, mais pour plaire ; elle va là à son heure de liberté et de repos, quand son mari est absent, à l'heure où son amant peut venir. Dans la grande allée des Tuileries, la Parisienne n'a pas de rivales, elle n'a que des amies ; elle n'a pas de luxe, elle n'a que du goût. Que la femme de Paris est une charmante créature dans la grande allée des Tuileries !

Il n'y a pas jusqu'aux jeunes gens qui ne ressentent en quelque sorte la bienfaisante influence de ces heureux et bienveillants ombrages. Je ne suis guère l'admirateur des jeunes gens de Paris. Je les trouve oisifs, superbes, vaniteux, pauvres ; ils ont trop peu de temps et trop peu d'argent à donner à l'élégance et au plaisir, pour être élégants et passionnés dans leurs désordres ; ce sont d'ailleurs des esprits élevés avec assez peu de soin, fort indécis entre le bien et le mal, entre le juste et l'injuste, passant facilement par tous les extrêmes ; aujourd'hui républicains, le lendemain dévoués à la monarchie ; aujourd'hui prodigues, demain avares. A l'heure qu'il est, le jeune homme de Paris, ordinairement si galant envers les dames, n'aime que les chevaux et la fumée du tabac. Ne pas parler aux femmes, ne les pas saluer, leur faire place à peine quand elles passent, voilà le suprême bon ton français par excellence. J'excepte de cet anathème les jeunes Parisiens de la grande allée des Tuileries. Ceux-là estiment encore les femmes, c'est-à-dire qu'ils les aiment encore. Ils ne viennent dans la grande allée que pour revoir dans son négligé du matin la jeune femme qu'ils auront fait danser au bal dans tout l'attirail de sa beauté. Ils passent respectueusement devant elle, osant à peine la reconnaître, car c'est seulement dans la grande allée des Tuileries que les femmes ont gardé leur empire; autre part, on les peut compter pour rien, on peut oublier de les saluer ou de les admirer; il faut les admirer, les saluer et les respecter dans la grande allée des Tuileries. La grande allée est fermée, impitoyablement fermée, au Lovelace du boulevard de Gand, au dandy du bois de Boulogne, au féroce gant-jaune du balcon d'Opéra : elle leur est aussi bien défendue qu'aux vestes rondes et aux casquettes. Dans la grande allée des Tuileries, les femmes se protégent et se soutiennent l'une l'autre; elles n'ont un regard bienveillant que pour celui qui mérite leur bienveillance par ses respects. Dans la grande allée des Tuileries, la mère amène sa fille à marier, et les jeunes gens y viennent même pour les filles à marier. La femme y mène son mari, et les jeunes gens y viennent même quand le mari est près de sa femme; en un mot, le peu de chevalerie, le peu de galanterie, le peu de respect chez les hommes, le peu de réserve chez les femmes, le peu de jeunesse et d'innocence, le peu d'abandon et de chaste amour que le monde parisien ait conservé, s'est réfugié dans la grande allée des Tuileries. Chaque année l'Académie Française et obligée de décerner le prix de vertu du testament Montyon, et chaque année l'Académie Française est en peine pour savoir à qui elle donnera ce prix de vertu : qu'elle le donne donc à la grande allée des Tuileries!

Au delà de cette oasis toute remplie de décence et de bon

goût, s'élève, tout à l'extrémité du jardin, un massif de grands arbres tristes en hiver, sombres en été. Cette forêt reculée compose pour ainsi dire le désert du jardin. Il y a bien des promeneurs assidus qui ne savent pas l'existence de ce bouquet de grands arbres austères et silencieux. On ne saurait se croire au milieu d'une des plus populeuses cités de l'Europe, et surtout de la plus bruyante, quand on se trouve par hasard caché dans l'ombre de cette forêt presque druidique. Personne n'y va, par la raison qu'on n'y voit personne. Quelquefois par hasard on y rencontre quelques promeneurs solitaires qui y promènent leurs ennuis, presque toujours leurs ennuis d'amour. Plus d'une blanche statue de marbre se tient debout au milieu de ces platanes. Le jardin est plein de statues. L'antiquité et les temps modernes, la Grèce, Rome, Paris, le marbre, la pierre, le bronze, les copies et les statues originales, tout s'y rencontre à profusion. Avancez toujours, laissez de côté ce vaste bassin où se jouent des poissons rouges ; vous vous trouverez, en montant quelques marches, sur la terrasse du bord de l'eau, parallèle à la terrasse de la rue de Rivoli. Cette terrasse a aussi sa destination : c'est la promenade des philosophes. Là se rend le penseur dans les heureux instants où s'arrête la pensée ; là l'orateur de la Chambre des Députés prépare à loisir son improvisation de tout à l'heure contre l'homme d'État qui, de son côté, rêve aux objections qu'on peut lui faire et à tout ce qu'il faudra répondre. Cette allée du bord de l'eau est triste et solitaire. La Seine coule lentement à ses pieds pendant que la rue de Rivoli court et roule sur les flancs de l'allée opposée ; ce sont là deux contrastes qui ont été admirablement sentis dans la distribution du jardin. Là-bas le bruit, ici le silence ; là-bas l'action, ici la pensée ; — puis entre ce bruit et ce silence, entre l'action et le repos, entre la rue de Rivoli et la Seine, entre l'Arc-de-Triomphe de l'Étoile et le château des Tuileries, un triste, un heureux amant qui rêve et qui espère ! Et que lui font, à celui-là, la puissance et l'obscurité, la gloire et le bruit, l'Arc-de-Triomphe et le palais? Il est le plus heureux, il est le plus sage de ce monde, ou plutôt il est le seul heureux. Lui seul est sage, puissant, glorieux, logique, — il aime!

Mais tout au bout de la terrasse du bord de l'eau, — prêtez l'oreille! Entendez-vous ces cris joyeux qui résonnent dans l'air? Vive la joie! Ce sont les plus beaux enfants de Paris qui se livrent à leurs ébats. Avancez, avancez ; laissez là vos méditations philosophiques, laissez là votre rêverie oratoire, laissez là vos longues pensées ; bien plus, mon jeune amant, laisse là ton amour ; accourez, accourez, venez voir tous ces jolis enfants qui dansent, venez voir le printemps de l'année en sa fleur, le mois de mai bouclé et souriant qui se démène et qui s'agite dans sa joie! Nous sommes à *la Petite-Provence*, sur les bords du lac où le cygne blanc livre au vent ses ailes amoureuses, non loin du petit jardin destiné par l'empereur Napoléon au roi de Rome, pauvre petit royaume de quelques pieds carrés que l'enfant impérial a perdu le même jour où il perdit Paris et Rome, la France et l'Italie, et le monde !

Il n'y a rien de joli à voir, rien de charmant à entendre comme ces petits enfants parisiens. Ils arrivent aux Tuileries conduits par leurs mères, et aussitôt ils courent en joyeuses volées à leur rendez-vous de chaque jour. Rien qu'à les voir, on comprend que c'est là le plus beau sang de la ville, tant ce noble sang éclate et brille dans ces regards si hardis, sur ces lèvres si roses, sous cette peau brillante de santé, colorée comme la pêche et revêtue de son brillant duvet. Les mères de ces heureux enfants ont épuisé à les parer toute leur ingénieuse coquetterie maternelle. Pour eux, il n'y a pas, dans toute la ville, assez de dentelles, assez de broderies, assez de velours. Eux, insouciants comme on l'est à leur âge, ils ne pensent qu'au plaisir ; ils se livrent à mille jeux d'adresse et à mille tours de force dans lesquels éclatent déjà tout leur esprit et tout leur courage. Les jeunes garçons se provoquent entre eux à la lutte, à la course, à la paume ; ils se prennent corps à corps, ils se roulent sur le sable comme de beaux

serpents entrelacés ; leurs bras, leur âme, leurs cheveux se
confondent ; c'est un admirable pêle-mêle. Et dans ces luttes
honorables, point de cris, point de larmes, nulle peur ; celui
qui est battu se relève et recommence le combat. D'autres,
moins pétulants, disputent déjà comme on faisait dans les
jardins d'Académus. Tous les instincts de ces enfants se révè-
lent dès cette heure, et il n'est pas besoin d'être un grand
observateur pour deviner que déjà tous ces instincts sont nobles et honorables. Parmi les petites filles vous retrouvez
déjà tous les penchants de la femme. Celle-ci est déjà coquette
et se complaît dans sa petite robe blanche qui flotte sur deux
petits pieds qu'on voit à peine ; celle-là, pensive et solitaire,
rêve du ciel en répétant tout bas les beaux vers de Lamartine ;
d'autres, vives et hardies comme les petits garçons, se mêlent étourdiment à leurs jeux, et les plient, despotes de neuf
ans ! à tous leurs caprices enfantins. Que j'en ai vu qui seront belles comme des anges dans dix ans ! Tailles naissantes,
cheveux flottants, petites mains jetées en l'air ! Leurs mères
les regardent, les larmes aux yeux, la joie au cœur. La mère
parisienne est fière de son fils, elle est heureuse de sa fille.
Une jeune mère qui tient à la main son jeune garçon de dix
ans, marche aussi fière et aussi tranquille que si elle donnait
le bras à un maréchal de France. Une jeune mère qui voit sa
fille de six ans assise à ses côtés, est aussi inquiète que si sa
fille avait vingt ans. Il n'y a pas de ville au monde où les
enfants soient pris plus au sérieux qu'à Paris. Eux-mêmes,
ils comprennent à merveille toute la dignité, j'ai presque dit
toute la majesté de l'enfance. Leurs serviteurs leur parlent
avec respect ; leurs parents leur parlent tendrement ; on les
salue comme on saluerait des hommes. On a pour les petites
filles autant de flatteries obséquieuses que pour de jeunes de-
moiselles. L'enfant parisien dîne à table avec son père et sa
mère ; il passe ses journées dans le salon de sa mère, à côté
d'elle ; il va à la promenade avec sa mère ; il voit les larmes
et les sourires les plus intimes de sa mère, il est fier des

succès de son père ; de bonne heure il sait l'histoire de sa maison, sa fortune, ses espérances, ses revers ; il est sérieux de bonne heure ; et ce qui fait de l'enfant parisien un enfant par excellence, c'est que tout en étant de bonne heure un homme, il reste longtemps, tant qu'il peut et complétement, un enfant.

Mais, cependant, d'où vient que tout d'un coup le jardin s'enfuit et fait silence ? où s'en vont donc en toute hâte les promeneurs tout à l'heure si tranquilles ? Eh ! n'entendez-vous donc pas le bruit du clairon et des tambours ? n'entendez-vous pas la musique militaire qui attire à elle tous ces régiments en armes ? C'est fête au Carrousel ! le roi va passer une revue. Une revue au Carrousel ! Ainsi faisait l'empereur Napoléon, lorsqu'entre deux guerres ou deux projets de loi, il descendait dans la cour de son palais pour recevoir les honneurs et les respects des vieux soldats qui venaient de la bataille, ou des jeunes recrues qui partaient pour la guerre. Les voir passer dans leur attirail militaire, saluer le drapeau percé de balles, reconnaître les soldats par un sourire, les capitaines par un regard ; se dire à soi-même : — C'est bien moi qui suis là à cette place où je règne, entre ce château royal qui est à moi, ce musée que j'ai conquis, cet arc de triomphe élevé à ma gloire, ces chevaux de marbre que j'ai pris à Venise ; c'est bien moi assis sur ce trône éclatant, et ces soldats que j'ai formés m'appartiennent ; je suis plus que leur dieu, je suis leur Empereur ; et, si je veux, je vais les lancer contre le monde, et ils me rapporteront des capitales, des royaumes, et ils se croiront payés au delà de leur mérite lorsque j'aurai dit : « *Grand merci, mes braves!* » Voilà, certes, une immense joie. Telle était la joie de l'Empereur quand il descendait dans le Carrousel aux plus beaux jours de sa toute-puissance.

Pour être moins guerrière, la joie du roi actuel des Tuileries n'en est pas moins vive lorsqu'il se voit, lui aussi, entouré, salué et reconnu par les soldats et par le drapeau de la France. Roi pacifique, Louis-Philippe a été un soldat, et il s'en souvient. Rien qu'à le voir suivre du regard les évolutions guerrières, on devine qu'il les aime et qu'il s'en souvient avec orgueil. S'il n'est pas en guerre avec toute l'Europe, le roi des Français a du moins à sa portée une guerre active, passionnée, renaissante sans cesse : la guerre d'Afrique. Là, il a renfermé l'ardeur belliqueuse de la France : là illa tient en éveil ; là il envoie chaque année des bataillons d'élite pour qu'ils apprennent les dangers, les fatigues, les combats, les trahisons, les assauts de cette grande science qu'on appelle la guerre. Autour du roi, quand ils ne sont pas absents pour leur service, se pressent, aux jours de revue, de jeunes lieutenants-généraux que l'armée reconnaît avec orgueil comme des officiers braves, habiles, et tout à fait dignes de commander : là se montrait le premier le duc d'Orléans, brave soldat, brave général, qui a joué sa vie plus d'une fois avec un grand courage ; là, vous voyez encore le duc de Nemours, très-versé dans toutes les sciences militaires ; celui-là n'est à l'aise qu'au milieu des camps ou de la bataille ; regardez-le, il est blond, il est plein de réserve ; il faut qu'il soit salué le premier pour qu'il salue ; il ressemble tout à fait à quelque beau capitaine des gardes-françaises à la bataille de Fontenoy ; mais au premier bruit du tambour, soudain son regard s'anime, sa tête se relève, sa démarche s'enhardit. — Le soldat, qui se connaît en hommes, vous rirait au nez si vous alliez lui dire ce que disent les courtisans et les députés : que M. le duc de Nemours est fier. Quant à ce bel enfant tout rose, et dont les moustaches naissantes sont encore si claires et si fluettes, ne vous y trompez pas, c'est un brillant colonel qui a vu le feu à plusieurs reprises et qui a fait ses preuves en bravoure : c'est le duc d'Aumale, bon jeune homme, si gai, si heureux de vivre et d'être au monde, et de porter une épée, des épaulettes ! Il a été élevé comme un savant ; on lui a enseigné, avec toutes sortes de bons soins et de succès, les langues anciennes et l'histoire, tous les grands arts ; mais à peine a-t-il échappé aux mains de son gouverneur, que soudain il ne rêve plus que guerres et batailles. *En avant, marche!* voilà la devise de ce noble jeune homme ; on l'aime rien qu'à le voir. Si le soldat n'a pas de meilleur officier que le duc de Nemours, il n'a pas de meilleur compagnon que le duc d'Aumale. Aussi, la revue se passe comme se passera toujours une revue en France. Voir passer devant soi une foule de soldats bien vêtus, bien portants, bien nombreux, parés avec toute la coquetterie militaire ; faire rouler des canons sur un pavé qui tremble, déployer dans les airs de fiers étendards que le vent soulève, voir caracoler des chevaux et les entendre hennir, regarder tout là-bas les cuirasses qui éclatent au soleil : quelle fête et quelle joie ! Le Parisien oublierait à cette contemplation solennelle même sa femme qui l'appelle, même son dîner qui l'attend, même son enfant qui joue là-bas au soleil de la Petite-Provence, et qui n'entend pas ces tambours qui battent aux champs, ces canons qui roulent, ces trompettes et ces clairons.

XVII

LA CHAMBRE DES DÉPUTÉS

<------>

Je ne demanderais pas mieux que de me promener ainsi dans les belles allées sablées au milieu de la belle foule élégante, de suivre au pas cette belle musique militaire, suivie à son tour des bataillons qui passent l'arme au bras dans le Carrousel ; au besoin, je consentirais encore à faire le tour du château des Tuileries ou à compter les précipices bourbeux de la cour du Louvre : il n'y a là rien qui soit bien fatigant ou bien pénible. Voir et regarder, et puis dire naïvement ce qu'on a vu et regardé, voilà le bonheur du voyage ; mais, hélas ! ce n'est pas là tout le devoir que je me suis imposé. Après les plaisirs viennent les affaires. Si la société moderne a son côté frivole, elle a aussi son côté sérieux et parfois cruellement sérieux. Si Paris est la ville des beaux-arts, elle est aussi la ville de la politique. Il y a à Paris autant d'hommes d'État pour le moins que de peintres et de sculpteurs ; la tribune française n'est donc pas moins digne d'attention et d'intérêt que l'Opéra de France. A côté du jardin des Tuileries, où la belle foule se promène, il y a le château des Tuileries où le roi travaille nuit et jour. Quittons donc ce paisible jardin et ces vieux arbres où le printemps va bientôt jeter ses premières fleurs, et les joyeux petits cris de ces jolis enfants.

Traversons, s'il vous plaît, la place Louis XV, qui vit mourir Louis XVI sur l'échafaud. Au coin de cette place, vous rencontrerez un large pont surmonté de riches candélabres. Ce pont-là relie d'une façon pittoresque les deux riches quartiers de la ville, le faubourg Saint-Germain et le faubourg Saint-Honoré, la Madeleine et la Chambre des Députés. La Chambre des Députés, la voici devant vous, sur l'emplacement de l'ancien palais des ducs de Bourbon. Arrêtez-vous un instant devant ce monument que vous voyez s'élever sur une vaste colonnade, posée elle-même au sommet d'un vaste escalier de pierre. Contemplez ce monument avec respect : il a pour base la Charte constitutionnelle des Français. Entre ces nobles murailles, dont l'écho glorieux a répété de si belles, de si grandes paroles, se proposent, se débattent et se rédigent toutes les lois de ce vaste, intelligent et puissant pays de France. Entre ces murs, toutes les intelligences du pays ont pris place ; sur les nobles bancs de cette noble maison, se sont agitées toutes les passions bonnes et mauvaises. Que de luttes cruelles et honorables ! que d'attaques violentes ! quelle défense acharnée ! Tous les principes qui se divisent le monde ont régné là souverainement, chacun à son tour ; toutes les ambitions généreuses se sont révélées dans cette enceinte ; tous les grands pouvoirs en sont sortis vainqueurs, glorieux, triomphants. La royauté de Charles X reposait sur cette base inébranlable de la constitution ; les imprudents ! ils ont voulu toucher à ces fondations sacrées, soudain une pierre s'est détachée de l'édifice, et elle a écrasé d'un seul coup une monarchie de quatorze siècles. — *Et nunc, reges, intelligite; erudimini, qui judicatis terram,* comme le répète Bossuet.

Je suis allé souvent à la Chambre des Députés, ce noble contre-poids du château des Tuileries, et jamais je n'en suis revenu sans être rempli d'admiration et de respect pour tant de voix éloquentes, l'honneur de cette tribune si haut placée dans les affaires humaines. L'éloquence parlementaire est une des conquêtes sans prix de 1789. Elle est la fille, la compagne, la gardienne, la sentinelle avancée de la liberté politique. Mirabeau, ce fougueux tribun sorti de la noblesse, cet orateur inspiré à la fois par les rancunes passées et par les colères présentes, cet homme qui d'un mot, d'un geste, d'un regard, renversa le trône que l'on croyait le trône le plus affermi de l'Europe, Mirabeau enseigna le premier, aux orateurs à venir, comment on abordait la tribune, comment on s'y tenait assis ou debout, et comment on parlait, de cette hauteur, au monde qui écoutait en silence. Ce fut tout à fait une révolution dans la parole humaine, une révolution complète, active, incroyable, imprévue, habile, comme sont d'ordinaire toutes les révolutions. Chose étrange ! la France du seizième siècle qui avait entendu tant d'ardents controversistes pour et contre Luther ; la France du dix-septième siècle qui avait marché si longtemps à la conquête universelle sous la bannière éloquente de Bossuet ; la France du dix-huitième siècle qui avait écouté, bouche béante, Jean-Jacques Rousseau, Diderot, Montesquieu, ces grands orateurs ; toutes ces Frances, mêlées et confondues dans la même étude de l'antiquité classique, qui avaient étudié dans leurs plus profonds mystères l'art savant, la parole cadencée, harmonieuse et toute-puissante de Démosthènes, de Cicéron, de saint Jean-Chrysostome, qui avaient traduit, dès le berceau, les histoires de Tite-Live et de Tacite, parsemées de tous ces chefs-d'œuvre oratoires qui ont élevé l'histoire de l'antiquité à la dignité de l'éloquence, elles n'avaient jamais rêvé ni compris que l'éloquence pût jamais être autre chose qu'un brillant jeu de l'esprit, de la croyance et de la pensée, à l'usage du barreau ou de la chaire chrétienne. L'éloquence, pour les Français, avant Mirabeau, c'était tout simplement un plaidoyer, un sermon, ou tout au plus une déclamation à l'Académie Française en l'honneur de La Fontaine ou de Duguay-Trouin. Mirabeau vint, et il jeta la France dans une éloquence inconnue aux anciens. Il enseigna par son exemple que tout homme qui arrive en ce monde avec une passion et une conviction profonde dans le cœur, était né un orateur. Il laissa de côté Cicéron, Démosthènes, Tite-Live, Tacite, Chrysostome, Bossuet, Jean-Jacques Rousseau, tous les modèles. Il enseigna le premier que l'art n'était pas nécessaire pour parler la langue des affaires ; que la rhétorique était une ressource oiseuse et ridicule appliquée au gouvernement d'un grand peuple ; que la parole parlée ne devait pas ressembler à la parole écrite, et que celle-là, vive, passionnée, hardie, indomptée, s'arrangeait peu des périphrases, des circonlocutions et de l'harmonie cadencée de celle-ci. Mirabeau apprit aussi aux orateurs à venir à ne jamais reculer devant la colère, à ne jamais sacrifier la pensée à la métaphore, le fait à la périphrase, la force à la grâce, la passion à l'art. Il éleva ainsi la tribune française plus haut que jamais n'avait été élevée même la chaire chrétienne par tous ces grands orateurs, l'honneur de la langue ; après quoi, le grand Mirabeau lui-même succomba sous l'édifice qu'il avait élevé, n'en pouvant plus.

Lui mort, le nouvel art qu'il avait enseigné et qu'il avait démontré d'une manière si puissante, se développa rapidement. Tout servit en même temps à féconder cette noble semence de l'éloquence parlementaire, le triomphe des uns, la défense des autres, la mort de tous. Tous ces orateurs, jeunes et vieux, innocents ou criminels, Camille Desmoulins, Saint-Just, les deux Robespierre, Danton, Collot-d'Herbois, Fabre d'Églantine, toute la Gironde, moururent contents : ils laissaient après eux un mot éloquent, une retentissante parole, un éclair sanglant lancé du haut de l'échafaud. Il y eut même des femmes qui atteignirent facilement à l'éloquence, tant l'échafaud grandissait la parole humaine ! Ainsi, l'éloquence déborda en France, comme un de ces torrents nouveaux que par hasard le laboureur fait jaillir d'un coup de bêche, eau fécondante d'abord, qui finit par être une inondation. Bonaparte arrêta cette inondation, comme il arrêta tant d'autres ravages. Il fit sauter par la fenêtre les cinq cents orateurs qui le gênaient, même par leur silence. Aux ordres de l'Empereur toute voix indépendante fit silence ; l'éloquence s'arrêta comme la pensée. On n'osa plus que chanter le *Te Deum* ; l'éloquence fit place au dithyrambe, la prose fut remplacée par les vers. La prose appartient aux affaires sérieuses ; le vers est l'oisiveté des flatteurs qui n'ont rien à dire. Les gens de cœur qui, sous l'Empire, auraient pu être des orateurs ou des écrivains politiques, se firent soldats, afin d'avoir une très-bonne raison de ne pas parler et de ne pas écrire ; tout fut remplacé, dans cette France républicaine, par l'obéissance passive du soldat pour son capitaine. Ce que l'homme de cœur n'eût pas accordé au chef de la nation sans rougir de sa faiblesse, le soldat l'accordait volontiers à qui le guidait dans la bataille. Voilà pourquoi il y eut tant de bons soldats et si peu d'écrivains supportables sous l'Empire. C'est que, tant que vécut Napoléon, tel capitaine se contentait d'aller au feu, qui était né et venu au monde uniquement pour être un grand orateur, un grand écrivain. Ainsi Napoléon avait déplacé tous les nobles instincts, ainsi il avait faussé toutes les hautes intelligences au profit de sa toute-puissance et de sa suprême volonté. La preuve en est, c'est que, Napoléon tombé, l'éloquence française, cette force oubliée, se fit jour tout d'un coup au milieu de tant de ravages. Plus d'une voix éloquente se fit entendre au milieu de ces lambeaux d'armées que le canon étranger avait écrasées dans la poussière. La Charte de Louis XVIII rendit à la France la liberté politique, et avec la liberté politique l'éloquence. Le premier orateur qui se présenta dans cette noble arène, c'était justement un soldat, un compagnon, un ami de l'Empereur : c'était le général Foy, celui que la France a pleuré comme on ne pleure plus les rois, celui dont elle a doté la femme et les enfants.

Cependant, grâce à moi, vous voilà introduits dans la tribune diplomatique. De là vous voyez toute la Chambre des Députés, un grand cercle présidé par M. Sauzet. Il n'est pas encore une heure. Les députés arrivent lentement l'un après l'autre. Depuis la Révolution de Juillet l'uniforme n'est plus de rigueur, et vous n'avez devant vos yeux que d'honnêtes bourgeois, assez négligemment vêtus pour la plupart. A mesure que l'heure avance, les bancs se garnissent; on arrivait à pas comptés, voici que maintenant on accourt. Que va-t-il se passer et que va-t-on dire? Il est bien difficile de le prévoir, même aux plus habiles; laissez faire le caprice, le talent, l'habileté des orateurs. Telle séance qui promettait d'être orageuse, s'est plus d'une fois terminée sans coup férir. Telle autre séance, sans importance tout d'abord, a fini par s'engager, entre les plus ardents et les plus éloquents, d'une façon si vive, que la Chambre ne savait plus auquel entendre. Les combats de la parole sont de véritables combats, soumis aux mêmes hasards, aux mêmes accidents, aux mêmes revers imprévus, aux mêmes victoires inespérées, que les batailles véritables. C'est une page blanche sur laquelle personne ne sait ce qu'il va écrire ; c'est un drame dans lequel nul ne sait le rôle qu'il va jouer. Ce qui fait le grand intérêt des séances de la Chambre des Députés, c'est que tout ce qui s'y dit est absolument et réellement improvisé. On permet seulement de temps à autre à quelques orateurs de venir lire un discours qu'ils se seront fait écrire par quelque homme *spécial*, comme on dit en France, ou bien réciter le discours appris par cœur dès la veille ; la Chambre gagne alors en beau langage ce qu'elle perd en imprévu. Mais ces sortes de permissions sont fort rares. Il faut que celui qui parle improvise, il faut qu'il parle du fait même dont il est question quand il prend la parole. Tout est net, arrêté, précis, même dans les divagations de cette Chambre. On est tellement fait à toutes les ruses du métier qu'on les découvre à l'instant même, et aussitôt découvertes, l'orateur est rappelé à l'ordre. Ils gagnent ainsi beaucoup plus de temps qu'ils n'en perdent. Ajoutez que d'ordinaire on parle là sans emphase, mais non pas sans élégance ; on parle sans recherche et sans apprêt, mais non pas sans une grande envie de convaincre et de réussir. C'est à la fois une conversation et un discours : une conversation par la netteté et par la précision de la parole ; un discours par l'arrangement des mots et la grâce abondante de l'expression. Un des grands caractères de l'esprit français, c'est la moquerie : une raillerie faite à propos peut perdre un homme. Or, à la Chambre des Députés, la moquerie est toujours prête à saisir sa victime. L'ironie veille sans cesse sur le moindre geste, sur la moindre parole, toujours prête à faire sa pâture du plus léger ridicule. C'est là une grande excitation pour l'éloquence de la tribune. Celui qui parle sait fort bien qu'il se tirera toujours d'une bévue, mais il sait aussi qu'une faute de français, une liaison douteuse ne lui sera pas pardonnée. Que de tristes exemples d'une popularité perdue pour un mot mal prononcé à la tribune ! Que d'honnêtes gens couverts d'un ridicule ineffaçable pour une expression de leur province qu'ils auront innocemment transplantée de leur province à la Chambre! L'un dit *Nonante-cinq*, il est sifflé par toute l'Europe. L'autre est montré au doigt pour avoir dit *conséquent* quand il devait dire *considérable*. Il y a eu un ministère perdu pour avoir appelé la censure *une loi de justice et d'amour*. En France, c'est l'esprit qui fait l'orateur ; à Rome c'était le cœur : *Pectus est quod disertos facit*, a dit Cicéron.

Mais silence! chacun est à son poste. Le président de la Chambre arrive précédé de ses huissiers, au bruit éclatant du tambour et du *portez armes* des soldats et des gardes nationaux, — les ministres sont sur leurs bancs, — toute conversation s'arrête, — la sonnette retentit, — la séance est ouverte, la bataille oratoire est commencée. Mais que vous importe, à vous, qui n'êtes venu là qu'en curieux, et plutôt pour voir que pour entendre? Aussi, après le premier étonnement, votre premier soin est de chercher dans la foule quelques-uns de ces noms que l'Europe sait par cœur, des noms qui sont tout un symbole, des noms conquis dans la paix et grandis dans la guerre, et qui ont un si grand poids sur les destinées de l'Europe. Quels hommes, je vous prie, cherchez-vous tout d'abord? Les premiers de tous; vous cherchez M. Thiers et M. Guizot, deux chefs de parti, deux hommes éminents dans ce pays de France, à qui rien n'a manqué pour réussir, ni la parole, ni le style, ni l'histoire, ni l'origine plébéienne, ni le doute, ni la croyance, ni les haines, ni les sympathies publiques. Les voilà l'un et l'autre qui, après avoir suivi d'un pas infatigable, M. Guizot la monarchie de Charles X, M. Thiers la France de 1789, se rencontrent dans la même victoire. L'un et l'autre, ils sont deux enfants de leurs œuvres, ce sont deux arrivés, comme disait M. de Talleyrand, deux arrivés glorieux et tout-puissants. Amis aujourd'hui, ennemis le lendemain, la France les suit et les abandonne tour a tour ; l'Europe les regarde et les écoute toujours. A ceux-là l'avenir appartient, mais à des titres différents : M. Guizot est le maître de la paix, il commande à la tempête, il calme l'Europe d'un regard, il a déjà prononcé deux fois, non pas sans être obéi, le *quos ego* politique ; M. Thiers est l'homme des tumultes, des temps d'émeute, des guerres menaçantes ; vous le verrez galoper à cheval sur l'équilibre européen, au milieu de toutes sortes de ruines entassées par son caprice et par son génie. M. Guizot, c'est la volonté sévère et calme; M. Thiers, c'est l'inspiration bouillante et jeune. L'un va d'un pas sûr à son but, qui est l'obéissance volontaire des peuples; l'autre va par sauts et par bonds à son but, qui est l'obéissance des rois à leurs ministres ; celui-là ne hait pas un roi qui règne et qui gouverne, celui-ci veut toujours être seul à gouverner et quelquefois seul à régner. Otez à ces deux hommes la royauté, qui leur sert de contre-poids et de garantie, faites-les forts et puissants, non pas par la parole et la conviction, mais par la force et par l'épée, et vous aurez quelque chose qui ressemblera à la lutte de Sylla et de Caïus Marius, comme la Chambre des Députés ressemble au Capitole.

XVIII

REVUE POLITIQUE

<---->

Je ne sais quelle émotion vous saisit, rien qu'à les voir sous le même toit, tous ces hommes, les représentants d'un pays comme la France : eh ! grand Dieu ! que de passions, que de besoins, que de préjugés, que de fortunes, que de misères ils représentent ! Moi, étranger, je n'ai pu avoir de l'aspect de la Chambre des Députés qu'une confuse et bourdonnante vision ; et pourtant tel qu'elle est, cette vision est imposante, surtout à présent que l'éloignement et la contemplation d'autres intérêts lui donnent toute la majesté d'un lointain lumineux. Je ne vous ferai donc pas cette histoire chapitre par chapitre, — pourtant ce serait là une très-curieuse histoire, — mais tant que je pourrai, homme par homme, afin que vous ayez, non pas un portrait, mais une fidèle esquisse de toutes ces têtes parlementaires, parmi lesquelles il y en a quelques-unes capables de mener le monde.

Regardez, par exemple, isolé sur son banc, mais entouré

de l'attention générale, cet homme au regard vif et hardi, au front vaste et déjà chauve, au geste animé et loyal ; admirez toute la beauté pleine d'esprit et d'harmonie de cette tête si légèrement portée et pourtant si remplie de faits et d'idées ! Cet homme, c'est peut-être le plus grand orateur des temps modernes ; c'est le Cicéron vaincu, mais non pas découragé, de la royauté légitime : c'est M. Berryer. Autour de M. Berryer brille et resplendit une admirable auréole de fidélité et de courage. Il est né un royaliste et il est resté un royaliste malgré la dernière révolution ; il mourra dans sa croyance. Obstiné si l'on veut, mais obstiné convaincu, d'autant plus admirable en sa persévérance, qu'il est tout simplement royaliste par instinct, par devoir, non pas par nécessité et par origine. M. Berryer est un enfant du peuple, il est né en pleine révolution, il a été élevé au barreau parmi ces éloquents plébéiens qui ne veulent reconnaître d'autre supériorité entre les hommes que la supériorité de la toge et du bonnet carré. Encore enfant, Berryer se trouva le talent oratoire sans savoir comment ce talent lui était venu. Il fut frappé de bonne heure des pompes et des malheurs de cette vieille royauté de France, passant de l'échafaud à l'exil, du trône à l'exil, de l'exil au trône, et retournant enfin et pour toujours du trône à l'exil. Comme il vit que chacun servait le roi légitime par les armes que le ciel lui a départies, celui-ci par la poésie, celui-là par son épée, cet autre par sa noblesse, Berryer se dit à lui-même qu'il le servirait d'une façon plus puissante et plus utile à lui seul que tous les autres réunis, qu'il le servirait par sa parole ; et Berryer l'a fait comme il l'a dit. Quand il quitta le barreau pour la tribune, les affaires privées pour les affaires publiques, Charles X était encore le roi le plus puissant de l'Europe, et, comme c'est l'habitude des rois tout-puissants, le roi Charles X s'inquiéta peu d'abord de ce nouveau défenseur qui lui arrivait au milieu de ses prospérités de tout genre. Qu'était Berryer sous Charles X ? Un jeune avocat plein de talent, il est vrai, mais qui voulait se faire, lui aussi, sa place au soleil, afin de devenir un pouvoir quelque jour. Mais Charles X tombé ; et la royauté de France reconduite à Cherbourg par un avocat de Paris, M. Odilon Barrot, alors la royauté légitime apprit à connaître Berryer, l'avocat de son exil, le dernier défenseur de ses malheurs. M. Berryer doit peut-être plus de reconnaissance à la Révolution de Juillet que M. Thiers lui-même. La Révolution de Juillet a fait de M. Thiers un ministre d'État, elle a fait de M. Berryer un chef de parti, et, savez-vous? le chef d'un noble parti abattu, vaincu, écrasé, malheureux de tous les côtés, du côté du courage, du côté de l'opinion publique, du côté du dévouement. Touchante et noble action de Berryer! Quand tout le monde abandonne le roi légitime, quand les royalistes de la France ne savent guère qu'exhaler leur mécontentement en quolibets inutiles, quand chaque propriétaire royaliste de ce sol, qui est royaliste de son essence, ne songe qu'à entasser ses revenus et à renouveler les baux de ses fermiers, quand M. de Chateaubriand lui-même, fatigué d'une lutte de soixante ans, dit adieu au monde politique, quand l'égoïsme est partout dans cette France de royalistes, Berryer, Berryer seul se présente et monte à la brèche ; seul, il prend en main la défense de ces intérêts à jamais anéantis ; seul il ose élever la voix en faveur de cette opinion dépassée ; seul quand madame la duchesse de Berri vient compromettre doublement la cause de son fils par son courage et par ses faiblesses, Berryer se présente, et il couvre cette noble femme de son pardon, de son estime et de ses respects. Voilà ce que la Révolution de Juillet a fait pour M. Berryer l'avocat. Elle en a fait le défenseur de la veuve et de l'orphelin, mais d'une veuve royale, mais d'un orphelin qui est né sur le premier degré du trône de France, qui est le petit-fils de saint Louis et de Louis XIV. Aussi toute l'Europe royaliste a les yeux fixés sur M. Berryer ; chacune de ses paroles retentit jusque dans le cœur des trônes ; les rois l'invoquent dans leurs angoisses, comme le matelot, dans le naufrage, invoque Notre-Dame-de-Bon-Secours. Lui, cependant, il marche tout droit son chemin, il suit, sans jamais en dévier, la ligne qu'il s'est tracée ; il accuse, il attaque, il gourmande de toutes ses forces ce qu'il appelle le coup de foudre de Juillet. Il se fait une piquante et maligne joie de relever toutes les déceptions, tous les mensonges, toutes les fourberies, tous les paradoxes de cette Révolution qui a brisé le trône de Charles X ; il la harcelle de tous les côtés, il la pique jusqu'au sang. Il se retourne souvent vers les nouveaux pouvoirs, et quand ceux-ci se plaignent amèrement que toute autorité est brisée, que la royauté elle-même est méconnue, que le peuple de France a perdu tout à fait le sentiment de l'obéissance et du devoir, Berryer se lève au milieu de la Chambre, et lui lançant ce coup d'œil railleur et plein de feu qui est irrésistible : — *C'est vous, dit-il, vous les premiers, qui avez brisé l'autorité, avili la royauté, détruit l'obéissance; ne vous plaignez donc pas de recueillir ce que vous avez semé vous-mêmes!* En même temps, et avec une grâce parfaite, il revient avec amour aux beaux jours de la Restauration, et il en parle comme le poëte Ovide parlait de Rome et de l'âge d'or. Attentive à ses moindres paroles sans y ajouter foi, émue et charmée et cependant se défiant d'elle-même, la Chambre écoute parler cet homme qui parle si bien, elle se repaît du doux miel attaché aux bords du vase, tout en se gardant d'avaler la liqueur dont ce vase est rempli : c'est un si grand et si éloquent contre-révolutionnaire, Berryer! Sa voix est pénétrante et incisive comme était la voix de Mlle Mars ; son geste est noble et élégant ; souvent il se passionne jusqu'au délire, mais c'est un délire contenu ; il s'émeut lui-même jusqu'aux larmes, et ces larmes sont presque partagées. Il s'abandonne en toute conscience, c'est-à-dire en toute liberté, à l'enivrement, à l'audace, au prestige de sa position, qui est supérieure à toute autre position dans cette Chambre ; il invoque à son aide toutes les puissances du passé, tous les prestiges des temps évanouis, et pas un de ces principes qu'il invoque ne lui manque au besoin. Sa passion est sage et réglée, son désordre même est logique. Pour être admirablement dissimulée, son habileté n'en est pas moins grande et moins hardie. Tout improvisateur admirable que vous le savez, cependant, à la première parole de son discours, il sait fort bien où il va et par quels sentiers détournés il atteindra le but qu'il se propose. Son argumentation est soumise à des lois dont il ne s'écarte jamais. Il commence d'une façon calme et simple, il pose çà et là les premiers fondements de son dilemme ; peu à peu, mais sans rien laisser paraître, il resserre le cercle de Popilius dans lequel il veut étouffer son adversaire ; puis enfin, réunissant toutes ses forces comme fait un athlète habile, il brise son adversaire sous les coups redoublés de cette éloquence si calme à l'exorde, si redoutable et si inflexible à la péroraison. L'homme écrasé se débat en vain sous cette furie éloquente qu'il n'a pas sentie venir.

D'autres fois, M. Berryer, qui est le plus exquis délassement de la Chambre, joue avec son auditoire comme fait le chat avec la souris. Il promène l'assemblée attentive par mille détours fleuris, lui montrant la moitié de sa pensée sous mille aspects variés et pleins d'intérêt. La Chambre s'abandonne bientôt à cet admirable plaisir d'entendre parler tout à son aise cet homme qui parle si bien ; mais tout à coup l'homme s'arrête, il brise sa phrase commencée, il revient sur ses pas, comme s'il avait oublié son devoir pour obéir au plaisir, il interpelle le ministre qui tout à l'heure l'écoutait bouche béante comme un simple mortel ; et comme c'est là une mémoire qui retient toutes choses sans en oublier aucune, voilà l'orateur qui saisit sa proie, qui la déchire à belles dents, qui en jette les lambeaux à ces députés qui l'écoutent ; ces mêmes députés, entraînés par tant d'éloquence, subjugués par tant de hardiesse, ont oublié plus d'une fois qu'ils étaient la majorité, qu'ils étaient les amis du ministre, et ils ont battu des mains à cet implacable ennemi de la Révolution de Juillet.

Homme à plaindre cependant, M. Berryer, et que nous autres les Américains nous plaindrons surtout de tout notre cœur : car nous ne comprenons pas, nous autres, qu'il puisse y avoir un seul homme inutile, même parmi les hommes éminents qui sont au service d'un tel pays. Nous ne comprenons pas qu'un pays éclairé puisse dire à un homme : « Te voilà ! tu ne « penseras jamais comme je pense ; et moi, jamais je ne pen- « serai comme toi ! Toi et moi, il nous est impossible d'être « du même avis, notre entêtement est égal de part et d'au- « tre. Tu serais encore un plus grand orateur que Démos- « thènes, que toute ton éloquence ne changerait pas mon « opinion d'un cent-millième de ligne. Par conséquent, tu ne « m'es bon à rien, tu m'es parfaitement inutile, je pourrais « me passer de ta parole comme je me passe de ton concours. « Mes affaires vont sans toi et malgré toi. Cependant tu parles « en grand orateur, et ce m'est une grande joie quand je « prête à tes futiles discours une oreille attentive : ta parole, « sans puissance pour moi, est loin d'être sans charmes. Parle « donc, je t'écoute ; parle, je t'applaudis ; parle, et pendant « tout le temps que tu parleras, je partage ton indignation, « ton enthousiasme, ta haine, ta colère ; parle, tu es sans dan- « ger pour moi, mais tu m'enchantes et tu me plais cent fois « plus que ne font mes propres orateurs ! » Et croyez-vous donc, mes frères de New-York, qu'un grand esprit comme Berryer ne soit pas bien à plaindre quand, à une pareille pro- position, il répond : *J'accepte !*

Non loin de M. Berryer, s'élevait naguère un autre roya- liste, de pure race, mais qui, celui-là, avait bien tous les droits du monde pour être un royaliste. C'était, m'a-t-on dit, une noble tête, un calme visage, un grand air rempli de majesté et de candeur. Pour celui-là, il était tout à fait un grand sei- gneur, et dans ses veines bouillonnaient généreusement quel- ques nobles gouttes du sang royal d'Angleterre. Noble intel- ligence, esprit éclairé, facile éloquence, simple et net courage, ce royaliste s'appelait M. le duc de Fitz-James. Rien qu'à le voir la tête haute, la démarche indécise, à la fois superbe et abandonné, on reconnaissait un de ces vieux types de la vieille noblesse française qui s'en vont pour ne plus revenir. M. le duc de Fitz-James s'appelait Jacques, du nom du roi d'Angleterre qui régnait dans le château de Saint-Germain par la disgrâce de Dieu et par l'hospitalité du roi Louis XIV ; et en effet, le roi Jacques était son aïeul. Il était naturellement duc et pair de France sous le roi légitime ; mais quand la royauté fut passée, M. le duc de Fitz-James pensa qu'il n'y avait plus de pairie en France, que ces deux hérédités se soutenaient l'une l'autre ; que, le roi légitime exilé, il était nécessaire que le pair du royaume sortît tout au moins du palais du Luxembourg : alors il redevint bourgeois et propriétaire. Cependant, après les premiers moments de ce muet désespoir de la fidélité, M. de Fitz-James se ravisa ; il vint à comprendre que c'était faire à l'ennemi la partie trop belle que d'abandonner la partie, et il entra à la Chambre des Députés. Ainsi placé au milieu de ces maîtres improvisés qui gouvernent la France, M. de Fitz-James représentait à lui seul cette ancienne aristocratie qui s'en va s'effaçant de jour en jour ; il en avait l'élégance, l'esprit, la raillerie, la générosité, le bon sens plein de finesse, les belles manières, la parole quelque peu traînante, mais claire et lucide. Au milieu de cette salle remplie de bourgeois de tous les étages, il avait conservé cette exquise politesse qui forme une si infranchissable barrière entre le grand seigneur et les autres hommes ; il était dans la Chambre comme un homme bien élevé qui ne veut gêner personne, mais aussi qui ne veut être gêné par personne. Quand il faisait à la Chambre l'honneur de lui adresser la parole, M. de Fitz-James se mettait à l'aise avec elle et il lui parlait avec la familiarité la plus convenable. C'était une grâce pleine d'abandon, mais si exquise qu'il eût fallu être bien mal appris pour ne pas la trouver convenable. Enfin, quand d'une voix calme et lente il récitait à la Chambre un discours fait à l'avance et appris par cœur, la grande inquiétude de M. de Fitz-James, c'était de passer pour un orateur ; aussi bien, quand il arrivait à l'éloquence, et il y arrivait bien souvent, c'était toujours sans le savoir et surtout sans le vouloir.

Qui eût voulu un brutal contraste avec M. le duc de Fitz-James, eût choisi à coup sûr M. Dupin. M. Dupin, voilà le bourgeois brusque, entêté, violent, superbe, orgueilleux de sa puissance; voulez-vous me permettre de le dire? voilà le vrai bourgeois des États-Unis. Il est si heureux d'être parvenu à régenter le monde! il est si fier de voir se courber devant lui les têtes les plus hautes! il est si rempli de sa propre importance! Il s'appelle Dupin, Dupin l'aîné. Parlez-lui avec respect, lui ne respecte personne; parlez-lui avec terreur, lui il n'a peur de personne. Il est familier jusqu'à l'insolence. On m'a raconté qu'un jour qu'il était avec le roi, il frappa familièrement sur l'épaule du roi, et le roi, qui est presque un aussi grand seigneur que M. de Talleyrand, s'écria en montrant la porte: *Sortez!* M. Dupin sortit en effet, mais le lendemain il était au petit lever du roi, demandant humblement *des nouvelles de Sa Majesté!*

Cet homme, qui est un des hommes les plus éminents de la France, est tout rempli de contrastes. Il a tous les genres de courage, il a aussi toutes les faiblesses. Il est un orateur, il est un bouffon; aujourd'hui Cicéron, demain Odry, il passe du *quò usque tandem?* au calembour avec une admirable facilité. Il est plus fier de sa vieille robe d'avocat que ne l'était M. le duc de Fitz-James de son manteau fleurdelisé de pair de France. Il a l'air commun et trivial, la petite-vérole a labouré son visage dans tous les sens. Le paysan du Danube n'était pas plus mal vêtu, et pourtant, ainsi bâti et couvert, monsieur le procureur-général de la Cour de Cassation porte haut la tête, et plus d'une fois il s'est demandé tout bas si M. d'Aguesseau avait d'aussi belles façons que lui. Du reste, il a ses beaux instants de dévouement et de courage, il a ses jours de modestie sincère et vraie, ses moments d'abnégation. Sa vie est austère, studieuse, calme, honnête. A le voir, on reconnaît un honnête homme. Il a toutes les vertus de la famille, il en a le fanatisme.

Par un rare bonheur, les deux frères de M. Dupin l'aîné se

sont trouvés deux hommes éminents par les sciences, par le talent. Celui qu'on appelle M. le baron Charles Dupin est, pour ainsi dire, l'inventeur d'une science toute nouvelle en France, la statistique. M. Philippe Dupin est, à coup sûr, un des éloquents avocats du barreau de Paris. Il est tout entier à son œuvre de chaque jour, à la Chambre des Députés, au barreau, dans le monde, partout, tout rempli d'idées, d'esprit, d'éloquence, de bons mots, de fines reparties, avocat avant tout. Aussi la mère de ces trois hommes à bon droit populaires et célèbres, femme heureuse et fière entre toutes les femmes, a-t-elle voulu que l'on écrivît sur sa tombe cette oraison funèbre, qui contient tous les éloges de ses enfants : *Ici repose la mère des trois Dupins.*

Pour en revenir à M. Dupin l'aîné, il a eu le bonheur de prêter son appui à de nobles causes ; il a été le courageux défenseur du maréchal Ney, c'est là un grand titre. Sa trivialité même a servi à le rendre populaire ; il attache et il anime son auditoire, non pas par la beauté de sa parole, comme fait M. Berryer, mais par la bouffonnerie pleine de sens de son discours : car c'est là un sens très-droit, un jugement exquis, une raison saine et correcte ; il est l'homme du bons sens, l'homme du sens commun, et partant l'homme des affaires. Du reste, bon homme au fond ; vaniteux, mais incapable d'une mauvaise action ; colère, mais facile à apaiser ; méprisant les révolutions comme des excès qui coûtent trop cher, honorant de sa haine les gentilshommes, aimant peu les hommes d'épée, méprisant les hommes d'argent. Un secret instinct le pousse à aimer le pouvoir, même quand ce n'est pas lui, M. Dupin, qui est le pouvoir. Il est, comme tous les révolutionnaires, très-obséquieux pour ceux qui commandent : flattez-les, ils vous mordent jusqu'au sang ; mordez-les, ils vous flattent jusqu'à la bassesse. Homme également haï et aimé, on l'aime avec haine, si on peut parler ainsi ; voilà du moins comment il est aimé du roi Louis-Philippe, qui l'appelle son ami et qui a peur de ses brutalités. Quand il est chez le roi, il fait mille gaucheries pour se donner un air d'aisance ; il est mal à l'aise, et afin qu'on ne remarque pas qu'il est mal à l'aise, il est brutal. C'est l'animal de la fable donnant la patte. La reine a bien de la peine à se gouverner avec cet ours mal léché qui ne veut être ni un bourgeois ni un grand seigneur. Dans les affaires, c'est un homme gênant, mais dont on ne peut pas se passer toujours. Il est volontaire, acariâtre, entêté, colère, mesquin, aujourd'hui triomphant jusqu'à l'insolence, demain abattu jusqu'à la peur. Pour qu'on dise qu'il est impartial, il va tout d'un coup abandonner ses amis et passer du côté opposé. Il est à la Chambre des Députés comme ce domestique d'Harpagon qui change de casaque tour à tour, tantôt cuisinier, tantôt cocher. Quand il était le président de la Chambre des Députés, il quittait son fauteuil de président pour monter à la tribune, et alors vous l'entendiez parler de façon à se faire rappeler à l'ordre ! Quand il veut parler sérieusement, l'homme d'affaires reparaît dans tout son éclat. C'est un homme qui serait un excellent orateur s'il n'avait pas été un si habile avocat, et qui eût été un admirable avocat s'il n'avait pas eu dans son esprit tant de qualités excellentes qui font l'orateur.

Il est membre de l'Académie Française, et il écrit en français comme un clerc de procureur.

— Monsieur, dis-je à mon voisin de gauche, un curieux comme moi, mais qui bien plus que moi paraissait connaître le personnel et les affaires de la Chambre ; Monsieur, pourriez-vous m'indiquer un homme qui a joué un grand rôle dans votre révolution dernière, M. Dupont de l'Eure? Est-il ici? montrez-le-moi, que je puisse dire : Je l'ai vu ! Disant ces mots, je cherchais à deviner cette tête austère et blanchie.

— Monsieur, me répondit mon voisin, ne cherchez pas Dupont de l'Eure dans cette assemblée, ou plutôt cherchez-le comme on cherchait, sous Néron, l'image de Brutus et de Cassius. M. Dupont de l'Eure ne fait plus partie de la Chambre des Députés de la France; il l'a quittée le jour où fut tué dans un duel le malheureux Dulong, qu'il aimait comme un fils. A cette place, là-bas, était assis Dulong lorsqu'il prononça, assez haut pour être entendues, ces imprudentes paroles. Malheureux jeune homme! il s'était attaqué à un soldat, l'honneur voulait du sang : vingt-quatre heures après cette triste séance, Dulong était mort, frappé d'une balle au front. Et moi, Monsieur, moi qui vous parle, j'ai suivi le cortége funèbre, j'ai gravi les tristes hauteurs du cimetière du Père-Lachaise. Quel amas de tombes sans honneurs, de glorieux mausolées, d'inscriptions étranges! Vous êtes un étranger, Monsieur, eh bien! ne quittez pas Paris sans avoir visité cet immense Campo-Santo, impitoyablement ouvert pour dévorer toutes les grandeurs parisiennes. Figurez-vous une ville sans bornes dont chaque maison est muette, silencieuse, obscure, fermée ; là rien ne manque, ni le bronze, ni le marbre, ni les gazons, ni les fleurs, ni les statues debout sur leur piédestal, ni rien de ce qui fait les grâces, l'ornement, la beauté, rien ne manque, sinon le mouvement et la vie. Pauvre Dulong! arriver si jeune à ce dernier asile! Aussi nous l'avons conduit jusqu'à la place qui lui était marquée, et une fois là, l'oraison funèbre s'est emparée de cette triste dépouille. Adieu, Dulong! adieu, jeune homme! adieu, toi qui étais la joie de ton vieux père! adieu, toi l'énergique défenseur des libertés compromises! Monsieur, vous pouvez m'en croire, la chose publique a fait depuis dix ans de grandes pertes : Benjamin Constant, Lamarque, Dulong, Casimir Périer lui-même, et enfin Armand Carrel!

Ainsi parlait mon voisin, et comme sa douleur était vraie et bien sentie, je la respectai, et je m'en tins à mes faibles ressources pour étudier la physionomie de la Chambre des Députés.

Ce grand homme à moitié chauve, et cependant échevelé (arrangez cela si vous pouvez), que vous voyez assis au fauteuil du président avec un air de bonhomie contente d'elle-même, c'est M. Sauzet. Celui-là, s'il en était besoin, pourrait démontrer mieux que personne combien un grand avocat est loin d'être un grand orateur, et quelle immense distance sépare ces deux éloquences, l'éloquence du barreau et l'éloquence de la tribune. Non pas qu'il n'y ait au barreau de Paris d'éloquents, d'ingénieux et de charmants esprits d'une facilité merveilleuse, vifs, hardis, entraînants, pleins de courage, d'une audace à toute épreuve, d'une énergie digne des Catilinaires : M. Chaix-d'Est-Ange, par exemple ; mais ces esprits-là, une fois qu'ils ont fait leurs preuves à la tribune politique, se tiennent à l'écart et retournent bien vite à leur éloquence de chaque jour. De tels esprits ne sont pas tout à fait ce qu'on appelle l'éloquence. Qui dit un *orateur*, même dans l'acception moderne de ce grand mot, si dégénéré depuis les républiques antiques, dit un homme passionné, habile, convaincu, d'une belle et énergique parole, qui obéit à tous les mouvements de son âme, à tous les nobles besoins de son cœur. L'orateur du barreau, à le bien prendre, en dépit même de tant de belles et heureuses qualités qui le distinguent, — la chaleur, l'entraînement, la vivacité de la repartie, — n'est pas l'homme que rêvait Cicéron, que nous a montré Démosthènes. C'est un homme de plus ou moins d'esprit, qui remplit une tâche et qui la remplit bien ou mal. Ce qu'on appelle les causes à plaider, voilà son domaine ; après quoi, tant mieux pour le client si l'avocat est convaincu de la bonté de sa cause ; mais, bonne ou non, la cause sera plaidée, c'est la loi ; bien plus, c'est l'usage. On voit chaque jour les plus illustres avocats recevoir l'ordre de défendre un malheureux bandit pris en flagrant délit de vol et de meurtre. Le moyen d'être orateur et convaincu à de pareilles conditions? Pour en revenir à M. Sauzet, M. Sauzet est tout à fait le type de l'avocat et de l'avocat de province. Je suis bien sûr qu'à Lyon, au Palais, M. Sauzet s'est entendu souvent comparer à Cicéron, à Démosthènes, qui sait même? à M. Pitt et à M. Fox, et que M. Sauzet a laissé dire ces comparaisons. C'est un homme de beaucoup d'esprit, mais tout imbu de cette lie oratoire qui écume et fermente en lui d'une façon si pleine d'éclat et de bruit, jetant moins de feu que de fumée et produisant plus d'écume que d'alcool. Qu'il soit venu au monde avec de grandes pensées oratoires et surtout avec une admirable domination sur la langue française, nul ne peut le mettre en doute. Mais à cette éloquence bâtie sur de si grandes dimensions, l'espace a manqué. Figurez-vous la colonne de la place Vendôme transportée au milieu de la basse-cour d'un fermier normand, et vous aurez l'idée de l'éloquence de M. Sauzet, condamnée à la séparation de corps des mariages de province et aux murs mitoyens de la ville de Lyon. Vous verrez ensuite que M. Sauzet aura été gâté de bonne heure par l'admiration des bourgeois, les plus cruels des admirateurs passionnés. Rien ne l'a gêné dès le principe, et il a passé sans peine, et par une transition insensible, des bancs de l'école au barreau. Il a trouvé tous les chemins ouverts et toutes les oreilles attentives à l'avance. C'est un homme heureux avant tout; heureux de vivre, de respirer, de marcher; heureux, mais si heureux! de s'appeler Monsieur Sauzet! Il est arrivé à Paris du fond de sa province pour jouer tout à coup un rôle important dans le plus grand drame qui se soit agité en France depuis le 18 brumaire : je veux parler du procès des ministres de Son ex-Majesté Charles X en 1830, mémorable et solennelle procédure, où toutes les majestés de la justice étaient déployées en même temps que toutes les fureurs populaires étaient horriblement soulevées. Figurez-vous, en effet, la Chambre des Pairs, ce dernier soutien de la royauté légitime, cette ombre vivace encore de la légitimité proscrite, se réunissant pour juger en premier et dernier ressort les derniers ministres et par conséquent la dernière volonté de ce roi Charles X, qui avait été le roi favori de la pairie; en même temps, figurez-vous le peuple de Paris, après son triomphe et son exaltation des Trois Jours, arrivant tout armé autour de la Chambre des Pairs, et semblant dicter par son attitude menaçante un arrêt de mort. Pour la Chambre des Pairs l'alternative était terrible; elle était juge dans sa propre cause, et malheur à elle si elle ne faisait pas justice! C'était la même Chambre qui avait mis à mort le maréchal Ney, le héros de la campagne de 1812, l'ami de l'Empereur, le *brave des braves* : donc, de quel droit sauverait-elle ce ministère impopulaire qui avait porté sur la Charte et sur le peuple des mains violentes? D'un autre côté, comment la pairie, qui avait été le soutien du trône renversé, et qui, peut-être, avait partagé en secret ses espérances et son délire, pourra-t-elle échapper au déshonneur public, si, trop obéissante aux rancunes populaires, à des rancunes amoncelées depuis 1815, elle envoie à l'échafaud des ministres du roi, des députés, des pairs de France, des hommes de son esprit et de son rang? Le dilemme était terrible : la mort ou le déshonneur. Eh bien! il faut rendre cette justice à la pairie française, qu'entre ces deux abîmes elle resta calme. En vain le peuple s'amoncelle contre les grilles du Luxembourg, en vain la garde nationale, qui était toute la dictature de la Révolution de 1830, formule hautement ses exigences, la Chambre des Pairs écoute, délibère et juge. Quand parut sur le banc des accusés M. de Polignac, ce grand seigneur qui avait affronté avec un dédain voisin de l'insolence toutes les haines de la nation française, la Chambre des Pairs ne perdit ni son sang-froid ni sa contenance; elle ne pencha ni pour le peuple qui criait sous ses fenêtres, ni pour ces accusés que quelques jours auparavant elle appelait ses frères. Ce fut donc en ce moment solennel que, tout à coup, fendant avec peine cette foule furieuse qui s'opposait à son passage, un avocat de province, qui n'avait jamais plaidé que des causes de province, devant des juges de province et devant des auditeurs de province, se trouva transplanté dans la première cour du royaume, dans une cour souveraine, et appelé à porter la parole dans une cause où s'agitait toute la révolution nouvelle. Les ministres de Charles X étaient-ils dans leurs droits en signant les ordonnances? acquittez-les! mais alors, arrêtez ce qui suit : *la Révolution de 1830 est une félonie!* Bien en prit donc à M. Sauzet d'être né le plus intrépide des hommes, et d'avoir de lui-même cette admirable bonne opinion qui ne le ferait pas reculer devant Mirabeau en personne. Cette fois, son ignorance de toutes les convenances de ce monde, son profond mépris pour tout ce qui n'est pas M. Sauzet, servirent admirablement M. Sauzet. Rien ne l'étonna, ni ce peuple si agité, ni cette assemblée si calme, ni ces juges qui étaient les propres juges de leur honneur, ni ces ministres vaincus dont on demandait la tête; un mur mitoyen, ou un cours d'eau, ou une question hypothécaire, n'aurait pas trouvé M. Sauzet plus calme et plus à l'aise. Aussi, pendant que ses collègues hésitaient, pendant que l'un d'eux, au lieu de défendre son habile client, trouvait plus simple et plus naturel de s'évanouir, comme une femme coquette qui est à bout de toute défense, M. Sauzet prit la parole ; et, appelant à son aide le cortége brillant des mots sonores, des périphrases brillantes, des antithèses, jetant à pleines mains, çà et là, et dans un abondant désordre, toutes les fleurs fraîches écloses de sa rhétorique provinciale, M. Sauzet étonna et confondit l'auditoire. Ces juges, si préoccupés de la sentence qui allait venir, s'étonnèrent de l'abondance et du sang-froid de ce nouveau venu dans les affaires, et plus il parla longtemps, plus on trouva qu'il parlait bien. En effet, ce long discours, dans ces circonstances présentes, était mieux qu'un discours : c'était un répit, c'était une relâche dans la tempête, c'était un abri pendant l'orage. Les juges de M. de Polignac, tant que parla M. Sauzet, eurent le temps de s'entre-regarder, et plus il parlait, plus on trouvait qu'en effet une cause qu'on pouvait défendre si longtemps et avec tant de raisons amoncelées, n'était pas une cause si désespérée qu'on l'avait cru tout d'abord. Ainsi, le sang-froid verbeux de l'avocat rendit un service éminent à la Chambre des Pairs, à la Révolution de Juillet. A la Chambre des Pairs, M. Sauzet donna le temps de se reconnaître et de se sauver par un arrêt qui ne fut ni une lâcheté, ni un subterfuge. La Révolution de Juillet, en épargnant le sang des ministres accusés, se priva à jamais, et quel triomphe c'était pour cette Révolution déjà innocente de tant d'excès! de la peine de mort politique. La société française, voyant qu'enfin dans cette lutte immense personne n'était mort, et, bien plus, que personne n'était déshonoré, respira plus à l'aise et se mit à espérer des destinées nouvelles. Quant à M. Sauzet, incapable de comprendre ce qui s'était passé autour de lui, et ne sachant même pas bien au juste ce qu'il avait dit et ce qu'il avait fait, il se frotta les mains de plaisir, et il se dit à lui-même que, puisqu'il avait si bien parlé pour des ministres, il serait ministre quelque jour, ce qui n'a pas manqué d'arriver.

Sur les bancs de l'opposition modérée, voyez-vous cet homme en vieux chapeau, chapeau plus souvent gris que noir, plus souvent vieux que neuf! L'homme a l'air très-fin, très-railleur, et son esprit tiendra tout à l'heure toutes les promesses de sa figure; cet homme, c'est M. Mauguin. Celui-là aussi est un avocat, mais un avocat bien disert, ardent, généreux, disons plus, un avocat convaincu. Que veut-il? on l'ignore; lui-même il l'ignore. Où va-t-il? il n'en sait rien. D'où vient-il? la question serait folle, il ne saurait pas vous le dire. C'est un esprit fantasque et capricieux, mais ferme et généreux. Il aime la guerre politique comme un homme qui la fait bien; et ne trouverait-il dans la bataille oratoire que le plaisir de la bataille, il s'y livrerait encore avec délices; il a beaucoup étudié, il a peu appris; cependant il est moins ignorant de toutes choses que la plupart de ses confrères; il a fait des ministres et il n'a pas voulu l'être; c'est une grande différence de plus avec M. Sauzet.

Ainsi abandonné à lui même, flottant entre les deux extrêmes de son opinion, républicain le soir, monarchique le lendemain, ardent et paresseux, quelquefois parlant en orateur, quelquefois en avocat, homme du monde dans le fond, mais non dans la forme, M. Mauguin paraît placé à côté de M. Odilon Barrot pour faire mieux éclater les défauts et les vertus de celui-ci. M. Odilon Barrot, rien qu'à le voir, n'est pas de l'école de M. Mauguin. C'est une figure calme, sévère, presque imposante. Il a dans son esprit et dans son cœur les plus belles qualités de l'orateur, l'entraînement, le courage, la conviction, de sévères et solides principes, la probité, le désintéressement et assez peu d'estime pour l'exercice du pouvoir. C'est une des voix les plus écoutées de la Chambre et les plus aimées, car cette voix est honnête et sincère. Si les États-Unis avaient besoin d'un orateur et qu'on leur permît d'en choisir un seul dans toute la Chambre, je leur conseillerais de prendre M. Barrot. Il est le modèle des orateurs positifs. Sa logique est pressée et pressante ; il est le plus rude jouteur qui soit au monde ; son indignation éclate et tonne, mais toujours avec une certaine mesure qui vous persuade d'autant plus facilement que même cette indignation vous a appris quelque chose. Les plus chauds partisans de M. Odilon Barrot lui font ce reproche unique : son éloquence a trop de grâce, trop de limpidité, trop de science et trop d'apprêts.

En fait d'orateurs qui ne parlent guère, et que bien peu ont entendus, vous avez M. de Cormenin. Les ennemis de M. de Cormenin lui reprochent très-sérieusement d'avoir été vicomte, et, de bonne foi, un homme sérieux, un Américain se prend à sourire de pitié quand il entend reprocher à un homme d'avoir été vicomte. Reprochez à un homme ses mauvaises actions, ses lâchetés, ses perfidies ; mais lui reprocher d'être ou d'avoir été vicomte, c'est se moquer de soi et des autres. Voilà pourtant où en est aujourd'hui la politique de la France. Quoi qu'il en soit, que M. de Cormenin ait été vicomte, qu'il ne l'ait pas été ou qu'il ne le soit plus, toujours est-il qu'il est et qu'il sera encore longtemps un écrivain incisif et dangereux. Il a été élevé à l'école d'un terrible pamphlétaire, Paul-Louis Courrier, qui a fait bien du mal à la Restauration, et il en copie à merveille le ton, les tournures, le style, les manières, l'indignation. Non pas qu'un pareil style ne soit fatigant à la longue ; mais, dans leur nouveauté, ces pamphlets ainsi écrits ont bien vite produit une impression irritante dans les esprits. M. de Cormenin sait cela mieux que personne, et comme il est incapable de prononcer quatre phrases de suite à la tribune, il se dédommage de ce silence forcé par une suite de petits pamphlets bien acérés qui ont leur popularité et leur influence redoutables. M. de Cormenin est surtout l'ennemi prononcé du roi Louis-Philippe, et des princes ses enfants. Il compte par sous, livres et deniers leurs revenus, leurs dépenses publiques ou privées ; il leur dispute pied à pied leur liste civile ; il ne veut pas que le roi soit mieux vêtu, mieux logé, mieux nourri que M. de Cormenin. Il s'épouvante quand on dit : *les enfants de France*. Il est républicain comme un homme qui n'aurait jamais été vicomte, C'est sans contredit un homme d'un vif et ingénieux esprit, mais d'un esprit malfaisant, de ces esprits qui peuvent nuire, qui ne peuvent jamais servir, et qui ne sont bons que pour le mal. Hommes que Platon aurait à coup sûr chassés de sa république, mais sans leur donner des couronnes de fleurs, comme il fait pour les poëtes.

N'oublions pas, dans son coin, dans son obscurité et dans son silence, un des plus dangereux mécontents de la Chambre des Députés, M. Royer-Collard, l'inventeur des doctrinaires, malheureux père si cruellement dépassé et vaincu par ses enfants. On parle de l'ingratitude des républiques ; mais cependant je ne vois pas que dans les monarchies l'ingratitude pour les hommes publics soit moins grande. Cet homme, d'un rare esprit, d'une haute vertu, d'une science admirable, il a été, par la seule force de son mérite, un des hommes les plus imposants de la France. Sept colléges électoraux le nommèrent député le même jour, incroyable et illustre honneur. Il rédigea l'adresse des 221, qui fut le commencement de la ruine de Charles X. Il a été à la fois le chef de la philosophie nouvelle et de la politique moderne. Le premier il réunit ces deux mots sur lesquels repose encore tout l'avenir de la France : *royaliste-constitutionnel*. Il a combattu longtemps sous ce double drapeau, — *la Charte et le Roi !* Il est à croire que lorsque enfin la Charte eut renversé le Roi, M. Royer-Collard ne fut pas peu étonné et malheureux de voir ainsi un de ses deux cultes brisé et renversé. Aussi, depuis que tout équilibre a été perdu entre la constitution et la royauté, M. Royer-Collard est mal à l'aise, il est plus triste et plus sérieux que jamais. La double passion de sa vie, il l'a perdue. Il ne sait plus s'il doit se réjouir du triomphe de la constitution, ou s'affliger de la chute de la royauté. Il aimait la royauté des Bourbons. Il aimait leur antique origine, leurs grandes actions dans la paix et dans la guerre, leur désintéressement chevaleresque, leur loyauté qui était passée en proverbe, et maintenant encore il ne peut pas s'expliquer comment Charles X a pu ainsi violer la Charte, qu'il avait reconnue par son serment. Quelquefois, M. Royer-Collard se reproche tout bas d'avoir peut-être poussé à bout ce faible et entêté monarque, et il se dit que peut-être avec un peu moins de rigueur, la vieille royauté de France serait debout encore, et qu'aussi la constitution eût gagné peut-être à ne pas se séparer violemment, comme elle l'a fait, du principe royal. Triste et respectable position, celle de cet homme, qui est royaliste dans le cœur, qui croit à la légitimité de toute la puissance de son esprit, et qui se voit emporté par une révolution qu'il a faite sans le vouloir !

Cette revue de la Chambre des Députés, tout incomplète que je vous la fais, et à la manière d'un homme fort peu instruit des affaires très-compliquées et très-embrouillées d'un pays en révolution qui n'a pas eu encore le temps de se bien reconnaître, m'a donc intéressé au plus haut degré. Je cherchais parmi ces hommes, que réunit la volonté d'un pays, les espérances, les craintes, le passé et l'avenir de la France. Tous ces bruits, tous ces murmures, toutes ces agitations, toutes ces paroles éloquentes, furibondes, insensées, retentissaient à mon oreille avec une véhémence qu'une oreille américaine peut seule comprendre. A l'aspect de ce chaos tout rempli de cent mille passions diverses, je me demandais en tremblant comment l'ordre pouvait sortir de ce chaos, la lumière de ce nuage? J'étais saisi d'effroi en songeant que tous ces hommes si différents de mœurs, d'opinions, de fortunes, agités par tant de passions diverses, pouvaient produire des lois qui gouvernent un pays comme la France. Je restais épouvanté de ce pêle-mêle plein d'intérêt. Ici M. Arago, l'homme le plus savant de l'Europe, qui descend de l'Observatoire et du ciel pour se mêler à toutes les agitations de la terre ; là M. de Lamartine, le poëte chrétien, parlant, et parlant à merveille, comme un économiste d'un rare talent, des impôts, de l'agriculture et des chemins de fer. Un peu plus loin, M. Bugeaud, le soldat, l'implacable, montant à la tribune comme il monterait à l'assaut, et menaçant à la fois ses adversaires de son pistolet et de ses opinions, de son épée et de sa parole. M. Dubois, esprit nébuleux, tout rempli de pédantisme, qui, pour avoir été pendant six mois un écrivain d'un journal peu lu et un philosophe obscur, se figure qu'il est toujours un philosophe et un écrivain. M. Duvergier de Hauranne, un de ces hommes qui sont nés mécontents, — sombre humeur, — colère sourde, — amitié peu sûre, — logique inflexible, — parole brutale, le digne arrière-petit-neveu de ce farouche abbé de Saint-Cyran, le tyran de Port-Royal. M. Hennequin, avocat, mais un avocat d'un beau langage, de belles manières, qui a lu Cicéron et qui s'en souvient. M. Humann, un Allemand de Strasbourg, parlant allemand en français, mais d'une voix si puissante, que les écus se remuent à sa voix et se rangent en ordre, comme autrefois les murs thébains, lorsqu'Amphion jouait de la lyre; pauvre homme mort à la peine, mort ministre tout comme Casimir Périer. M. Isambert, la plus bourdonnante et la moins agissante des mouches du coche, un homme qui avait grand besoin de la royauté légitime pour que son opposition eût l'apparence de quelque valeur : ces hommes-là ont été ensevelis, eux et leur importance, sous les débris du trône de Charles X. M. Jaubert, espèce d'orateur d'avant-garde, intrépide, éloquent, beau diseur, qui se jette tête baissée dans toutes les questions où le pousse son courage. M. Théodore Jouffroy, belle tête et noble cœur. Il est mort accablé par le travail et par une maladie impitoyable qui l'a conduit lentement au tombeau. M. Théodore Jouffroy était le meilleur élève de l'école de Platon ; il avait la douce gravité, l'onction pleine de charme de son maître. Homme enveloppé dans sa modestie et qui cachait avec le soin le plus original sa science, ses idées, son éloquence, tout, excepté sa tristesse et son bon cœur. M. de Kératry, rude gentilhomme breton, qui a toutes les apparences d'un forgeron bien élevé. L'opposition de 1820 et années suivantes avait reconnu M. de Kératry pour un de ses héros. Et dans la foule, qui voyez-vous encore? Un homme qui a été le maître de la France et de l'opinion, qui a régné doublement par la puissance de la parole et de l'argent. Il marchait en France plus envié et surtout plus aimé, plus honoré qu'un roi. Quand, par hasard, il passait dans les rues, la foule faisait silence, elle se le montrait du doigt avec un geste respectueux, et elle murmurait tout bas : Le voici ! M. Rothschild est, dit-on, le banquier des rois ; mais on avait tort de dire qu'il était le roi des banquiers. Le roi des banquiers, c'était M. Laffitte, quand il était le banquier et l'homme d'affaires de toute l'opposition. M. Laffitte s'était fait le Mécène avoué, et, ce qui est plus rare, très-avouable de tous les talents qui étaient redoutables ou qui promettaient d'être redoutables au pouvoir. Il avait fourni les premiers fonds pour créer le Constitutionnel, cette vieille catapulte quelque peu ruinée aujourd'hui, si puissante il y a quinze ans. Il avait recueilli dans sa maison un certain employé aux Finances, qui s'appelait Béranger, et qui a fait depuis de singuliers ravages dans toutes les âmes. Cette maison de M. Laffitte était une espèce de port d'où l'on partait à pleines voiles pour la bataille, où l'on revenait chargé de couronnes après la bataille. Un jour, chez M. Laffitte, débarqua, plein d'espoir et léger d'argent, un nouveau venu des provinces du Midi. C'était bien le regard le plus fier, la parole la plus hardie, le geste le plus vif et le plus net, la pauvreté la moins affamée, et l'éloquence la plus vive, le style le plus éclatant, l'intelligence la plus animée, l'espérance la plus heureuse qui se pût voir. Ce nouveau venu, c'était M. Thiers. Il s'installa chez M. Laffitte, comme dans la grande hôtellerie ouverte à tous les esprits remuants et dont l'éclat ne pouvait se payer qu'au prix d'une révolution.

Mais pendant que nous étudions tous ces visages, toutes ces pensées, quatre ou cinq orateurs se sont succédé à la tribune; chacun d'eux a parlé avec emportement, avec chaleur, comme parlent les gens convaincus. — Qu'ont-ils dit? La Chambre le sait à peine; elle n'écoute guère que les grands orateurs, pour tout le reste elle est inattentive, impatiente, malheureuse; et quand enfin le côté gauche, le côté droit et le centre ont dit chacun leurs raisons les meilleures, la Chambre passe au scrutin secret, la loi est faite.

XIX

LE PALAIS DES TUILERIES.—LE PAVILLON MARSAN

<-->

Le palais des Tuileries n'est pas loin de la Chambre des Députés ; ce sont deux monuments tour à tour amis et rivaux, qui se regardent tantôt avec haine, tantôt avec amour. Il fut un temps où la Chambre des Députés s'élevait menaçante et fière contre le palais des Tuileries. C'était une lutte étrange de pierre à pierre, de colonnes à colonnes, dont un observateur aurait pu étudier heure par heure les résultats. Le palais du roi, fièrement enveloppé dans sa majesté, entouré de ses statues, de ses gardes, de ses vieux marronniers, et de sa forêt d'orangers en fleurs, couvrait de ses mépris et de son ombrage dédaigneux cette Chambre des Députés exposée au soleil et gardée seulement par quelques mauvaises statues de pierre qui garnissaient le pont de la Concorde. Au premier coup-d'œil, un homme sans expérience aurait pu croire que l'humble maison, triste et nue, sans défense extérieure, sans gardes, sans ombrages, n'oserait jamais lutter contre ces royales et magnifiques demeures, entourées de fossés, de gardes royales, de cent-suisses et de gardes du corps. Que pouvaient faire ces quatre ou cinq douzaines d'avocats jaseurs, contre le roi de France, contre le roi légitime, le maître de trente-deux millions de sujets, le chef de l'État, le restaurateur de l'autorité et de la croyance? Ainsi pensaient les observateurs futiles, ceux qui ne voient de la force que les apparences, et qui croient qu'un homme est un Hercule parce qu'il en a la taille et le visage. Or, ce n'est pas seulement la force des muscles qui fait les Hercules, c'est le courage ; ce ne sont pas les canons, les soldats, les gardes, les fossés, tous les entourages de la majesté qui gardent le mieux les palais, c'est la volonté du peuple. Cette Chambre des Députés qui pâlit sur la rive opposée, cette maison mesquine, même dans sa grandeur, cette façade muette, ce grand mur percé d'une petite porte, ces larges escaliers où six mille soldats monteraient à l'assaut, tout cela est bien faible et d'une bien petite résistance en apparence : tout cela pourtant c'est la force, c'est le pouvoir, c'est l'autorité, c'est la France. Cette humble maison où se font les lois, où se discutent un à un tous les écus du milliard annuel, elle regarde sans peur ce palais des Tuileries qui lui fait face ; un seul fragment de pierre tombé de cette humble maison sur le palais du roi, suffira à écraser le palais du roi. La Chambre des Députés sait très-bien que c'est elle qui protége le palais, que c'est elle qui l'alimente, qu'elle l'abrite contre l'orage et les tempêtes. Ce n'est donc pas sans un certain intérêt que, placé sur un des ponts nombreux qui réunissent le palais des Tuileries à la Chambre des Députés, vous comparez ces deux monuments, l'un si vaste, si grand, si formidable, si royal, et pourtant si faible, comparé à cette maison de législateurs.

Donc, en juillet 1830, quelques orateurs mécontents élèvent la voix dans cette enceinte de la Chambre des Députés, en apparence si paisible. Ces quelques voix, déjà menaçantes, demandaient que la royauté, égarée par de funestes conseils,

Intérieur de Famille.

restât dans la constitution. La royauté répondit par un coup d'État. Le château des Tuileries voulut imposer silence à la Chambre des Députés, aussitôt la Chambre des Députés ouvre ses portes, ou plutôt elle entr'ouvre cette misérable petite porte par laquelle le plus simple gentilhomme de la Chambre de Charles X n'eût pas daigné passer, et de cette porte entr'ouverte une révolution s'échappe. A peine était-elle sortie de la Chambre des Députés, cette révolution terrible, qu'elle se précipite au palais des Tuileries ; mais déjà le palais des Tuileries était désert. Après son premier moment d'insolence, la vieille royauté s'était enfuie pour ne plus revenir. Aussitôt les saturnales commencent. Le peuple se précipite dans le palais; le peuple règne enfin, une seconde fois, dans ces mêmes lieux où il est venu, un jour, chercher le roi Louis XVI, le roi martyr, pour le mener sur un abominable échafaud, sur lequel la peur et la lâcheté entassaient victimes sur victimes. A ces premiers et turbulents instants de la Révolution de Juillet, le peuple reconnaît ses Tuileries et il en use selon son droit et ses coutumes; il brise, il casse, il souille tout ce qu'il rencontre. Il s'assied sur le trône vénéré en riant aux éclats ; il appelle à son aide la cave du roi, et bientôt le sol est jonché de bouteilles et de héros pris de vin. Le palais des Tuileries fut rempli, trois jours durant, par ce monarque d'une majesté si terrible, le peuple. Le troisième jour, quand il n'y eut plus dans le palais une fleur de lis à effacer, une bouteille à vider, un morceau de velours à mettre en lambeaux, deux ou trois hommes chassèrent le peuple souverain de ces murailles, et les plus terribles vainqueurs des Trois Jours rentrèrent dans leurs maisons, tout tremblants d'être grondés par leurs femmes. Le peuple français, même dans ses plus grands égarements, conserve toujours un merveilleux instinct des convenances. Il est resté dans les Tuileries justement assez de temps pour reconnaître les mêmes lieux qu'il avait visités il y avait déjà quarante ans. Avec quel empressement la France accepterait volontiers ce marché-là, quarante ans d'autorité et d'obéissance pour trois jours de délire et de fureur !

Un mois après ces tumultes, l'huissier-priseur pénétrait, par la brèche, dans le palais des Tuileries. L'huissier ramassait çà et là toutes les hardes, tous les meubles, toutes les vanités, toutes les misères qui avaient appartenu au roi Charles X, à madame la duchesse d'Angoulême, à madame la duchesse de Berri. De tout ce luxe royal réduit à si peu, on faisait un catalogue, comme cela se fait d'ordinaire pour une vente après décès, après quoi, dans un lieu public, on vendait à l'encan ces épées, ces éventails brisés, ces uniformes brodés, ces robes fanées, ces crêpes, ce velours, ces prie-dieu, ces fleurs artificielles, ces jouets d'enfants. On a vendu des boisseaux de dragées, des monceaux de confitures. On a vendu la dernière robe de bal de madame la duchesse de Berri. Quel ordre dans ce désordre ! Et, juste ciel ! au commissaire-priseur qui s'en vient, la main chargée de baillons, vendre au plus offrant et dernier enchérisseur les nobles reliques de tant de misères, combien je préfère ce peuple qui brise et qui dévore tout ce qui sert à sa faim et à sa fureur !

XX

LE ROI DES FRANÇAIS

<--->

Mais comment donc parler de Paris sans parler du roi des Français? C'est une tâche difficile, remplie d'incertitudes et de périls; l'essaiera qui pourra ou qui osera l'essayer, l'histoire de cet homme heureux autant qu'habile, à qui toutes choses ont réussi, même la royauté. Pour moi, étranger dans ces luttes et dans ces mœurs, c'est à peine si j'ose indiquer aux historiens à venir cette biographie si mêlée de revers, d'aventures, d'accidents, de bonheurs de tous genres. Cette biographie si remplie de succès incroyables, de prospérités étranges, et d'une fortune inattendue, il ne faudrait rien moins qu'un volume tout entier pour l'expliquer, à la façon même de Salluste ou de tout autre historien sobre de faits et d'anecdotes : telle est la vie de ce monarque bourgeois, qui occupe à un si haut degré l'attention de la France et de l'Europe entière. Ce roi est à la fois le petit-fils de saint Louis et le descendant direct de la Révolution française. Il tient également à la noble race de Robert le Fort et à la Constitution de 1789. Dans ce roi qui a déjà douze ans de durée, ce qui est tout un siècle pour un homme qui porte la couronne de France, couronne éphémère s'il en fut, vous trouverez tout à la fois le prince du sang royal et le bourgeois de Paris, vainqueur en 1830. L'exil, et le plus cruel exil, avait longtemps éprouvé Sa Majesté Louis-Philippe avant que le chemin de la patrie lui fût ouvert de nouveau. Proscrit, fugitif, soldat, maître d'école, il avait épuisé le *humani nihil alienum*, et il avait été supérieur à toutes ces fortunes si diverses. Cette rude éducation du malheur avait singulièrement profité à M. le duc d'Orléans : elle lui avait appris tout d'abord à ne jamais désespérer de l'avenir et de la fortune ; elle lui avait enseigné la patience, la persévérance, le courage, les douces vertus domestiques ; bien mieux encore, l'exil avait indiqué à M. le duc d'Orléans la vertu, l'abnégation, les qualités admirables de sa noble femme. Grâce à tant de malheurs, la princesse Amélie avait aimé cet illustre proscrit tout d'abord ; elle s'était sentie portée vers lui par un penchant irrésistible ; elle et lui, avant de rentrer dans les grandeurs qui leur étaient destinées, ils avaient eu le temps de se connaître, de s'estimer, de compter, celui-ci sur celle-là, ce qui est un grand commencement pour quiconque est appelé à une couronne. Quinze années de patience n'avaient fait que grandir cette branche cadette de la famille régnante. Quinze années de travail obstiné, de popularité bien comprise, de persévérance et de modestie, c'est beaucoup dans toutes les nations du monde, mais surtout c'est beaucoup dans un pays comme est la France. Ajoutez que cette belle et nombreuse famille dont M. le duc d'Orléans était le père, avait jeté son nom dans toutes les familles et dans tous les cœurs. Ses enfants étaient les contemporains et les condisciples de tous les jeunes gens de la France nouvelle ; ils étaient nés quand l'Empire était en train de tomber, et ils s'avançaient fièrement dans la vie, innocents des crimes de leurs pères et dégagés de leurs erreurs. Ce fut dans la France

entière une grande nouvelle quand on apprit que M. le duc de Chartres venait d'être placé au collége de Henri IV. Un prince du sang devenu le camarade de tant d'enfants sans nom et sans fortune! c'était une chose inouïe, incroyable. Cependant il fallut bien y croire lorsque l'on vit M. le duc d'Orléans, fidèle à son système, envoyer à ce même collége de Henri le Grand, et l'un après l'autre, chacun des nouveaux-nés de sa maison. Ainsi devaient disparaître toutes les distances nouvelles qui séparaient la maison de Bourbon de toutes les familles de la France. D'Orléans! ce nom-là devint populaire ; les enfants le redisaient à leurs parents, que ce nom-là rendait bien fiers. Ainsi, dans M. le duc d'Orléans, les bourgeois ses contemporains s'habituèrent à ne voir qu'un bourgeois comme eux, un électeur, un ami de Benjamin-Constant, du général Foy et de Manuel ; à ce point qu'aux jours de 1830, quand il fallut nommer un roi et sauver la France au cri de : *Vive le roi!* le nom de M. le duc d'Orléans se trouva naturellement dans toutes les mémoires et dans tous les cœurs. Voilà comment la Révolution de Juillet fut sauvée; elle fut sauvée par ce Bourbon qui s'était rendu populaire. La Révolution de Juillet, embarrassée dans son triomphe imprévu, s'estima fort heureuse de rencontrer un pareil maître, une voix puissante et forte qui lui dit, à la face de l'Europe entière : *Tu n'iras pas plus loin!*

Une fois devenu roi, M. le duc d'Orléans se manifesta tout de suite un roi puissant et écouté. Fondateur d'une dynastie si longtemps rêvée pas ses ancêtres, il se dit à lui même que personne, sinon lui, ne suffirait à maintenir dans sa famille cette royauté qui lui était arrivée si rapide, si fort innocente, si complète. Il prit donc en main cette œuvre difficile, et à force de veilles, de courage, de sévérités, d'amnisties, il se fit reconnaître roi au dedans, roi au dehors. Jamais plus difficile établissement ne fut tenté et accompli par un seul homme. Quoi donc! arriver au milieu des pavés soulevés, rendre au peuple de France son cher drapeau tricolore, soutenir les premiers assauts de la république, qui déjà jetait feu et flamme ; tenir tête à ce puissant parti que laissait après lui le roi Charles X, un parti riche, tout-puissant, et tout rempli des plus grands noms de la France ; affronter en même temps les colères, les vengeances, les regrets des uns et des autres ; être exposé nuit et jour à la balle et au poignard des plus vils assassins ; savoir les rois de l'Europe qui conspirent contre un roi fait non pas par Dieu, mais par le peuple ; et cependant, au milieu de tant d'oppositions, de tant de clameurs, de tant d'ambitions contraires, de tant d'avidités honteuses, avec la Pologne écrasée aussitôt que soulevée, avec les insolences de l'Angleterre et la révolte de Lyon, et les revers de la Vendée, et la peste et les pamphlets les plus cruels, être un roi fort, impassible et fier, n'est-ce pas faire là une œuvre royale? n'est-ce pas se faire soi-même roi des Français? n'est-ce pas monter sur un trône au milieu des instants les plus difficiles, des dangers les plus imminents, au plus fort des plus cruelles et des plus vives passions ?

Mais, hélas! que faisons-nous? A quoi sert de vous raconter avec tant de complaisance le bonheur de la famille royale de France? A l'instant même où j'écris ces souvenirs, au courant de la plume et de la pensée, quelque chose s'est dérangé dans cette fortune royale, le deuil s'est étendu à deux fois dans cette maison : la princesse Marie de Wurtemberg n'est plus de ce monde! elle a emporté dans le tombeau tout ce grand art et tout ce génie qui en avaient fait un artiste populaire ; et enfin, tout d'un coup, voici que retentit dans toute l'Europe ce cri funèbre : « Le duc d'Orléans est mort! »

Laissez-nous cependant vous parler du prince royal comme s'il vivait encore. Voici ce que nous en disions bien avant le 13 juillet 1842 :

XXI

LE PRINCE ROYAL

<—>

Le prince sur la tête duquel repose tant d'espérances et dont la vie est réservée à tant de luttes difficiles, le prince royal est un beau jeune homme, d'une taille haute et élancée, de ce genre de beauté anglaise si recherché dans ce siècle où la force est quelque peu sacrifiée à l'élégance. Le duc d'Orléans, le premier-né de la famille royale, a été élevé avec des soins presque exagérés, et ce qu'on lui reproche le plus, chose étrange à dire, c'est d'avoir attaqué trop de connaissances à la fois. Le prince royal a suivi avec zèle et avec la plus scrupuleuse exactitude tous les cours des colléges de Paris, il a fait à fond toutes ses études classiques. Il peut lire Homère dans sa langue ; il est un très-bon latiniste ; il a appris l'histoire comme un écolier doit l'apprendre, avant de l'étudier comme un prince doit la savoir. Son esprit net et judicieux l'a porté de bonne heure vers les sciences exactes, dont il a embrassé facilement toutes les parties : arithmétique, géométrie, algèbre. Il a étudié la chimie sous les plus grands maîtres, et il n'a pas peur ni d'un fourneau ni d'une alambic. Il parle facilement plusieurs langues vivantes ; il dessine avec une prodigieuse facilité les plus railleuses petites images et des tableaux humoristiques dignes de Kruyskand. En même temps, audacieux et élégant écuyer, tenant très-bien un fleuret, un fusil ou une épée, faisant manœuvrer une armée comme un vieux général, s'occupant beaucoup de tous les détails de la guerre, infanterie, cavalerie, siéges, artillerie. Il n'est pas étranger aux affaires politiques ; il va souvent à la Chambre des Députés, dans la tribune réservée à la maison du roi ; souvent à la Chambre des Pairs, où il travaille dans les bureaux. Il faut qu'il ait bien de la facilité et de l'intelligence pour suffire à la fois et en même temps à toutes ces occupations multipliées. C'est un bon jeune homme plein de cœur, qu'on est toujours sûr de trouver au besoin, qui n'a jamais oublié une amitié, même la plus humble, qui sait très-bien oublier une injure, affectueux et poli comme le digne fils de son père et de sa mère. Il est poussé en avant par un instinct naturel de courage et de grandeur ; il est modeste, réservé, caché dans sa vie, et jamais il n'a donné lieu à aucun de ces petits scandales qu'on pardonne si volontiers aux jeunes gens et aux princes. Plein de respect et de dévouement pour son père, il s'est porté tout d'abord comme le protecteur naturel de ses frères, qui le respectent et qui lui obéissent, bien qu'il se passât très-volontiers de leurs respects. Toute sa vie, il a été le courtisan assidu de ses sœurs, auxquels il prodigue les petits soins les plus empressés. Il aime le soldat par instinct, mais sans trop oser se livrer à cette passion des armes, de crainte de passer pour une contrefaçon impériale. En un mot, je ne crois pas qu'il soit possible de rencontrer plus de bon sens, plus de science, plus de maturité sans pédantisme, dans un prince de trente ans.

Il est plus difficile d'aborder le duc d'Orléans que le roi lui-même, et une fois auprès du duc d'Orléans, il n'est pas donné à tout le monde de découvrir toutes ses vertus cachées. Il ne se livre pas, et il ne cherche pas non plus à vous surprendre. Il y a dans ses rapports avec tous ceux qui l'approchent tant de bonne foi apparente que les habiles ne peuvent pas croire qu'il y mette si peu d'habileté. En jeune homme bien élevé, il sait rendre aux vieillards tous les respects qui sont dus à la vieillesse. Il parle avec égard aux vieux généraux de l'Empire, glorieux débris de tant de victoires. Il estime fort les vieux politiques, et il abordait avec tant de déférence M. de Talleyrand, ce Nestor de la diplomatie européenne, que M. de Talleyrand se laissa toucher par les bonnes façons de ce jeune homme. En même temps, la jeunesse a pour lui des charmes; il comprend que le présent est à son père, et que si quelque chose lui appartient à lui, c'est l'avenir: aussi aime-t-il, cherche-t-il de préférence toutes les espérances des hommes et des choses; il n'en veut qu'au printemps de l'année, il est le prince de la jeunesse.

A le savoir élevé au milieu d'un turbulent collége, par des maîtres nombreux et parmi de familiers condisciples, on ne se douterait guère que le duc d'Orléans fût si habile à commander et à se faire obéir; c'est pourtant là un des grands talents du prince. Il a une volonté ferme et nette, un commandement précis, une grande habitude de remuer les hommes. — Belle qualité d'un prince qui veut accomplir de grandes choses! Il a déjà, à plusieurs reprises, subi le feu de l'ennemi et avec courage. Au siége d'Anvers il était à la tranchée, et les obus passaient bien près de sa tête. Peu s'en fallut qu'il ne fût tué en Afrique d'une balle qui l'a touché, et de bien d'autres coups de fusils arabes, à travers lesquels il passait sans s'inquiéter de ce qui pouvait arriver. Dans toute cette campagne, remplie de difficultés et de périls, il a été admirablement simple. Une fois, entre autres, qu'il s'était arrêté, lui troisième, à une source pour étancher leur soif brûlante, ils furent cernés par un parti d'Arabes et serrés de près; ils se firent jour gaillardement à travers cette horde. Mais si les Arabes avaient su qu'il y avait à couper la tête du fils du roi des Français, certes ils n'auraient pas laissé échapper si facilement une si belle proie. Dans cette même campagne, les fièvres, les privations de tout genre, la fatigue, le poussèrent bien près de la mort : il vit arriver la mort sans se plaindre. Pour le rembarquer il fallut le porter à dos d'homme, et ses deux jambes amaigries pendaient dans l'eau de la mer ; il se croyait perdu, — il en échappa ; et à son retour, son père fut bien étonné de le voir revenir avec un volume entier écrit de sa main, sous la tente. Dans ce livre il rendait compte, à la manière des *Commentaires*, de cette expédition. Lecture a été faite de ce mémoire parmi quelques amis du roi, et l'on trouva que c'est là un bon style net et simple, incisif et coloré, et qui suffira très-bien, sans autre office d'historien, à raconter tout ce que voudra raconter cette plume si bien taillée.

La grande passion de M. le duc d'Orléans, s'il a une passion, c'est une passion toute moderne qui s'est emparée des âmes françaises, pour les vieux meubles, les vieux vestiges et les vieilles reliques des vieux siècles. Je pourrais vous faire à ce propos, dans la pensée futile de ce livre, — qui aura sa pensée futile, rassurez-vous! — l'histoire de cette passion singulière qui remue des millions, et à la tête de laquelle marche l'un des plus habiles et l'un des plus fervents antiquaires, M. le duc d'Orléans. Il a arrangé avec un luxe plein de goût le pavillon qu'habitait, au château des Tuileries, madame la duchesse de Berri. Il a profité du dédain que porte le roi à ces brillants colifichets, pour faire fouiller à son profit le garde-meuble de la couronne et les châteaux royaux, et partout où on a pu en ramasser, on lui a apporté les bois vermoulus, les corniches brisées, les dorures fanées, les dentelles trouées, les tapisseries, les reliques décolorées des siècles qui ne sont plus. Lui, cependant, avec une persévérance infatigable, il répare, il restaure, il redore toutes ces vieilleries ; quand elles ont tout l'éclat désirable, il les place avec honneur dans son palais, et il s'extasie devant ces porcelaines, ces bronzes, ces marbres qui ont traversé avec tant de peine toute une révolution. Autant le roi son père est passionné pour la pierre, pour le plâtre, pour les maçons et leur cortége de bruit et de poussière, autant le duc d'Orléans est avide d'antiquités, de curiosités, de vieilles cruches, de chinoiseries, de fer façonné et de porcelaines. Ils restaurent, l'un et l'autre : le père, les palais; le fils, le mobilier. Le roi sourit en voyant cet acharnement d'antiquaire; le duc d'Orléans, qui ne rit jamais de son père, ne comprend pas le goût paternel pour les échafaudages et les peintres en bâtiments. L'un et l'autre, ils ne sont pas moins divisés dans la façon de juger les arts et les artistes. Le roi n'aime, dans les arts, que l'école italienne, les tableaux italiens, l'architecture italienne, les œuvres sévères de la belle école du dix-septième siècle ; le roi est tout à fait dans le goût noble et pur de Louis XIV ; Versailles lui paraît le chef-d'œuvre des chefs-d'œuvre ; et, excepté M. le régent et la Révolution française, il ne voit rien en deçà ni au delà du règne de Louis le Grand. Le duc d'Orléans, au contraire, reconnaît et admire sincèrement tous les siècles de notre histoire; mais, sous le côté de l'art, il préfère François Ier à Louis XIV, et je ne suis pas bien sûr encore qu'à François Ier il ne préfère Charlemagne. L'art gothique lui paraît le plus beau de tous les arts, et il donnerait dix palais comme le palais de Versailles pour la puissante cathédrale de *Notre-Dame de Paris*. En ceci le père est aussi exclusif que le fils, le fils que le père. L'un et l'autre, parmi les artistes contemporains, ils ont fait leur choix, mais toujours d'après leurs idées relatives sur le beau. Le roi a adopté pour son peintre M. Horace Vernet, le peintre coloriste, improvisateur d'une grande facilité ; le duc d'Orléans a tourné toutes ses sympathies vers un admirable disciple de Raphaël, M. Ingres, qui eût été, à toutes les époques, un admirable dessinateur. On trouverait de pareils contrastes à l'infini entre le roi et son fils, s'il s'agissait ici de faire un parallèle.

Mais, hélas! à quoi pourrait nous servir ce facile parallèle?
Non, point de parallèle, point de portrait historique; le duc
d'Orléans n'a plus droit maintenant qu'à nos hommages et
à nos larmes. A présent que le prince royal est mort, il me
semble que nous eussions dû accorder quelques louanges
plus complètes au noble prince que l'Europe entière a pleuré.
Écrire l'histoire du prince royal, ce serait écrire l'histoire de
Paris depuis douze années. M. le duc d'Orléans, mieux que
tout autre jeune homme de son âge, représentait la jeunesse
parisienne. De toutes les pages qui ont été écrites sur son compte
au mois de juillet, en voici quelques-unes que je recueille
comme l'expression sincère d'un regret unanime. C'est un
écrivain contemporain de M. le duc d'Orléans qui parle ainsi...

De beaucoup d'entre nous il avait été le condisciple. Dans les
luttes du collége, sa présence et son nom avaient été de bonne
heure un encouragement précieux; et plus d'un qui n'eût pas
poussé jusqu'au bout ces difficiles travaux de la jeunesse, les
avait, au contraire, acceptés avec joie en voyant le petit-fils
de tant de rois porter si légèrement ce lourd fardeau des premières études. Rien qu'à le voir tout d'abord vif, animé, heureux, facile à vivre, plein de grâce, d'abandon et d'intelligence, ses condisciples se prenaient à aimer le jeune prince.
Ni lui ni les autres, ils ne pouvaient pressentir les grandes
destinées qui allaient lui venir : il était, comme nous tous,
le sujet du roi Charles X, et encore en était-il le premier sujet,
c'est-à-dire exposé à tous les soupçons des royautés mal établies. Il quitta le collége et devint un soldat; ses condisciples
se dispersèrent çà et là pour gagner leur vie, chacun de son
côté. Aujourd'hui, les camarades d'un prince du sang royal
et quelquefois ses rivaux heureux; le lendemain, exposés à
tous les hasards du pain et du toit de chaque jour : ainsi
vont les royaumes constitutionnels!

Les rangs étaient pressés, le chemin difficile, le travail sévère; il fallait suivre la voie tracée, lorsqu'un jour, le jour
des Trois Jours, en 1830, au milieu des pavés soulevés, des

esprits en courroux, des âmes indignées, apparut le jeune duc de Chartres, à la tête d'un régiment que précédait le drapeau

tricolore. Quand le peuple sut le nom de ce nouveau venu dans la bataille de Juillet, et qu'il avait arboré le premier les triomphantes couleurs, le peuple cria : *vivat!* Dans les rues, les vainqueurs de la journée reconnurent leur ancien condisciple et lui firent place à leur côté ; ils allèrent ainsi, tous ensemble, au Palais-Royal, où le duc d'Orléans vint recevoir son fils aîné d'un air aussi calme que s'il lui revenait tout chargé des couronnes du collége. Beaux jours! heureux jours! Douces et paisibles couronnes, loyalement applaudies, sans gémissements et sans larmes! Palmes saintes! A cette heure encore, les couronnes remportées par ses fils font le plus bel ornement de la maison de la reine, à Neuilly !

Ainsi le prince royal devint tout d'un coup le prince de la jeunesse française. Il était notre prince bien avant que son noble père devînt le roi des Français. Le prince royal savait tous les noms de la jeune France, tout comme Jules César savait le nom de tous les soldats de son armée. Il pouvait dire à coup sûr quelle était la jeune génération qui allait venir ; il en savait les vœux et les espérances, et les chagrins, et les ambitions. Il était lié d'une amitié sincère avec les jeunes intelligences du dix-neuvième siècle ; il était innocent, comme elles, de tous les crimes passés, de toutes les servitudes acceptées, de toutes les lâchetés accomplies ; dans son beau regard vif et pur brillait comme un éclair venu du ciel. Vous rappelez-vous ce qu'il était en 1830 ? quel feu ! quel courage ! quelle grande âme qui éclatait de toutes parts ! Comme il regardait d'un air calme et tranquille les nouvelles grandeurs de sa maison ! Comme son père était toujours son père et non pas le roi ! Jamais le prince royal n'a été plus aimable et plus beau que dans ces premiers jours d'une royauté qui sauvait la France ; et chacun de lui dire dans la langue de Virgile, qu'il savait si bien : — *Tu Marcellus eris!*

Bientôt vint une guerre, ou tout au moins une citadelle à prendre. La citadelle était forte et bravement défendue. Voilà le prince bien heureux. Il arrive un des premiers sous les murs d'Anvers, il ouvre la tranchée, il attend les boulets et les balles ; il apprend, sous un bon maître, le difficile métier de la guerre ; en même temps il se fait aimer du soldat par son courage, par sa présence d'esprit, par son art de tout dire, d'encourager, de blâmer, de récompenser, de consoler, de soulager. Sous les murs d'Anvers, il se montre tout à fait un soldat hardi et modeste. Le maréchal Gérard, dans ses admirables bulletins, prononçait à peine le nom du prince royal, et c'était une grande joie pour M. le duc d'Orléans de n'être pas plus loué que s'il n'eût été qu'un simple soldat de l'armée ou que s'il eût été le maréchal Gérard en personne. Ainsi ses premiers commencements militaires furent sérieux : une citadelle à renverser, une révolution à soutenir, un trône nouveau à élever, et tous ces travaux aux portes de la France, sans se mêler en rien aux luttes des partis qui déjà commençaient à gronder dans le lointain.

Mais s'il a eu ses beaux jours de gloire, il a eu aussi sa bonne part dans les jours de misère. Quand la ville de Lyon se souleva comme si elle eût été une ville capitale, quand il fallut se défendre dans ces murs révoltés, quand il y eut guerre civile au milieu de cette France qui avait besoin de tant de concorde, le prince royal fut envoyé là par son père pour qu'il vît de près comment grandissent les terribles colères des peuples, pour qu'il apprît de bonne heure comment elles se calment à force de fermeté et de compassion. Il était humain, charitable, sérieux, patient, modeste, modéré ; il comprenait déjà tous ses devoirs, qui étaient immenses. Il revint à Paris, la paix rétablie, l'ordre sauvé et les vaincus eux-mêmes le bénissant. Difficile victoire et pénible ; mais il acceptait toutes les victoires et même celle-là. Ces sortes de victoires sur les populations ameutées étaient dans la destinée de son père et dans la sienne, hélas !

Aux jours du choléra, quand les hôpitaux étaient encombrés de malades, quand le passant tombait dans la rue, frappé d'une mort subite, inexplicable ; quand les médecins succombaient au lit des pestiférés, le premier qui ait osé accourir dans ces hôpitaux au désespoir, ce fut le prince royal. Il touchait les malades de ses mains, il avait pour eux toutes sortes de consolations et d'espérances : ainsi se montrait-il au niveau de sa fortune. *Morituri te salutant* ; ceux qui vont mourir vous saluent du fond de l'âme, Monseigneur. La mort, qui l'a respecté dans ces tristes jours de peste et de misère, quand il n'était encore qu'un tout jeune homme, quand l'œuvre paternelle commençait à peine, devait-elle donc le prendre ainsi tout d'un coup, lui marié à la plus noble fille de l'Allemagne, père de famille, avec tant et de si grandes parties d'un capitaine et d'un homme d'État, à l'instant même où la France s'était habituée à le regarder comme le roi de l'avenir ?

L'Afrique, domptée enfin par nos armes, se souviendra toujours du prince royal comme d'un vainqueur. Dans cette terre romaine et barbare, il s'est abandonné tout à fait au courage qui le poussait, à l'instinct militaire qui était en lui, aux nobles hasards qu'il aimait le plus, les hasards d'une guerre où chacun payait de sa personne ; guerre pleine de dangers et dans laquelle chacun jouait sa tête à l'infini.

Devant lui se sont abaissées les Portes-de-Fer. Seule, l'armée d'Afrique pourrait dire combien le prince royal avait toutes les vertus des grands capitaines. Il avait conquis tous les cœurs par la vivacité et l'énergie d'une éloquence naturelle qui lui faisait trouver à l'instant même ce qu'il y avait de mieux à dire. Quant au danger, il le recherchait comme un homme qui n'a pas longtemps à se donner les vives joies des coups de fusil, des surprises, des siéges, des vives misères de la bataille. Peu s'en fallut que plus d'une fois il ne mourût sur cette terre désolée. Cruelle mort ! mais que le ciel en eût été loué, si la France avait pu prévoir que son prince bien-aimé serait brisé à deux pas de la maison paternelle, et que son vieux père, et sa mère au désespoir, et tous ces jeunes gens qui aimaient tant leur frère, n'auraient plus qu'à ramasser un cadavre dans la poussière de cette avenue de la Révolte, qui servit de chemin au roi Louis XV lorsqu'il fut porté en si grande hâte, et avec tant de peur, dans les caveaux de Saint-Denis ! Seulement, sur le passage du roi Louis XV, le peuple battait des mains en signe de joie, les cabarets étaient remplis de chansons et de buveurs ; le peuple saluait, à sa façon brutale et licencieuse, l'aurore d'un règne nouveau qui allait le délivrer d'un tyran épuisé par le luxe et par les voluptés du corps. Tout au rebours : traversez encore à cette heure le chemin de la Révolte, et à cette heure encore, sur cette voie de désolation et de deuil, vous trouverez le silence, le deuil, l'effroi, le souvenir, cette maison de marchand de vin que la reine fait enlever avec autant de précaution que s'il s'agissait du cadavre de son fils... Tristes détails ! mais, au moins, cela prouve qu'il y a des deuils publics, des douleurs unanimes contre lesquelles la gaieté française ne saurait prévaloir.

XXII

LA PRINCESSE MARIE

◁——▷

A vous tous, les esprits ingénieux et désintéressés des affaires de ce monde, qui vous occupez exclusivement d'art et de poésie, il n'est pas besoin de répéter quelle était la princesse Marie. Dans cette haute position où le ciel l'avait mise, elle était restée, au fond du cœur, le plus simple, le plus naïf, le plus honnête, le plus convaincu des artistes. Vous seuls donc, à cette cour où elle a paru comme un bel ange qui passe, vous pourriez dire tout ce que valait ce jeune esprit si habile à tout comprendre, tout ce génie caché sous ce grand nom royal, toute l'énergie de cette blanche main devant laquelle se prosternaient les plus superbes, et qui, plus d'une fois, même dans les réceptions du soir, conserva la rude et glorieuse empreinte du ciseau des sculpteurs.

Cette jeune femme, à jamais regrettable, avait tous les sentiments qui font les grands artistes. Elle avait, avant tout, le sentiment de l'indépendance ; elle aimait de préférence la causerie facile, l'étude, le silence, l'obscurité. Dans ce palais qu'elle habitait, elle s'était creusé une retraite profonde, où nul ne l'eût découverte, si les abords mêmes de cet appartement écarté n'eussent révélé je ne sais quel goût plus exercé que les autres parties du château. Comme un grand artiste qu'elle était, la princesse avait arrangé à son usage un riche atelier, qu'on eût pris pour l'atelier de quelque Michel-Ange inconnu, tant elle avait habilement dissimulé la lourde et maussade architecture de ce palais dénaturé de Philibert Delorme. Là, pourvu qu'on la laissât rêver tout à l'aise aux beaux vers, aux beaux-arts, à l'idéal qui l'obsédait, la princesse Marie était heureuse. Là elle déposait toute contrainte et toute parure incommode; puis elle réalisait dans la terre glaise les rêves brillants de cette âme si bien inspirée. Quand elle était ainsi occupée à donner la vie, le mouvement, la pensée à ce peu d'argile, alors vous pouviez sonner sous ses fenêtres, tambours et clairons ; alors vous pouviez défiler devant le château, escadrons de guerre ; alors vous pouviez remplir le palais de son père, pairs de France, députés, ministres, représentants des rois de l'Europe : le royal artiste ne pensait pas à vous.

A force d'étude et de travail, et sans autre protection que son talent, sans autre recommandation que son génie, elle arriva à cette popularité qui, dans toutes les choses de ce monde, est la plus douce et la plus chère des récompenses. Elle gagna la renommée comme il la faut gagner, par ses œuvres et sans aucune recommandation étrangère. Par son esprit avancé, par son goût quelque peu allemand, par son penchant naturel à la rêverie, par ses instincts poétiques qui ont été la plus grande préoccupation de sa vie, la princesse Marie appartenait tout à fait à cette jeune école qui a fait justice de l'école de David. Je ne sais quel instinct lui avait révélé de bonne heure que cette mesquine imitation qui s'attache aux costumes et aux armures était tout à fait chose misérable et indigne d'un talent sérieux. De bonne heure elle avait compris toute la portée de ces grands noms, Michel-Ange et Dante ; car dans sa pensée elle ne séparait pas le poëte de l'artiste, la pensée de la forme, l'inspirateur de l'inspiration. Elle était donc la dévouée de tout ce qui était jeune et nouveau. Elle préférait l'inspiration, et même l'inspiration qui s'égare, à toutes les choses convenues : toute tentative nouvelle était sûre de lui plaire ; elle était la première à l'étudier, elle n'était pas la dernière à l'applaudir. Ainsi elle a salué avec transport les jeunes poëtes, les jeunes artistes. Et savez-vous qu'il y avait en ceci quelque mérite ? car enfin, elle était la fille d'un roi qui, lui aussi, a son système littéraire ; qui, lui aussi, quand il a le temps, s'occupe d'art et de poésie ; et, plus d'une fois, à propos de ces charmants sujets de causeries et d'études, ce dut être, j'imagine, entre le père et sa fille adorée, une longue dispute, celui-ci défendant sa pensée en homme qui se connaît en révolutions et qui sent que les révolutions se tiennent l'une l'autre, celle-là proclamant le progrès comme la plus invincible nécessité de l'esprit, et ne redoutant que le statu quo dans les arts ; l'un qui se trouvait satisfait de l'art présent, l'autre qui ne pensait qu'à l'art à venir ; celui-ci content et fier de Versailles, sa création ; celle-là fière de Versailles, mais dont le regard trop sûr se détournait bien souvent aux mêmes toiles que son père trouvait belles pour les avoir vu faire sous ses yeux.

Ainsi ce bel et noble esprit, qui à cette heure est au ciel, s'était fait bénévolement un intermédiaire animé, chaleureux et bienveillant, entre le trône et la jeune école poétique ; elle apprenait à son père les noms des nouveaux venus dans l'arène ; elle accoutumait cette oreille rebelle aux vers nouveaux, à la prose nouvelle, au drame moderne ; elle lui démontrait, les preuves à la main, qu'à tout prendre, la France, qui a produit Lamartine et Eugène Delacroix, M. de Lamennais, oui, M. de Lamennais lui-même, et madame Sand (car elle parlait, même au roi, de Georges Sand), n'était pas, à tout prendre, sans honneur dans les lettres et dans les arts.

Et vous pensez que le père, tout fier de sa fille et de son royaume, se laissait facilement convaincre par celle-ci en faveur de celui-là. Cependant qui donc eût osé, sinon la princesse Marie, soutenir ainsi la poésie, la littérature et les beaux-arts de ce siècle, comparé à ce dix-huitième siècle français, si cher sous tant de rapports aux hommes de 1789 ?

Si l'on pense à quel âge est morte la princesse Marie..... si l'on songe qu'elle a tenu sa place autour de ce trône nouveau, qu'elle a partagé toutes les angoisses, toutes les inquiétudes de cette monarchie si cruellement éprouvée, on restera confondu du nombre et de la variété de ses travaux. Après avoir longtemps dessiné sous la direction d'un maître habile qu'elle avait choisi elle-même, elle s'était mise à peindre. On lui doit plusieurs des beaux vitraux exécutés à Sèvres, et entre autres les vitraux de la chapelle de Fontainebleau, qu'on dirait dérobés à quelque dôme italien du seizième siècle. Mais son véritable penchant était pour la sculpture ; elle en avait deviné tous les secrets. Elle modelait avec une fermeté sans égale ; sous ses doigts, l'argile obéissante prenait toutes les formes. Elle avait poussé très-loin la science des détails, et elle savait à merveille comment s'habillent la reine et son page, comment s'arment le chevalier et l'écuyer. A son gré, la terre, ainsi pétrie, devenait armure ou velours, épée ou dentelle. La première tentative qu'elle fit en ce genre, ce fut la statuette de Jeanne d'Arc à cheval. Le cheval est un très-beau cheval normand, calme et vigoureusement posé ; la jeune guerrière, armée de toutes pièces, tient de sa petite main la terrible épée dont elle vient de se servir pour la première fois. Il y a ici une idée ravissante, qui ne serait venue à aucun sculpteur de notre temps ; cette idée-là ne pouvait se rencontrer que dans un jeune cœur rempli des plus doux sentiments : donc, lorsque Jeanne d'Arc, penchée sur sa selle, a tranché la tête du premier Anglais qui se présente, tout à coup la guerrière disparaît, la jeune bergère se montre sous la cuirasse ; peu s'en faut que ette épée terrible n'échappe à cette main tremblante ; on découvre sur ce beau visage un étonnement mêlé d'effroi : ce n'est pas elle qui a tué cet homme, c'est son épée. Rien de plus animé, de plus ingénieux que ce petit groupe, que recèlent quelques appartements intérieurs du château des Tuileries.

Elle avait donc adopté Jeanne d'Arc comme son héros. Jeune enfant, quand elle jouait sur les vertes pelouses de ce château d'Eu qui a reçu sa dépouille mortelle, elle avait pu voir, parmi les portraits de sa famille, Jeanne d'Arc elle-même, un instant renfermée au château d'Eu, quand les Anglais l'entraînaient à cette ville de Rouen où ils la brûlèrent. Donc elle avait appris de bonne heure cette funeste et glorieuse histoire et elle s'était éprise d'un bel amour pour cette jeune héroïne dont le malheur a égalé le courage. Aussi, quand le roi son père entreprit de tirer de ses ruines ce château de Versailles, qui avait été le tombeau d'une monarchie après en avoir été le plus illustre théâtre, la princesse Marie se mit à l'œuvre. Dans ces galeries consacrées à la vertu française, elle choisit sa place et son héroïne. Cette statue de Jeanne d'Arc a déjà fait le tour du monde.

La Pucelle est debout, sans emphase, sans recherche ; elle est simplement vêtue, et même sous l'attirail guerrier on devine la bergère ; sa belle tête ovale et pensive s'encadre à merveille dans ses longs cheveux arrangés avec art ; ses deux belles mains sont admirables, nerveuses et mignonnes ; des tendons de fer dans ces doigts fins et déliés ! Elle tient son épée avec une conviction si ferme et si nette! Mais la pointe de cette épée est tournée vers la terre! Évidemment l'héroïne est à se recueillir ; elle attend l'ennemi, elle attend que l'oriflamme se déploie. — On ne saurait dire l'effet tout-puissant de ce marbre si simple au milieu de tant de marbres furibonds et déclamatoires!

Et cependant elle est morte! Elle est morte loin de la France, loin de Paris, loin de son père, loin de sa mère, loin de ses frères, loin de ses sœurs! A peine a-t-elle eu le temps d'embrasser, une dernière fois, ce frère qui lui apportait les derniers embrassements de sa famille, les dernières nouvelles de la France! Pise se souviendra longtemps de ce grand artiste mort dans ses murs ; le vieux dôme se souviendra de cette pâle et belle personne agenouillée sur ses vieux marbres ; la Tour Penchée aura pleuré sur elle ; le Campo-Santo, immobile, se sera ému de pitié ; tous les siècles enterrés là se seront attendris à cette perte funeste. Et sans doute, si la France n'eût pas réclamé cette illustre dépouille, la comtesse Béatrice se serait levée de cette urne d'emprunt qu'elle occupe depuis trois siècles pour faire place à cette petite-fille d'André de Pise, de Michel-Ange et d'Orcagna.

Dans l'église funèbre de Dreux, et comme pour protéger les tombeaux dans lesquels sont réunis tant d'ossements épars, le voyageur s'agenouille dans une chapelle funèbre, où le deuil de cette vie terrestre et l'espérance de la vie à venir se mêlent et se confondent d'une façon admirable. Cette chapelle est toute une élégie chrétienne. Là tout est calme, grave, solennel. La douce couleur du vitrail ajoute à l'effet des marbres ; la voûte est haute et sonore ; l'autel s'élève majestueusement au-dessus de toutes ces poussières royales. Voyageurs qui passez! ne demandez pas le nom du grand artiste qui a construit ce tombeau : ce grand artiste est là, enterré dans l'humble place qu'il avait choisie. Il est là, enterré à côté de son frère. Malheureuse et noble princesse, qui lui eût dit qu'elle rencontrerait si vite un pareil compagnon de sa mort et de son tombeau!

Eugène Lami — C. Mottram.

Intérieur du Théâtre Italien.

[illegible]

L. Soulie, Quai Malaquai, N° 9 Paris 1845.

XXIII

LE THÉATRE

<---->

Mais j'oublie que je ne suis pas à Paris pour pénétrer dans les mystères de la politique. Assez d'autres vous parleront sans moi de ce qui se passe dans le palais des rois; nous sommes venus pour vous instruire, avant tout, dans les mœurs, dans les élégances, dans les joies décevantes de la grande cité parisienne. Là est notre œuvre. N'oublions pas nos bons et loyaux compagnons de route, le peintre qui dessine et le graveur qui reproduit l'œuvre du peintre; essayons donc de pénétrer tous les trois dans quelques-uns des mystères de cette immense capitale du goût, de l'art, de la forme, de l'esprit, du bon sens. La Chambre des Députés, à la bonne heure; le château des Tuileries, je le veux bien; mais cependant, à Paris même, il est un lieu où, le soir venu, toute la foule se précipite, j'entends la foule belle et parée, le monde des heureux et des riches, le monde oisif qui ne sait comment tuer la vie, et que le jour de demain surprend tout d'un coup comme un accident imprévu. Ce rendez-vous de la fête parisienne, ce rendez-vous de chaque soir, c'est l'Opéra, c'est le Théâtre Italien. Allons à l'Opéra tout d'abord. C'est un grand monument auquel rien ne manque, excepté une façade ; c'est un théâtre perdu entre trois ou quatre passages qui l'entourent de toutes sortes de marchandises, marchandises de beaucoup d'éclat et de peu de valeur. La salle est immense ; l'or et la lumière, ces deux bases fondamentales de toute fête publique, éclatent et brillent de toute part. A peine arrivées dans cette riche enceinte, le premier soin des belles spectatrices est de prendre la pose la plus favorable à leur beauté.

Chacune montre ce qu'elle a, son bras, sa main, sa blanche épaule ; et pendant que les femmes se montrent et que les hommes les regardent, tout à coup s'élève du sein d'un orchestre formidable quelqu'une de ces savantes partitions qu'il est inutile de vous décrire, car une fois adoptées à Paris, elles font le tour de toute l'Europe, tout comme s'il ne s'agissait que d'un chapeau ou d'une robe nouvelle. En effet, vous savez le nom de ces œuvres musicales, dont quelques-unes sont des chefs-d'œuvre : *Robert-le-Diable,* un opéra qui a fait taire Rossini, qui l'a réduit à ne plus écrire que des romances pour les églises ; *la Juive, la Muette, Guillaume Tell,* la partition qui a tant causé de chagrins à son maître, sous laquelle a succombé Nourrit, le plus grand chanteur de la France ; et parfois, de temps à autre, mais rarement, car les œuvres vraiment admirables ont bientôt fatigué ces Athéniens frivoles, vous voyez apparaître, dans toute la verve passionnée de leur éternelle jeunesse, le don Juan de Mozart ou le Freischutz de Weber. Voilà donc que sur cinq ou six œuvres seulement des anciens et des modernes, le théâtre de l'Opéra passe sa vie ; et certes l'exécution de ces grandes partitions suffit, et souvent au delà, à toutes ces voix réunies, à tous ces talents si divers. N'oublions pas cependant que nous ne sommes pas à l'Opéra seulement pour entendre chanter Mme Dorus, qui chante d'une voix si charmante et si légère, ou bien Duprez, l'habile chanteur, mais dont la voix trahit souvent les forces et le courage, et moins encore tous ces débutants qui passent et qui repassent sans jamais s'arrêter, astres d'un jour qui jettent leur brillant phosphore sur ces hauteurs musicales, pour avoir le droit, plus tard, d'illuminer la province. On a beau aimer le chant et le drame musical, et les évocations magiques, et les évolutions des armées triomphantes (car c'est l'usage que dans tout opéra moderne on nous montre une évolution quelconque, toute une armée que l'on passe en revue); pour l'étranger qui ne fait que passer à Paris, il est un intérêt cent fois plus puissant que le drame chanté, il est d'autres héros que les chanteurs et les chanteuses : le grand intérêt, c'est la danse, c'est le corps de ballet, non pas les danseurs, que l'on regarde à peine, qui sautent de la façon la plus maussade et qui s'agitent tristement dans leur coin ; mais les danseuses, la troupe aérienne et voltigeante, cette chose sans nom, qui joue un si grand rôle dans les romans de tous les pays. A voir de loin cet escadron volant en robes de gaze et aussi nu qu'on peut l'être, on se demande si c'est là en effet une institution publique, et si ces bras nus, ces jambes nues, ces seins et ces épaules sans voile, ne sont pas une illusion d'optique. Non pas, certes ; rien n'est plus vrai ; ce sont là de véritables filles d'Ève, dressées à l'avance à ce grand art des séductions, des nudités et des sourires, troupe légère, flottante, escadron vêtu de gaze, armé de fleurs. Alors vous êtes saisi d'un abominable désir de voir de près cette gaze, cette soie, ces souliers de satin, ces fleurs artificielles, ces longs cheveux, ces longs sourires. A voir de près, la chose n'est pas facile ; n'entre pas qui veut dans le redoutable sanctuaire. Ce n'est pas une rose qui en défend l'entrée, comme on pourrait le croire ; c'est une horrible épine sous la figure d'un ignoble portier. Ceux-là sont seuls les bienvenus à gratter à cette porte, qui appartiennent à la diplomatie, à la presse, à la finance, les trois grands pouvoirs de ce siècle ; pour être reconnu, il est nécessaire d'être le porteur, ô innocence presque champêtre ! d'un jeton en ivoire, tout chargé d'emblèmes allégoriques, des houlettes, des bergers, des musettes, des moutons. Florian n'eût pas mieux fait. Vous gravissez un sale escalier, vous franchissez une porte huileuse, vous vous trouvez tête-à-tête avec un vieux comparse chauve ou, qui pis est, avec un cheval enharnaché bizarrement. Enfin, après tant de peines et tant de salutations dont vous rougissez vous-même, vous vous croyez arrivé dans l'Eden tant rêvé, et vous vous promettez de bien retenir votre cœur à deux mains ; peine inutile, vous avez bien d'autres dangers à courir. D'abord il vous faudra traverser le théâtre, et c'est là un périlleux voyage ; car à vos pieds s'ouvrent des abîmes et sur votre tête sont suspendus, près de tomber, des temples, des palais, des chaumières, des mers, des villes entières, des édifices de marbre et d'or ; allez vite, et cependant marchez doucement ; le machiniste est là qui gourmande ses gens et qui vous maudit au fond de l'âme. A la fin, vous voilà sain et sauf dans le foyer de la danse. Il ne s'agit plus que de descendre cinq ou six marches ; entrez donc. Ce foyer de la danse, qui porte encore les riches vestiges de la peinture et de la dorure d'autrefois, était le salon de M. le duc de Choiseul ; il a vu d'autres splendeurs plus sérieuses avant de devenir l'asile de ces splendeurs chorégraphiques. A peine entré, votre premier soin sera de vous découvrir et de garder votre chapeau à la main ; car, par une ingénieuse fiction, une fois dans le foyer de la danse vous êtes chez le roi, non pas seulement chez le roi constitutionnel des Français, mieux que cela, vous êtes chez S. M. Louis XVe du nom, un roi qui n'a conservé de toute sa dynastie que l'étiquette dont il avait doté le foyer de la danse ; d'où il suit que tout Français mal élevé a le droit de ne pas saluer S. M. Louis-Philippe qui passe, et de ne pas rendre à la reine son salut, mais personne au monde n'a le droit de garder son chapeau devant ces dames de l'Opéra. Elles cependant se gardent bien de vous rendre votre salut ; à peine ont-elles un coup d'œil dédaigneux pour l'étranger

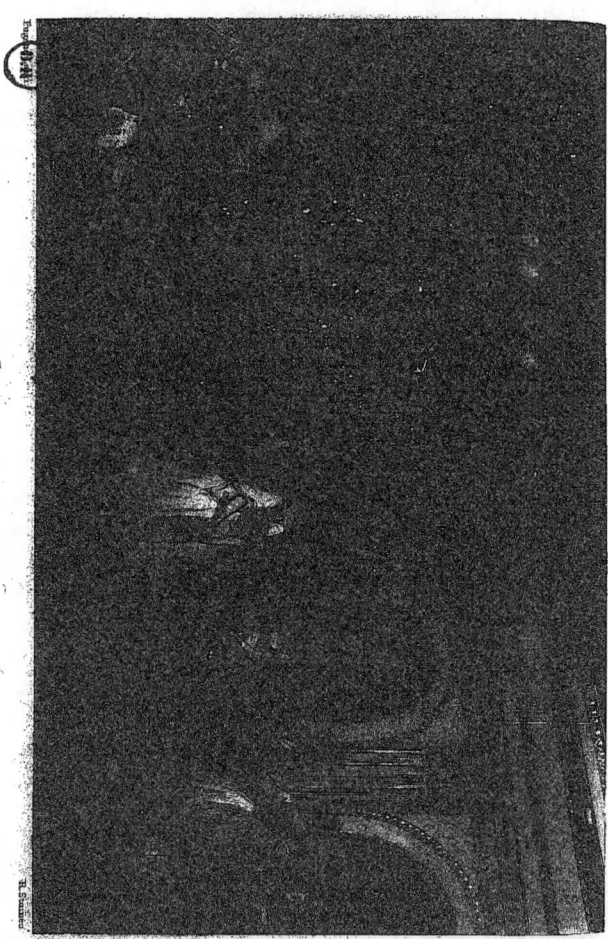

Troyes des chanoines à l'Opéra

qui se présente dans le royaume comique. Vous alors, en homme sage, et voyant ces dames si fort occupées de leurs jetés-battus, vous oubliez vos projets de conquêtes, et, par saint Patrick ! vous faites bien, car toutes ces dames, la plus belle et la plus laide, celle que le public attend pour lui jeter ses transports et ses hommages, et celle dont il ne saura jamais le nom, a bien autre chose à faire qu'à vous demander qui vous êtes. En ce moment, elles appartiennent au parterre, le parterre est leur maître unique, elles ne pensent qu'à cet être collectif, elles donneraient tous leurs amours passés, présents et à venir pour l'applaudissement solennel, pour moins que cela, pour un murmure favorable ; si bien qu'au foyer de la danse, vous pensiez vous trouver en présence de simples divinités anacréontiques, grave erreur ! vous êtes en présence de femmes qui chantent ou qui dansent. Mais cependant votre parti est bientôt pris ; vous redevenez tout simplement ce que vous étiez tout à l'heure, un spectateur attentif, mais un spectateur placé aux premières loges. Alors c'est un grand plaisir de reconnaître les unes et les autres, l'élégante Fanny Elssler, dans son costume d'Espagnole, moitié soie et moitié dentelle, sans compter la peau brune qui éclate sous cette vive parure, Pauline Leroux, jeune et belle, calme et pensive, Carlotta Grisi, vive et légère, les deux Noblet, la belle Dumilâtre, les deux ou trois Fitz-James, filles de l'air, Maria, au jupon court, et les subalternes qui ne sont pas les moins jolies. En style d'argot comique, la danseuse qui ne peut pas encore aspirer aux honneurs de la célébrité, celle qui est admise à peine dans le foyer de la danse, grâce à sa jolie figure et à ses quinze ans, s'appelle le rat. Le rat est un petit animal, non rongeur, leste et vif, œil noir et leste, petit museau rose, la dent blanche, la bouche éveillée, si menu, si gracieux, si heureux de vivre et d'être au monde, si bon vivant de peu ! Les plus belles dames de l'Opéra, les plus splendides, les plus admirées, les plus applaudies, on été des rats, autrefois, dans leur jeunesse, quand elles avaient à peine à grignoter un morceau de fromage le soir, quand, en un mot, elles étaient si malheureuses ; c'était là le bon temps. Autour de ces astres brillants, rats passés à l'état de premiers sujets, papillonnent de l'air le plus sérieux du monde les satellites errants ; celui-ci obtient un sourire, celui-là un regard, cet autre est avoué tout haut comme un vainqueur. Mais silence! on appelle la danse, le public attend et s'impatiente. A ce signal, voilà tous ces oiseaux au brillant plumage qui s'envolent en poussant un petit cri joyeux ; elles fuient légères comme l'air, et dans ce salon, tout à l'heure si rempli, plus rien ne reste, sinon une fleur tombée du corsage, une boucle détachée de ces longs cheveux, un bout d'aile qui se sera brisé, toutes sortes de rendez-vous, de moqueries, de gages d'amour, toutes sortes de néants ; elles cependant, les sylphides, que font-elles à cette heure? Elles accompagnent les sylphes dans les airs, elles descendent aux enfers avec le Diable amoureux, elles dorment dans le vieux palais de la Belle au bois dormant, elles nagent dans les grottes d'azur de la fille du Danube ; dans le sérail du grand-seigneur elles ont porté la révolte, l'orgie échevelée dans le cloître en ruines de Robert-le-Diable ; partout où elles vont, elles transportent à vol d'oiseau toutes les passions, tous les amours. Oh! ces Français et ces Françaises, comme ils font quelque chose avec peu : un grand chanteur avec un tonnelier, une danseuse avec un morceau de gaze, un poëte lyrique avec M. Scribe, et avec le premier venu un danseur !

XXIV

LE BAL DE L'OPÉRA

<——>

L'Opéra n'est pas seulement le temple consacré à la musique et à la danse, temple profane et sonore où se donnent rendez-vous toutes les douces passions parisiennes, l'Opéra est encore, à certains jours marqués dans la folie humaine, le plus affreux pandœmonium qui ait jamais apparu dans les rêves de la folle jeunesse. Certes, Paris est avant tout la ville de la pensée et du travail, il est la tête de la France, il est le cœur de l'Europe. Dans cette ville souveraine, il se fabrique en un jour plus de révolutions et plus d'idées que dans tout le reste du monde en un mois. Chaque matin, cette cité terrible a besoin pour vivre d'un nombre immense de faits et d'idées : les écrivains les plus distingués sont occupés la nuit et le jour à disserter sur la politique et sur la littérature, à ébranler des monarchies, à briser des poëtes, à fabriquer des systèmes de philosophie, à fonder des religions nouvelles, à ruiner ou à défendre les religions anciennes. Ce qui se dépense d'esprit, de verve, d'imagination, de style, chaque matin, pour amuser sérieusement cette ville immense, ne saurait se décrire. Tous les royaumes et tous les rois de l'Europe, tous les soldats, tous les législateurs, tous les poëtes sont appelés à jouer leur rôle dans cette comédie humaine qu'on appelle le *Journal*; et pour que le spectacle soit digne d'intérêt, pour qu'il amuse quelque peu le Parisien, ce spectateur blasé et fatigué, cette comédie est-elle assaisonnée tant qu'on peut de calomnies, de haines et d'injures. On s'attaque, on se bat, on se déchire à outrance; toutes les réputations sont mises en lambeaux, toutes les gloires sont réduites au néant; c'est comme le cri qui retentit dans la ville de Jérusalem : *Malheur à vous! Malheur à vous!* et enfin : *Malheur à moi!* Tel est chaque matin le premier plaisir du Parisien. Au bas de ces mêmes journaux, depuis quelque temps, on place toutes sortes de romans et d'histoires, remplis des plus tendres et des plus touchantes péripéties de l'amour. C'est un pêle-mêle étrange, incroyable; une ligne noire suffit à séparer, dans la même feuille, les colères de la politique et les langueurs des âmes tendres, la Chambre des Députés et le boudoir des grandes coquettes : ici on fulmine contre les oppresseurs du peuple, un peu plus bas on vous raconte les charmantes licences des beaux messieurs et des belles dames; dans les colonnes d'en haut on défend le trône et l'autel, dans les colonnes d'en bas on vous enseigne l'art des séductions et des molles langueurs. Il y en a pour tous les goûts et pour tous les âges, sans compter les grands crimes quand ils arrivent, tout remplis de mystères et de paradoxes, et c'est là ce qui est une grande joie pour cette ville immense. Témoin cette empoisonneuse mignarde et poétique, qui a plus amusé à elle seule tout ce grand peuple que tous ses poëtes et tous ses artistes réunis. Après ce premier délassement, Paris s'amuse à un jeu terrible et solennel, au jeu de la coquetterie et de l'argent. Les femmes s'occupent à se faire belles, les hommes à se faire riches. Celles-ci s'en vont chez leurs marchandes de modes, ceux-là s'en vont à la

Bourse. Jeu terrible et charmant de la fortune et de la beauté.

Des deux côtés de ces joueurs la joie est grande : remuer ces chiffons merveilleux, ces dentelles, ces rubans, ces riches velours, ou bien savoir que d'un mot tout l'argent du royaume doit s'abaisser ou grandir ; rentrer chez soi, chargée de fleurs, d'espérances, de frais tissus, avec un chapeau neuf ou un châle d'Orient, ou bien rentrer chez soi après avoir gagné un million, et savoir que ce million est là qui vous suit, tremblant, obéissant comme un esclave, tout prêt à servir les moindres caprices de son maître ; certes, voilà une fête ! Eh bien, les hommes et les femmes de Paris s'amusent tous de la même sorte, chacun dans sa sphère : être belles et parées, voilà pour les femmes ; être riches et par conséquent honorés, voilà pour les hommes.

L'homme parisien est un être occupé ; il se pousse, il s'intrigue, il se ménage, comme dit un poëte français. Jamais, à les voir de midi à cinq heures à la Chambre, au barreau, sur leurs siéges au tribunal, dans leur cabinet, dans leur comptoir, vous ne croiriez que ce sont les mêmes hommes que vous avez vus hier soir si heureux et si calmes, au milieu d'une conversation futile. Ainsi la vie est double chez ce peuple à part : le plaisir et le travail, la coquetterie et l'ambition, l'imprévoyance qui jette son argent et son temps au hasard, et la sagesse qui prévoit les mauvais jours. Si donc l'on vous disait à quels délires, à quelles orgies s'abandonne de temps à autre la grande cité parisienne, à peine pourriez-vous le croire ; car, enfin, les orgies sont faites pour les peuples qui s'amusent peu. Cependant, laissez venir les soirées privilégiées de l'hiver ; attendez que les fêtes de Pâques soient passées, que le mois de mai ait jeté ses blanches fleurs ; attendez que la villa parisienne ait perdu son doux repos, ses frais ombrages, ses eaux limpides ; attendez que les heureux du monde soient de retour de leur voyage d'Italie, à travers la Suisse pittoresque ; laissez venir le mois de décembre et ses saturnales ; alors la fête sera partout, partout le bal, partout le délire et la joie ; vous ne reconnaîtrez plus cette ville occupée, vous n'aurez plus sous les yeux que la ville amoureuse. C'est à ne pas le croire, mais je l'ai vu, moi qui vous parle, je l'ai vu.

C'était le lundi gras, l'avant-dernier jour de ces jours de folie ; le froid était piquant, le ciel était bleu et brillant, les étoiles dansaient dans le ciel et j'en vis plus d'une qui disparaissait du cercle magique comme une danseuse qui s'est foulé le pied ; il était près de minuit ; toute la ville dormait encore, ou plutôt elle faisait semblant de dormir ; elle attendait en silence l'heure de minuit, l'heure des fantômes. Minuit, l'heure solennelle qui évoque, dans les vieux châteaux de l'Allemagne, tant d'âmes errantes, est l'heure délirante de la folie pour la cité parisienne ; c'est l'heure, c'est le signal ; ô bonheur ! Soudain s'illuminent ces ténèbres ; le bruit remplace le silence ; de toutes ces maisons immobiles s'échappent en riant aux éclats, non pas des hommes, non pas des femmes, mais des êtres sans nom, couverts d'oripeaux et de visages menteurs. Où vont-ils ainsi dans leurs habits d'arlequin et de paillasse ? où vont-ils, celle-ci vêtue en bergère, ceux-ci chargés de haillons ? Suivons-les les uns et les autres. Ils vont à l'Opéra, à la grande fête universelle. La fête commence dans la rue même, tant elle se hâte avant de pénétrer dans le pandœmonium dansant. Promenez-vous d'un pas lent et curieux dans les galeries de l'Opéra, et là vous verrez passer un à un tous

ces masques. Comme ils sont calmes et posés ! comme ils marchent bras dessus bras dessous! ne dirait-on pas de braves gens qui vont à leurs affaires? Cependant peu à peu la salle se remplit; du haut en bas la flamme étincelle, il fait jour comme en plein midi. A cette heure tout est calme encore, les femmes sont assises gravement à leur poste, les hommes se regardent et cherchent à se reconnaître; quel silence! Quand tout à coup vous entendez éclater comme un tonnerre : c'est la foudre, c'est la tempête, c'est un bruit irrésistible. Soudain tous ces cœurs se mettent à battre dans un délire unanime; la fureur, l'enthousiasme, s'emparent de toutes ces âmes; ces hommes, ces êtres si calmes tout à l'heure, se mettent à bondir l'un portant l'autre et à se précipiter dans le pêle-mêle étourdissant de la danse sans frein et sans forme; on se prend, on se raidit, on se presse l'un contre l'autre; on va d'un bond unanime à travers cette foule enivrée qui partage tous vos bondissements. Du haut en bas de la salle la folie est la même; ceux qui ne peuvent pas danser, à qui manquent l'espace et la force, ceux-là regardent de tous leurs yeux, de toute leur âme, ce bondissement immonde. Oh! qui pourrait compter les personnages divers de cette danse acharnée? qui pourrait en dire toutes les poses, tous les costumes, tous les hurlements, tous les aspects? L'imagination humaine, dans ce qu'elle a de plus bizarre à la fois, de plus élégant et de plus hideux, ne saurait se faire une idée de ces broderies, de ces haillons, de ces manteaux d'or et de ces souillures, de ces habits empruntés aux plus grands hommes, et de ces affreuses souquenilles dont le bagne ne voudrait pas. Toutes les époques, tous les lieux, tous les costumes sont employés à célébrer ces jours du carnaval : les douze pairs de Charlemagne et les courtisans du roi Louis XV, les dames de la Halle et les talons rouges de l'Œil-de-Bœuf, se coudoient et se pressent sans façon et sans art dans cette ardente mêlée. Comme aussi, si vous pouviez ôter le masque à tous ces hommes, à toutes ces femmes, combien seriez-vous épouvanté des distances qui les séparent! Ici des femmes de vingt ans qui mourraient d'effroi si elles savaient qu'on les peut reconnaître; plus loin de vieilles femmes, le rebut de la borne, dont la borne ne veut plus, et qui sont aussi heureuses de prendre le masque que s'il s'agissait de reprendre leur beauté d'autrefois.

Le magistrat, sous l'habit d'Arlequin, tient tête au repris de justice, qui porte la robe du magistrat; le pair de France danse vis-à-vis du forçat libéré. Oh! que tous ces hommes seraient honteux s'ils pouvaient savoir quel a été leur partner, quelles mains souillées leur ont été tendues! Surtout au milieu de tous ces groupes, au plus fort de cette fête qui n'a pas sa pareille dans le monde, vous voyez circuler de temps à autre deux affreux coquins que la gaieté française a adoptés comme son type le plus réel, deux bandits couverts de sang, deux voleurs : Robert Macaire et Bertrand, son compère. Sans ces deux-là, il n'est plus de bonne fête pour Paris ; leurs affreuses guenilles, leurs abominables quolibets sont aussi nécessaires dans un bal masqué que la musique et les bougies ; ils sont les bienvenus partout, on les aime, on les accueille, on les admire, on les attend. Ils ont remplacé les Sganarelle, les Gros-Jean et les Gros-René de Molière. Je sais bien qu'à l'aide de ces deux types, les Français de 1830 ont flagellé tant qu'ils l'ont pu les faiseurs d'affaires, les fabricants de sociétés industrielles, les inventeurs de commandites ; Robert Macaire et Bertrand les ont merveilleusement aidés dans cette justice secondaire et terrible de l'esprit français ; mais, en fin de compte, le rire de ces deux bandits est un rire sans gaieté, leurs sarcasmes impitoyables exhalent l'odeur fétide du bagne. Je conçois, à tout prendre, que ce Paris, blasé sur toutes les émotions de l'art, du bon goût et du bon sens, se soit amusé quelque temps de ces affreux paradoxes en chair et en os ; mais avouez aussi que pour l'étranger qui a longtemps étudié avec amour, avec passion, avec respect, les chefs-d'œuvre de cette langue admirable, pour celui qui arrive à Paris sachant par cœur le Gil Blas de Le Sage, les comédies de Molière et les charmantes plaisanteries d'Hamilton, voire même les Contes de La Fontaine, pour celui-là sans doute c'est un triste sujet d'étonnement que de voir toute cette nation française, si renommée pour son atticisme, s'amuser de quolibets échappés des galères. Alors c'en est fait, vous vous apercevez que vous ne savez plus un seul mot de cette belle langue française si bien parlée et si bien faite. Ce n'est plus une langue, c'est un patois abominable, c'est un argot digne des halles et des carrefours : la société française que vous êtes venu chercher de si loin a été changée de fond en comble. Je compare la société de France à un grand bal masqué, car il est impossible à une nation, tout aussi bien qu'à un homme, de se déguiser à ce point qu'on ne puisse pas les reconnaître sous leur habit et sous leur visage d'emprunt.

Remontez donc, s'il vous plaît, par la pensée, au premier bal masqué de l'Opéra ; c'était sous le roi Louis XV. Il y avait plus que jamais ce qu'on appelait dans ce temps-là la ville et la cour, c'est-à-dire des bourgeois et des grands seigneurs, des manants et des duchesses. Jusqu'alors les uns et les autres, Paris et Versailles, ils avaient été complétement séparés ; le bal masqué devait les réunir une heure. C'était une occasion toute trouvée pour mesdames les marquises et pour mesdames les duchesses de savoir comment étaient faits un financier et un robin, et réciproquement. L'idée parut belle et neuve, elle fut acceptée avec enthousiasme des deux parts, car des deux parts la curiosité était la même. L'excès fut poussé à ce point que la reine elle-même, la reine de France, voulut se montrer dans cette foule où chacun la reconnaissait moins encore à la fierté de sa démarche qu'au respect qui l'entourait. Oui, mais enfin, en ce temps-là, le bal de l'Opéra était tout au plus une promenade toute remplie de causeries et de murmures ; chacun arrivait à cette fête dans un costume sévère et plein de gravité ; l'intrigue marchait à pas comptés, et elle y mettait, sinon beaucoup de décence, du moins beaucoup de goût et de réserve. En un mot, on disait en ce temps-là que Versailles avait absorbé Paris, que la ville était restée la suzeraine de la cour, et que le bourgeois était véritablement trop honoré de se mêler aux plus grands noms de la monarchie pour jamais manquer de réserve et de respect. Oui, mais cependant allez à l'Opéra, jetez-vous dans ce pêle-mêle pour lequel la description est sans force, voyez entrer le grand Chicard, suivi de sa bande infernale, entendez ces bruits, ces cris, ces hurlements, ces injures, ces rauques paroles d'amour, et dites-nous maintenant si c'est la cour qui absorbe la ville, si c'est Versailles qui absorbe Paris.

Où êtes-vous, les beaux jeunes seigneurs, les princes du

sang doucement avinés? où êtes-vous, vous le régent de France, que l'abbé Dubois déguisait à grands coups de pied au derrière? et vous surtout, la belle reine, la Majesté toute-puissante, vous la sainte Marie-Antoinette d'Autriche, où êtes-vous?

Vous ne sauriez croire, Américains mes frères, vous qui tenez un compte sévère de chaque minute dans votre vie, à quel point ces frivoles habitants de Paris peuvent jeter aux vents de la passion et du plaisir les plus belles heures dont la vie se compose. Ils ne dansent guère mieux que des ours mal léchés ; ils sont tristes à faire peur, même dans leurs gaietés les plus expansives ; ils se démènent en silence, non pas comme des gens qui s'amusent, mais comme des ouvriers qui accomplissent une tâche ; eh bien ! la grande occupation de ces gens-là, c'est la danse. A chaque rue vous voyez affichés en grands caractères ces mots : « *Bal! — Bal paré! — Bal de nuit!* » Ils ne songent qu'au bal. Les hommes, les femmes, les jeunes gens, les jeunes filles, et plus d'un vieillard, plus d'une femme âgée, n'ont pas d'autre façon de s'amuser que de danser une contredanse, ou, qui mieux est, de se mêler au galop infernal. Une fois lancés, ils passeraient sur le corps de leur vieux père sans s'arrêter : on dirait d'une force invisible qui les obsède et qui les pousse. C'est pour le coup que l'on pourrait appliquer la réponse que fit un Turc à une belle dame qui l'avait rencontré au milieu d'un bal. Ce Turc assistait en silence à toutes ces agitations de la danse française. Il regardait, sans y rien comprendre, ces évolutions infinies, ce tourbillon de têtes bouclées et de seins nus ; il se demandait tout bas à lui-même pourquoi ces hommes et ces femmes se plongeaient ainsi, de gaieté de cœur, dans tout ce délire inutile ; il restait là immobile, muet, étonné, abasourdi.

—Que pensez-vous, lui demanda une belle dame, de cette fête?

—Par Allah! dit le Turc, il faut donc que ces gens-là n'aient pas un esclave pour les faire danser à leur place!

Ceci dit, il rentra dans sa contemplation et dans son repos.

Mais aujourd'hui, le digne homme, que dirait-il s'il pouvait voir, pendant toute une nuit de ce tumulte, le bal masqué tourbillonner sans fin et sans cesse, ivre de vin, ivre d'amour, ivre d'esprit, et succombant sous cette triple ivresse de la tête, de l'esprit et du cœur ?

Aujourd'hui, le même fils de Mahomet s'écrierait sans doute : « Faites venir, non pas des esclaves, mais des forçats de vos bagnes pour s'amuser de pareils plaisirs ! »

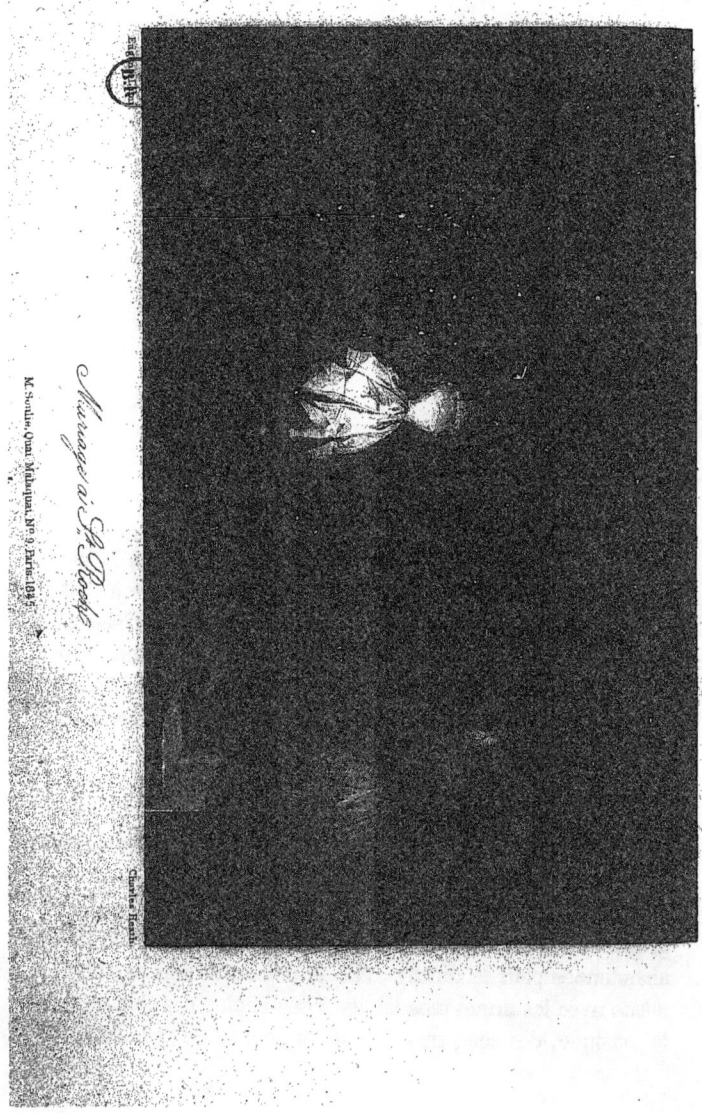

Mariage à la Mode

M. Surdun, Quai Malaquais, Nº 9, Paris 1847.

XXV

LES ÉGLISES

<—>

Après l'Opéra, qui tient de près ou de loin à toute la vie du Parisien, ce que le beau monde de Paris préfère à tout autre plaisir, — vous allez sans nul doute crier à l'invraisemblance, — c'est une cérémonie religieuse, mais une belle cérémonie, quelque chose qui se sente de la pompe et de l'éclat dramatique ; un enterrement, par exemple, un mariage, ou, mieux encore, un sermon. Il y a à Paris telle église que l'on vous cite pour l'éclat de ses lumières, pour les parfums de son encens, pour la belle voix de ses chantres, pour le nombre de ses enfants de chœur. On vous parle des dentelles de M. le curé, de la richesse de ses ornements et de la broderie de son surplis, comme on parlerait des châles et des robes d'une grande coquette. Que voulez-vous ? l'église ne veut pas être abandonnée pour le théâtre ; elle se défend de son mieux, et même avec les armes mondaines. Vous voulez des chants, de la musique, des comparses, de belles dames, de grandes toilettes, de beaux acteurs : vous en aurez. L'église deviendra un théâtre, la chapelle un boudoir ; on vous bâtira tout exprès de petits temples bien profanes à l'usage des petites-maîtresses du quartier de la Chaussée-d'Antin. O mes frères les Américains, si pédants et si raides ! ô mes cousins germains les Anglais, qui célébrez avec une tristesse si pleine de faste le saint jour du dimanche ! faites-moi l'amitié d'entrer dans une de ces maisons de Dieu, où tout est disposé pour la fête des yeux. C'est un grand jour ; les cloches ont sonné dès le matin. Dès le matin, messieurs les suisses ont revêtu leurs grandes livrées, messieurs les huissiers ont paré leur cou superbe de la chaîne d'argent; toute l'église est couverte de tentures, de candélabres tout chargés de bougies ; l'enfant de chœur est habillé de blanc, les lévites sont revêtus de leurs plus beaux habits. Peu à peu arrivent à la suite les plus aimables dévotes de ce quartier, peu façonné à la dévotion. La rue se remplit de chevaux et de voitures, l'église se remplit des plus belles catholiques et des plus jolies. Or, partout où il y a des femmes, arrivent les hommes nécessairement. Pour l'église, le costume n'est plus le même qu'à l'Opéra : la robe est moins éclatante, le corsage est moins découvert, on ne va pas la tête nue ; à la bonne heure ; mais aussi que de frais chapeaux, que de velours, que de broderies ! On se regarde, non pas face à face, mais de côté; on ne parle que tout bas, on se salue avec componction. C'est toujours le même monde, mais à ce moment-là il joue un autre rôle : il joue au jeu d'entendre la messe ou de chanter les vêpres. Dans quelle atmosphère êtes-vous ? Vous n'en savez rien vous-même. Les mille odeurs qui remplissent le lieu saint ne ressemblent en rien à l'encens que brûlent les prêtres. Le patchouli, l'eau de Portugal, les odeurs suaves, remplissent cette église de mille vapeurs odorantes qui seules suffiraient à vous distraire de l'idée de Dieu. Mais silence ! on va chanter ; non pas chanter les sévères psaumes tout remplis de l'austérité chrétienne, non pas réciter les lamentations des prophètes terribles, on a sagement supprimé toutes ces terreurs ; ou bien, si on les chante encore, on les chante sur des airs nouveaux, petites mélodies pleines de grâce et toutes scintillantes. Pour que l'illusion soit complète, ce sont les chanteurs de l'Opéra qui deviennent les chanteurs de l'église. La veille encore ils ont crié à tue-tête : *Je t'aime, je t'adore! aime-moi, ma bien-aimée!* le lendemain ils vont chanter le *Dies iræ, dies illa!* ou le *Super flumina Babylonis, Illic flevimus!* etc. ; et, chose étonnante, autant ils ont été remplis d'amour dans leur extase amoureuse, autant ils sont remplis de tristesse et de deuil dans leurs lamentations chantées. A ces sons efféminés, voilà soudain nos jeunes catéchumènes qui battent la mesure d'un petit signe de tête charmant. Si par malheur un des chanteurs invisibles vient à se permettre une petite note qui ne soit pas dans la gamme, soudain vous voyez tous ces petits fronts se plisser, et peu s'en faut que la maison du Seigneur ne retentisse de ces bruits aigus qui font tant de peur aux comédiens !... Voilà ce qu'ils appellent bénévolement une cérémonie religieuse. Quand donc l'office divin est accompli, chacun s'en va en regardant son voisin d'un regard curieux. Alors la conversation s'établit plus vive et plus bruyante ; on se demande si Monsieur un tel a bien chanté ; s'il ne chantait pas mieux à l'Opéra l'autre jour ; si M. le curé est bien portant. Le curé passe, on le salue avec un petit sourire qui veut dire : La messe a été belle! On m'a raconté qu'un des curés de Paris était devenu célèbre pour la magnificence des cérémonies de son église et pour la bonne grâce avec laquelle il en faisait les honneurs. Malheureusement on a fait de ce beau prêtre un évêque, et l'église est redevenue sérieuse, austère, chrétienne ; de façon que l'on n'y va guère plus que l'on ne va dans les autres églises de Paris.

Nous sommes à la Chaussée-d'Antin, dans un quartier tout nouveau et habité par les femmes les plus légères, les marquises de la rue du Helder, les comtesses de la place Bréda. N'a-t-on pas imaginé d'élever à cette place une très-jolie petite église, si mignonne, si jolie, si bien peinte, si fraîche en été, si bien chauffée en hiver, que toutes les dames ont tenu à honneur d'aller faire leurs dévotions dans ce beau lieu ! C'est là, au milieu de toutes sortes de beaux fauteuils recouverts de coussins de velours, qu'on peut lire en toutes lettres le nom de Fanny Elssler. Fanny Elssler. votre divinité, mes frères du Nouveau-Monde, celle que les Français nous ont fait porter en triomphe, à nous autres Américains.

Fanny Elssler ! voilà donc le velours où elle s'agenouille, le fauteuil sur lequel elle s'appuie, le marchepied qui la rapproche du ciel, elle, profane et frivole créature, dont la danse est l'âme et la croyance ! Sur ce velours chrétien que peut-elle dire tout bas au Dieu sérieux, au Dieu terrible ? Quelles prières peut-elle donc lui adresser ? Et le bon Dieu, comment reçoit-il ce *pater noster* couleur de rose, prononcé entre deux gambades, entre deux sourires ? Certes, il n'y a qu'en France que se rencontrent ces contrastes. C'est le seul pays où se mêlent ainsi, dans le même encensoir, l'encens divin et l'encens profane ; où la Madeleine, non pénitente, vienne porter au pied de la croix le trop-plein de son enthousiasme et de son cœur.

— Mais, cependant, la chose est ainsi ; au fond de ces frivolités mondaines, vous retrouverez non pas seulement l'idée, mais l'influence religieuse. Tel qui a vécu comme un pervers, voudra bien mourir ; et il appelle *bien mourir,* avoir, à son lit de mort, un prêtre qui lui ferme les yeux et qui dise à son âme : *Partez, âme chrétienne! Proficiscere, anima christiana!* Tel autre qui aura mené la plus folle vie, jetant aux vent des passions contraires son âme, son esprit, le présent, l'avenir, tout ce qu'il est, tout ce qu'il peut être, soudain, un beau matin, par un doux rayon de soleil, il s'aperçoit que ce n'est pas là la vie, que la vie est chose sérieuse, et qu'il faut rendre honorable et sainte ; alors il se rappelle délicieusement la maison paternelle, le toit domestique, les cheveux blancs de l'aïeul, le sourire de la mère, les heures favorites de son père, et son joyeux petit bruit d'enfant, à lui-même, quand il n'était qu'un enfant gâté. — Douces et saintes visions du bonheur et de la gloire domestiques ! D'abord, il les repousse comme on repousse un remords. Il se dit à lui-même : C'est impossible ! je suis trop vieux, il est trop tard ; la vie que je me suis faite est trop belle pour que j'y renonce : une vie de fêtes, d'enchantements, d'amour, de passions, de délires de tout genre ; il est trop tard ! Mais, ceci dit, reparaît la douce vision domestique, lui montrant au loin la femme jeune et belle, les enfants vifs et charmants. C'en est fait, notre homme est à moitié vaincu ; il ne s'avoue pas encore sa défaite ; mais il fait mieux que se l'avouer ; il l'aime, il en est fier ; il se dit à lui-même : Mon Dieu ! tu as bien fait ! Car, au milieu de sa réforme, il a déjà découvert la belle jeune fille qu'il a rêvée, l'enfance innocente et pure qui doit jeter sur son nom le doux éclat de sa beauté et de ses vertus. O bonheur ! la route est plus facile que tu ne le pensais, jeune homme. La société ne t'a pas repoussé à tout jamais ; au contraire, elle revient à toi avec joie, elle te tend les mains, comme tu lui tends les mains toi-même ; elle se réjouit de sa victoire pendant que tu te réjouis de ta défaite. En effet, l'autel est paré, l'église est remplie d'encens et d'harmonie, l'orgue éclate en mille transports joyeux, les cierges jettent à l'ogive leurs vacillantes clartés, la plus belle foule est accourue pour assister à ce mariage dont la cité entière s'est occupée ; voilà enfin les deux époux : que la jeune fille est jolie ! quelle grâce dans son maintien ! quel goût dans sa parure ! comme sa tête frêle et mignonne s'incline avec une joie pleine de gravité et d'onction sous la bénédiction du prêtre ! Aussi, bientôt toute conversation s'arrête, on écoute, on regarde et l'on prie. Le voltairien lui-même, celui qui s'est habitué, à l'école de son maître, à rire et à douter de toutes choses, s'est ému jusqu'au fond de l'âme ; c'est qu'en effet, dans ces grandes décisions de la vie, la prière en commun, l'éclat de l'autel, la voix du prêtre, les bruits de l'orgue, l'apparat, la pompe et la majesté de l'église catholique, ne sont pas sans avoir leur influence sur les destinées, sur le bonheur à venir de l'homme qui appelle à son aide l'idée chrétienne.

Ce besoin-là est au fond de toutes les âmes, et dans cette France incrédule, il y a toujours été. Lorsqu'au plus fort de sa grandeur et de sa gloire, Napoléon Bonaparte fit venir de Rome même et des hauteurs du Vatican le pape Pie VII, ce fut autour de Sa Sainteté un enthousiasme unanime. La France entière, cette France de Voltaire et de Diderot, de Robespierre et de Saint-Just, se prosterna sur les pas du saint vieillard. Le pontife, attendri jusqu'aux larmes, ne reconnaissait pas ce royaume terrible de l'incrédulité et des tempêtes. Il se demandait si c'était bien là ces mêmes Français qui avaient fait monter une infâme prostituée sur le grand-autel de l'église de Notre-Dame de Paris, les mêmes Français qui avaient égorgé, par la main du bourreau, le petit-fils de saint Louis, roi de France, et non-seulement le roi de France, mais sa femme et sa famille entière! Eh bien! oui, c'est la même France, la France révolutionnaire et chrétienne; la France de Marat et de M. de Chateaubriand, le même pays qui a publié les *Droits de l'homme* et le *Génie du Christianisme!*

Plus il avançait dans ce royaume étrange, et plus le pape Pie VII retrouvait son courage et son égalité d'âme, si bien que son entrée à Paris fut un triomphe véritable. Aucun roi vainqueur et tout-puissant qui rentre dans sa ville capitale n'a été accueilli avec plus d'unanimes transports. Dans la longue suite de chrétiens prosternés pour implorer la bénédiction du Saint-Père, il n'y eut qu'un jeune homme assez mal appris pour ne pas recevoir avec respect cette sainte bénédiction. Alors l'illustre et vénérable pontife, austère et énergique Italien, qui se sentait pour le moins l'égal de Napoléon Bonaparte, s'avançant vers l'imprudent qui l'avait bravé : — Jeune homme, lui dit-il, apprenez que la bénédiction d'un vieillard ne fait jamais de mal! — *D'un vieillard* est admirable. Mais je crois que le jeune homme fit bien de disparaître dans la foule; car le maître de la France en ce temps-là n'eût pas supporté patiemment quiconque eût manqué de respect pour son hôte royal. Depuis ce jour de la renaissance religieuse, la France entière s'est dégagée de ce nuage de doute et d'ironie qui l'obsédait. Elle est revenue d'un pas ferme et sûr aux vieilles époques de la croyance, à l'éloquence chrétienne, à l'art chrétien. Bossuet a été remis à sa place, bien au-dessus de Voltaire pour le génie, pour le style, pour la conviction, pour tout ce qui est la supériorité de l'esprit et du cœur. L'œuvre de Napoléon et de M. de Chateaubriand a été agrandie, augmentée sans fin et sans cesse. Les plus beaux esprits de ce siècle ont tenu à honneur de rendre à Dieu ce qui appartient à Dieu, plus encore que de rendre à César ce qui appartient à César. M. de Lamartine a commencé cette œuvre de charité et d'espérance. M. de Lamennais a soulevé tout ce siècle par la terreur et par l'épouvante. Bientôt on a renié les philosophies passées, tout comme il y a quarante ans on avait nié les croyances. La croix a triomphé sur le dôme même du Panthéon. Jamais révolution n'a été plus complète dans les esprits et dans les mœurs. La musique, la statuaire, la peinture, ont obéi à cette influence souveraine. Le respect est venu avec l'autorité. Plus le peuple français s'était abandonné aux outrages de tout genre, et plus il revenait au culte du passé : il y revenait, sinon par le repentir, du moins par l'admiration et par la force du souvenir. Voilà à quels signes vous reconnaîtrez l'éternité des croyances ! voilà à quels signes vous pourrez dire quelles sont les religions qui ne peuvent pas mourir ! 1842, quelle époque ! on ne parle que de chemins de fer, de canaux, d'usines, de gaz, de fortifications, de l'or, de l'argent, des banques, de tout ce qui est la fortune publique et privée ! Et cependant quelle est la grande joie de cette ville immense ? à quoi passe-t-elle ses instants les plus doux ? Soyez-en sûrs, rien n'amuse Paris comme une cérémonie religieuse. Pour peu qu'il y ait au fond d'un nouveau plaisir une idée chrétienne, Paris est ému et charmé. Le monument qui l'occupe à cette heure, ce n'est pas l'Arc-de-Triomphe, ce n'est pas le Palais-de-Justice, ce n'est pas l'Empereur debout au sommet de la Colonne ou couché sous le dôme des Invalides ; c'est une église toute remplie de tableaux, de statues, d'images, de dorures : c'est l'église de la Madeleine. Tout Paris se porte dans ces murs, parce qu'en effet il s'agit d'une église. Aussi, comme Rossini, ce grand flatteur, lorsqu'il a voulu rappeler son nom aux Parisiens, s'y est pris habilement! Il a composé, non pas un opéra, non pas une chanson d'amour, mais un *Stabat*, le plus joli et le plus profane des *Stabat*.

M. Soulié, Quai Malaquai N° 9, Paris, 1843.

XXVI

LES PRÉDICATEURS

<------->

C'est ainsi qu'en France l'idée chrétienne tient à toutes choses. En vain un homme de quelque valeur voudrait-il se soustraire à cette loi commune, il faut qu'il l'accepte. Moins le respect aux choses religieuses est écrit dans les lois, et plus il est indiqué dans les mœurs. *Courbe la tête, fier Sicambre!* c'est le mot que disait l'évêque baptisant Clovis, roi de France; *Courbe la tête, fier Sicambre!* c'est encore le mot que dit l'Église à quiconque entre dans la vie ou en sort. L'Église a sa part dans toutes les joies et dans toutes les douleurs de ce peuple singulier. Elle a, comme l'Opéra, ses modes, ses usages, son costume, ses fidèles abonnés. Bien plus, dans ces derniers temps, elle s'est mêlée plus que jamais aux excitations, aux besoins, aux exigences de la vie de chaque jour. Au dehors de l'Église, il y a les deux Chambres, il y a la Bible, les livres, les discours, les conversations, les intérêts divers, les voltairiens, les philosophes, les insouciants, les sceptiques; il y a ceux qui disent comme M. Dupin : *Que la loi est athée*, horrible maxime qui fait de l'athéisme le fondement de la société tout entière. Mais aussi, dans l'Église même, vous trouverez des forces que l'on peut opposer à toutes ces forces réunies. Ah! certes, elle est construite sur la pierre, comme il est écrit dans l'Évangile, cette institution de dix-huit siècles, qui a résisté à tant d'orages et à tant de tempêtes. Que parlez-vous des deux Chambres et des journaux? Où est l'autorité morale de cette Chambre soumise à l'élection? Où est la toute-puissance de cette autre Chambre, où l'on n'entre qu'avec des cheveux blancs, sans avoir même l'espoir de laisser à son fils le titre de cette pairie viagère? Que parlez-vous de livres que personne ne veut lire, et de journaux soumis à la réfutation universelle? L'Église a beaucoup mieux pour sa défense que les journaux et les livres. Pour tribune, elle a la chaire évangélique! Certes, de ces hauteurs où l'orateur chrétien va chercher la foudre et les éclairs, et dont il descend, les Tables de la Loi à la main, l'Église n'a rien à craindre. Là elle vit, là elle règne. De ces hauteurs, elle parle, non-seulement des intérêts humains (chose vile et périssable), mais elle parle aux hommes de leur conscience, de leur liberté, de leurs saintes croyances, elle leur parle de l'Évangile! Aussi bien, à l'ombre de la chaire chrétienne se sont élevés d'illustres, de hardis et jeunes orateurs, déjà puissants par la parole, puissants par la pensée, austères, inspirés, éloquents, et que la foule écoute avec attention, avec entraînement et conviction. Qui aurait dit qu'au milieu de ce Paris, tout occupé de canaux, de chemins de fer, de budget, de questions coloniales, et aussi tout occupé de marchandes de modes, de bijoutiers, de vieilles dentelles, de chapeaux de femmes, de rubans, de velours, tout occupé aussi de musique, de tableaux, de dorures, de peintures, de beaux-arts; eh! que disons-nous? tout occupé de la calomnie et de la médisance parisiennes, des comédiens et des comédiennes, de chevaux et d'équipages, d'intrigues et d'ambitions, de danseuses et de danseurs, trouverait le temps encore de passer une grande partie de ses loisirs au milieu des choses chrétiennes? Ainsi l'Église, forcée dans ses derniers retranchements, a élevé non pas trône contre trône, non pas autel contre autel, mais tribune contre tribune. Ah! vous avez abandonné à l'éloquence l'administration des affaires humaines! ah! vous avez fait de la parole, ce vain et pauvre caprice des peuples abâtardis, une façon de cardinal-ministre à qui rien ne résiste, ni le peuple, ni la monarchie! eh bien! l'Église se souviendra qu'elle a dompté le monde par la parole. Vous voulez de l'éloquence à tout prix, au prix même de votre bon sens et de votre renommée! eh bien! elle sera éloquente à son tour. Elle aura son Berryer inspiré, son Odilon Barrot qui gronde, son Fitz-James qui parle du haut de sa conscience et de son blason, son beau rhéteur Villemain, tout enchanté de sa grâce antique; tout ce que vous aurez en fait d'orateurs, elle l'aura à son tour; elle aura son énergumène plein d'emportement et de colère, elle aura son vieillard qui se souviendra, son jeune homme qui marchera en avant, l'orateur qu'il faut provoquer et l'orateur qu'il faut retenir. C'est ainsi que l'Église de France n'a jamais mais manqué de ce généreux courage, prêt à tout entreprendre quand il s'agit de tenir tête aux passions des multitudes et à leurs entraînements.

Ouvrez l'histoire des beaux-arts, de la poésie, de l'éloquence chrétienne dans l'Église gallicane, et vous verrez combien de grands noms, que de grâce, que de puissance, que de force, que d'éclat et de majesté! Au nom seul de Bossuet, tout s'incline en France; Bossuet a remplacé Voltaire dans l'admiration unanime; les moins religieux l'ont comparé à Mirabeau, que Bossuet dépasse de toute la tête pour l'entraînement et la toute-puissance oratoire. Au nom seul de Fénelon, tous les cœurs sont émus, la sympathie s'empare de toutes les âmes : il est plus qu'un apôtre, il est devenu le poëte de la France. Il n'y a pas encore vingt ans, en pleine Restauration, l'Église de France entendit parler tout à coup,

— vous pensez bien avec quelle joie et quel orgueil, — d'un certain disciple de J.-J. Rousseau qui parlait, à la façon du père Bridaine, des crimes de l'indifférence en matière de religion. La voix était inspirée, la parole était abondante, l'éloquence était pleine de lueurs et de bon sens : jamais le citoyen de Genève, du haut de cette montagne où il s'est assis entre Caton et le Vicaire Savoyard, n'avait rencontré dans son âme de plus éloquentes paroles. D'où venait ce nouveau-venu? Il venait du pays de M. de Chateaubriand : il était, comme lui, un Breton, mais un sauvage et inflexible Breton tout d'une pièce, qui frappait à tort et à travers, brutalement, sans trop s'inquiéter des terreurs et des épouvantes qu'il accumulait autour de sa parole. Quel était le nom de ce nouvel apôtre dont l'Église s'inquiétait par je ne sais quel pressentiment funeste, et comme si elle eût prévu les embarras et les afflictions dans lesquels il allait la jeter? Ce nouveau-venu s'appelait M. l'abbé de Lamennais. Il est venu au monde vingt siècles trop tard. Il était fait pour être un tribun du temps de Caïus-Gracchus; il avait l'allure, la fierté indomptable, l'orgueil féroce, l'abnégation insolente d'un tribun; il marchait dans cette molle et énervée société française, tout armé de son *veto* de fer, et une fois qu'il avait jeté son *veto*, malheur à qui était touché! M. de Lamennais a joué dans ce siècle le rôle d'excommunicateur. C'est lui qui dans ce royaume de France s'est écrié : *Raca!* à toutes les vanités du siècle. Mais, hélas! la vanité l'a perdu à son tour. Il n'a pas trouvé que le monde tel qu'il était fût à la hauteur de son génie, et il a voulu le bouleverser de fond en comble. L'autorité par laquelle il avait été si éloquent lui a bientôt pesé comme un poids insupportable. Comme il était en train de proclamer que l'obéissance était assurément la sauve-gardienne de l'avenir, l'obéissance lui a manqué, à lui tout le premier, et du Saint-Siége dont il s'était fait le missionnaire il est devenu l'épouvante et le fléau. Pauvre homme! que je le plains! Le rôle qu'il était destiné à jouer dans l'Église a été joué avant lui, le rôle de Luther, de

Calvin, de Zwingle, de Mélanchton, ou tout au moins le rôle imposant de Savonarole, qui meurt sur le bûcher où il a entassé les perles, les joyaux, les poésies, les riches habits, les tableaux précieux, toutes les vanités de Florence ; il meurt sur ce bûcher dont il devait traverser la flamme, tant chez lui la foi était vive et puissante. Pendant vingt ans, l'Église de France a placé tout son espoir sur la tête de cet écrivain hardi qui soulevait des montagnes ; mais enfin, quand, à force d'audace, ce Chrysostome rebelle en fut venu à faire son appel au peuple, quand il eut écrit ce terrible évangile dans lequel l'insurrection est prêchée comme le plus saint des devoirs, alors fallut-il enfin chercher quelque digue qui pût résister à ce torrent. La cour de Rome s'inquiéta de ce révolutionnaire qui lui prêtait un si étrange et si dangereux concours ; M. de Lamennais encourut le blâme du successeur de saint Pierre. Aussitôt le prêtre français entreprit le pèlerinage de Rome. Il voulait aller se défendre en personne ; il voulait expliquer lui-même comment il entendait la propagation de l'Évangile. Vaines explications ! plaidoyer inutile ! Il eût parlé comme Bossuet, qu'on ne l'eût pas écouté. Rome, plus que jamais, a grand'peur des révolutions, des tempêtes, des orages, des grands bruits qui traversent l'espace. — M. de Lamennais revint de son pèlerinage avec plus de fiel et de colère qu'il n'en avait emporté en partant. De retour à Paris, il recommença la guerre contre les riches et les propriétaires de ce monde : à Paris, il trouva la prison, comme à Rome il avait trouvé l'interdiction. Mais sur de pareils courages, sur des âmes si bien trempées, que peuvent faire les foudres du procureur du roi et les foudres du Vatican ?

Cet homme cependant n'est pas resté sans avoir une église, sans avoir des disciples ; autour de lui sont accourues toutes sortes d'oppositions honnêtes, toutes sortes d'éloquences généreuses. Son silence a été plus éloquent encore que sa parole ne l'avait jamais été. Que de jeunes esprits qui l'ont salué comme un martyr ! que d'imaginations puissantes qui l'ont accepté comme un maître ! Il s'est enveloppé dans son dédain et dans son mépris pour tout ce qui est le gouvernement et la puissance tels qu'on les entend aujourd'hui, et de ce mépris, nul n'a pu le faire sortir. Quand il se tait, le peuple écoute pour savoir ce qu'il va dire ; quand il parle, la France entière prête l'oreille, se demandant avec terreur s'il ne va pas soulever les orages et les tempêtes des plus mauvais jours ? Jamais homme en France, un homme isolé, sans un titre, dont le nom est partout, excepté dans l'Almanach Royal, n'a soulevé autant d'intérêt et de passions que cet homme en apparence si calme, si résigné aux décrets de la Providence, le plus terrible des révolutionnaires, par la raison toute simple qu'il en est le plus hardi et le plus convaincu.

Plusieurs grands noms se sont établis autour de la chaire chrétienne, des noms sonores que le peuple répète dans les rues, dont les plus grands seigneurs s'entretiennent dans leurs salons : l'abbé de Ravignan, que la passion intérieure consume et dévore ; l'abbé Cœur, qui, d'une voix sourde et frêle, vous fait frissonner jusqu'au fond de l'âme ; l'abbé de Guerry, tête bouclée, front inspiré, orateur dont le geste est aussi puissant que la parole ; l'abbé Dupanloup, plein de tristesse ; et enfin, leur maître à tous, grand par la conviction, grand par la charité, grand par l'éloquence et par les plus nobles inspirations du cœur, cet homme en habit de dominicain, l'abbé Lacordaire, devant qui s'est prosternée plus d'une jeune pensée, heureuse et fière de s'écrier : *je vois !... je crois !*

XXVII

LE FLANEUR

<—→

Les écrivains français de l'école moderne emploient très-souvent un mot tout nouveau, le mot *type*. Qui dit *type*, dit un caractère complet, un homme modèle, une chose curieuse. Paris est tout rempli de types, ou plutôt d'esprits singuliers, de caractères originaux avec lesquels on ferait un beau livre. L'étranger qui passe n'est pas très-habile à saisir ces nuances, ces différences, ces singularités excentriques. Il faut avoir battu longtemps le pavé de la grande ville, pour pouvoir tracer d'une main sûre quelqu'une de ces silhouettes brillantes; cela paraît et disparaît comme fait le nuage, comme fait la fumée; et courez après pour saisir ces formes fugitives, ou bien dites-leur : Arrêtez-vous et passez devant moi ! Cela ne se devine guère qu'à vol d'oiseau et à la grâce de Dieu. Prenez, par exemple, dans tous ces *types*, le type que voici : *le Flâneur*, un mot tout parisien, pour représenter une passion toute parisienne. Non pas certes (nous ne voulons condamner personne), non pas que l'Anglais, ou le Russe, ou l'Américain ne puisse pas faire, avec beaucoup de temps et de bonheur, un admirable flâneur, mais c'est qu'en vérité on ne flâne qu'à Paris.

Paris est la première capitale des flâneurs ; la ville est disposée, coupée, arrangée tout exprès pour la flânerie. Ces vastes quais, ces monuments, ces boulevards, ces places publiques, cette eau qui coule, ces dômes, ces flèches élancées, ce bruit, ce mouvement, cette poussière, ces voitures qui passent comme passe l'éclair, cette foule active, remuante, insensée ; ces écoles, ces temples, ces grands hommes qui vous coudoient à chaque coin de rue, ces beaux jardins, ces eaux, ces statues, cet empereur Napoléon qui est partout, ces soldats qui marchent au son de toutes les musiques ; ce Palais-Royal, la plus immense boutique du monde, où tout est à vendre, depuis la perle de la plus belle eau jusqu'au diamant à vingt-cinq centimes ; cette cohue, ce mouvement, ces gravures, ces bouquins, ces caricatures, vivantes histoires des ridicules de chaque jour ; ces femmes qui marchent demi-vêtues ; et cette permission de tout faire, de tout voir, les mains dans ses poches et le cigare à la bouche ; et cette facilité d'avoir tout de suite et pour très-peu d'argent tout ce qu'on veut ; ces bibliothèques ouvertes à tout venant, et ces musées où les siècles des beaux-arts ont entassé toutes leurs splendeurs ; et ces académies et ces colléges, et ces fêtes, ces cérémonies, sans compter ce que nous oublions comme à plaisir : voilà, j'espère, un vaste théâtre de flânerie.

Notez bien que le flâneur ne s'avoue pas à lui-même qu'il est un flâneur ; au contraire, il se regarde, le bienheureux ! comme l'homme le plus occupé et le plus laborieux de ce monde, Lui, un flâneur ! y pensez-vous ? mais il a en horreur l'oisiveté ; mais à peine est-il debout qu'il se met à son travail favori ; artiste, il est à son tableau ; poëte, à son poëme ; homme d'État, à sa correspondance.

Vous allez voir comme il va travailler aujourd'hui ! car

enfin, il faut bien l'avouer, il n'est pas très-content de sa journée d'hier ; hier il était sorti pour chercher un document qui lui manque, un conseil dont il a besoin, un peu de couleur dans le ciel bleu ou noir ; mais, bah ! il s'en passera aujourd'hui, il ne sortira pas de toute la journée : le temps est trop précieux ; c'est un capital, c'est le tissu dont la vie de l'homme est faite. — Allons ! se dit-il, à l'œuvre ! Notre homme, en effet, pousse un gros soupir, et enfin le voilà qui se décide ; la couleur est sur la palette, l'inspiration est arrivée, son papier blanc attend le laborieux écrivain ; oui, mais voici un maudit rayon de soleil qui jette bien du jour tout là-bas dans la rue ; ou bien, voici un maudit nuage qui jette bien des ténèbres dans mon cabinet ; et puis, il fait froid, il fait chaud, ma tête est pesante...... Si je profitais de ce moment-là pour aller voir mon ami Théodose ? se dit le flâneur ; Théodose n'est pas loin d'ici, il reste chez lui jusqu'à six heures, il est homme de bon conseil, il m'aime fort ; allons-y, c'est l'affaire d'un instant. Sur ma parole d'honneur, je serai rentré dans une heure. — Madame Julien, dit-il à la portière, je reviens tout de suite ; si quelqu'un vient pour me demander, dites à ce quelqu'un-là qu'il m'attende ; et cependant ayez bien soin de mon feu et achetez-moi mon dîner, car je vais me mettre au travail tout le jour et une partie de la nuit. — Disant ces mots à madame Julien, qui rit tout bas, le voilà dans la rue. Aussitôt il n'est plus le même homme. Sa tête se relève, sa poitrine se dilate, ses jambes sont plus légères, la vie remonte à sa joue, l'espérance à son cœur. Il regarde toutes choses, aussi étonné que put l'être Adam, notre premier père, lorsqu'il s'éveilla au milieu de toutes les œuvres de la création. O l'homme heureux ! En ce moment il a tout oublié : sa femme, s'il a une femme (mais le plus souvent, jamais, le flâneur n'est marié), ses créanciers, son travail, son ambition, son génie, tout lui-même. Il serait malade, qu'il oublierait son malaise en flânant. Le voilà ; faites-lui place ! Que la foule s'écarte avec respect devant lui, il ne voit pas la foule, il s'y mêle sans le savoir, sans le vouloir, comme le flot se mêle au flot. La foule l'entraîne et le pousse partout où elle veut aller. Un jour, en flânant, le flâneur s'est trouvé assis sur le trône du roi Charles X, au beau milieu du palais des Tuileries. Il regardait, sous le feu des Suisses, les créations de Jean Goujon, et la révolution, en passant, l'a porté dans la salle du Trône. Un autre jour, comme il flânait dans la rue Saint-Méry, il s'est trouvé placé au premier feu d'une barricade, et il s'est bien étonné de lui-même quand, de flânerie en flânerie, il s'est vu sur le toit des maisons au milieu des héros et des victimes, à ce point qu'il a manqué d'être tué de ce côté-ci, et de recevoir la croix d'honneur de ce côté-là. Bien plus, sa passion dominante, la flânerie, a conduit notre homme, un jour qu'il avait été surpris à regarder comment on force une porte, même à la Cour d'Assises : mais M. le procureur du roi a senti fléchir son réquisitoire quand on lui a dit : C'est un flâneur ! Le flâneur est le plus innocent et le plus naïf personnage de cette grande ville. Il passe sa vie à regarder sans voir, à écouter sans entendre, à marcher sans faire de chemin ; il admire toutes choses ; il est comme cet homme qui criait : *Ah! oh!* et *oh! ah!* Ce *ah!* éternellement contemplatif, il est au fond de son cœur, de tout son cœur. Chemin faisant, il devine un tas de petits mystères inaperçus pour tout autre. Pourquoi ce pot de fleurs au cinquième étage ? Pourquoi ce rideau blanc à moitié soulevé ? Pourquoi cette petite chanson si matin ? Pourquoi ce cri aigu à minuit ? Il sait où va ce billet doux, de quel côté viendra la réponse ; il vous le dirait, mais il est discret. Passez à trois heures devant la porte de telle maison, vous y trouverez un cabriolet noir attelé d'un cheval bai. — Voulez-vous suivre le flâneur ? vous avez du courage, et c'est une entreprise au-dessus de vos forces. Le flâneur est partout et il n'est nulle part. Il est au jardin du Palais-Royal pour régler sa montre sur le canon qui part justement frappé par le premier rayon du soleil de midi. Il est sur le quai Voltaire, tout occupé à contempler les antiquités des marchands de bric-à-brac, tout occupé à regarder les hommes célèbres de madame Delpech. Il est dans la rue de Richelieu, autrefois le plus grand centre de la flânerie parisienne, mais aujourd'hui vaincue et dépassée par la place de la Bourse et la rue Vivienne; toutefois, dans la rue de Richelieu, le flâneur s'amuse à regarder l'emplacement où doit s'élever la fontaine dédiée à Molière. Notre homme est encore, et surtout, dans le passage de l'Opéra, à l'heure où la répétition commence; et là, il voit passer dans toutes sortes d'appareils, en souliers de satin, en souliers éculés, ou même sans souliers, les belles petites danseuses à qui la Gloire n'a pas encore tendu sa main pleine de dentelles et de cachemires. Flâneur! ça veut tout dire. Il ira à la Morgue pour saluer d'un regard attristé les cadavres de la nuit dernière; il ira aux Champs-Élysées pour assister aux exercices des chiens savants; au Jardin-des-Plantes, pour jeter un morceau de brioche à l'ours Martin.

Au Jardin-des-Plantes, il veut savoir comment se porte la girafe, si la grosse tortue a pondu de nouveaux œufs, si les petits serpents ont mangé leurs souris blanches; il veut saluer l'un après l'autre messieurs les singes, qui lui font une gri-

mace de joie comme à un confrère en flânerie. Le passage des

Panoramas est son domicile ; là il est à l'abri, là il est chez lui ; c'est là qu'il reçoit son monde, qu'il donne ses rendez-vous et qu'on est sûr de le rencontrer. Et quel plus beau salon que ce passage des Panoramas? Où trouverez-vous de plus nombreux visiteurs et plus de liberté? Où trouverez-vous de plus jolis minois le matin, et plus de gaz allumé le soir? Jamais salon ne fut plus rempli de chefs-d'œuvre, de musique, de rafraîchissements de tout genre. Là, jamais le tabac, jamais la bière, jamais le journal, jamais la grisette n'ont fait défaut à leurs constants amateurs. Or, le flâneur aime toutes ces choses, il les aime tout à l'aise, sans gêne, sans folie, posément, comme un homme sage qui est sans besoins, sans passions, sans vanité, sans envie, qui peut se passer de tout, excepté se passer de flâner. Brave homme! digne homme! Jamais triste, jamais morose, ne s'affligeant jamais de rien, mais, au contraire, faisant tourner toutes choses au profit de sa passion dominante. Si c'est une émeute, tant mieux! il saura ce que devient la bagarre ; si c'est un enterrement, tant mieux! il montera dans les carrosses noirs. S'agit-il d'un mariage, tant mieux encore ! il ira voir de très-près la mariée et lui enverra toutes ses bénédictions. Il entreprend aussi le baptême et la fête patriotique ; la Chambre des Députés ne lui déplaît pas, mais il n'y va que les jours où la Chambre des Députés est grosse d'éloquence et de colère ; il aime l'opposition parce qu'elle fait durer les choses longtemps et qu'elle traîne tout en longueur. A la Chambre des Pairs, le flâneur préfère la Cour des Pairs. On y voit alors des accusés, on y entend des avocats : c'est la Cour d'Assises élevée à son plus haut degré de puissance. Une fois il est allé à Versailles pour voir le Musée, mais il a bien juré qu'il n'irait plus par le chemin de fer : une voiture qui vous prend et qui vous emporte sans crier gare! Vous êtes aussitôt arrivé que parti. Fi donc! A quoi donc sert de partir, sinon pour se sentir aller? Parlez-moi des coucous de mon temps, disait le flâneur ; vous partiez toujours, vous n'arriviez jamais.

Il est bien entendu que le flâneur commande chaque jour son dîner dans sa maison, et qu'on ne lui fait pas son dîner. Il dîne où il se trouve, partout, quand il a faim, quand il a découvert quelque beau poisson, quelque primeur, quelque bel et bon endroit où il pourra s'abandonner librement à sa douce fantaisie. Ceux qui n'ont pas vu une de ces admirables salles à manger dont Paris est fier à bon droit, ne sauraient se faire une idée de l'éclat et du luxe avec lequel peut se manger un bifteck! Ce ne sont partout que cristaux, bronzes précieux, colonnes, glaces, dorures; le feu étincelle de toute part; des serviteurs empressés sont là tout prêts à obéir à vos moindres désirs; la cuisine est brûlante; la cave est remplie; le vin est dans la glace; au comptoir, se tient une femme parée et souvent belle. C'est là que vient le flâneur, poussé plus encore par son instinct que par sa gourmandise. Il est seul comme un rêveur de bonne foi; il s'étend dans un petit coin, et là il voit entrer tous les dîneurs l'un après l'autre; il les reconnaît à leur accent, à leur habit, à leur tournure; il dit à coup sûr : Voilà un Normand, voilà un Picard. Bientôt, sans le vouloir, il est au courant de leurs désirs les plus cachés, de leurs ambitions les plus modestes; il sait que celui-ci a fait tel héritage, que celui-là vient demander la croix d'honneur pour son père, que cet autre court après sa femme, et que sa femme est venue à Paris sous un nom d'homme, tout exprès pour écrire des comédies et des romans, comme George Sand. Ainsi la comédie humaine se déroule devant cet homme, ainsi il met à profit tous les discours, toutes les pensées des autres hommes. Son dîner achevé, il se promène dans les riches galeries du Palais-Royal; c'est là son salon d'été, comme le passage des Panoramas est son salon d'hiver. Rien qu'à parcourir les glaces brillantes de ces magnifiques bazars, il se met au courant de la vente qui s'est faite dans la journée : un bracelet a été vendu; un faux toupet a disparu, qu'est devenue cette petite marchande de faux-cols? Puis il s'arrête devant le gros pilier où sont collées toutes les affiches de Paris chargées de tous les noms grotesques ou terribles que le public recherche. Où aller? où ne pas aller? Au Théâtre-Français? c'est bien vieux. A la Porte-Saint-Martin? c'est bien long. L'Opéra plaît assez au flâneur, car à l'Opéra on flâne plus que l'on n'écoute. Et le café Lemblin, pourquoi donc est-il ouvert? Et le café de la Régence! à quoi serait bon le café de la Régence, si l'on n'était pas libre d'y entrer et d'y voir tout ce qui s'y passe? Pourquoi donc, par exemple, ne pas assister à quelqu'une de ces belles parties d'échecs où sont mises en jeu toutes les forces intelligentes des deux joueurs! Les échecs, le jeu de dames, voire même le jeu de dominos, font les délices du flâneur. Non pas qu'il joue à aucun de ces jeux-là ; il est vrai qu'il les sait à fond, il les comprend, il les devine ; mais il laisse aux autres toute la peine du jeu, toutes ses inquiétudes, tous ses bourdonnements ; il garde pour lui toute la curiosité, tout le plaisir. Il aime les lieux publics : on entre quand on veut, on sort à sa fantaisie, on ne parle pas et l'on parle, on est chez soi et l'on est chez les autres, on est son propre maître et on ne doit à personne ni un salut, ni une visite, ni un sourire. Ce n'est pas que le flâneur soit inabordable ; au contraire, il cause volontiers, il se met à la portée de tous et de chacun ; il fait facilement les honneurs de sa ville bien-aimée ; il sait mieux qu'un édile les rues à percer, les quartiers qui s'élèvent, les îles que l'on entoure de digues puissantes. Rien qu'à songer aux fortifications que les deux Chambres viennent de voter tout exprès pour lui, il se frotte les mains de joie ; et, en effet, quel beau champ pour la flânerie : un rempart de quinze lieues de tour! La soirée se passe ainsi à recueillir les bruits de sa ville bien-aimée. Cependant, peu à peu le bruit tombe et s'efface ; dans les rues, le silence s'étend doucement. Si vous voulez voir encore le bruit et retrouver le mouvement, la vie, l'éclat des lumières, il vous faut retourner où vous étiez ce matin même, à Tortoni. A onze heures du soir, le café Tortoni n'est plus un endroit où l'on mange : c'est un salon où l'on prend des sorbets et des glaces. Autant ce matin même il était question d'argent et d'agiotage dans ces murs, autant, ce soir, il est question d'amour et de plaisir. Les plus belles personnes parmi les beautés les plus élégantes, et les plus galants jeunes gens, accourent à ce dernier rendez-vous de la soirée ; pour Tortoni, ils abandonnent l'opéra inachevé, ils quittent le drame avant le dernier coup de poignard ; Paris veut se voir encore lui-même dans son bel appareil avant d'aller se mettre au lit. Singulière ville, où chaque heure du jour est une heure de spectacle dont la ville fait tous les frais ! Vous voyez d'abord la ville en déshabillé du matin, en petite toilette à midi, en riches habits sur les quatre heures, en grande tenue deux heures plus tard, et le soir en robe de bal. Tous ces Parisiens, que font-ils, je vous prie ? ils se montrent, ils se regardent, ils ne regardent qu'eux-mêmes ; et quand enfin ils se sont bien vus et bien regardés, ils sont contents. Ce sera à recommencer le lendemain.

Notre flâneur s'en va donc, lui aussi, faire un petit tour au café Tortoni. Il passe et il repasse, il écoute et il entend ; il voit partir, l'une après l'autre, ces voitures dans lesquelles il a vu monter ce monsieur et cette dame ; et quand enfin le beau Paris a disparu tout à fait aux yeux de notre homme, alors, en soupirant, il se décide à reprendre le chemin de sa maison ; mais, comme faisait le fabuliste français pour aller à l'Académie, le flâneur prend le plus long chemin. Il y a dans Paris des endroits que lui seul connaît, d'affreux passages, des labyrinthes, des ruines, des cours habitées par tous les voleurs de la cité ; voilà le chemin que choisit notre homme ; il s'en va, les mains dans ses poches, à travers ces sombres couloirs. Ah ! voilà, certes, ce qui n'est pas beau à voir ; voilà le revers de cette médaille brillante ! Le Paris de la nuit est épouvantable ; c'est le moment où la nation souterraine se met en marche. Les ténèbres sont partout ; mais, peu à peu, ces ténèbres s'éclairent sous le fallot tremblottant du chiffonnier, qui s'en va, la hotte sur le dos, cherchant sa fortune parmi ces haillons affreux qui n'ont plus de nom dans aucune langue.

En même temps, à la porte des maisons qui dorment, s'arrêtent d'infectes voitures pour emporter toutes sortes d'immondices. Au coin des rues les plus sombres brille, d'une clarté funèbre, la lampe du marchand de vin, à travers des rideaux rouges comme le sang. Le long des murs se glissent, en poussant de temps à autre le cri de quelque oiseau de nuit, les voleurs qui vont à la maraude ; des femmes vont et viennent, cherchant la cave où elles passeront la nuit ; car cette abominable population passe la nuit dans des caves. Ainsi la terreur est grande, terrible, formidable. Ces pas que vous entendez retentir tout bas sur ces pavés fangeux, c'est la patrouille grise qui commence sa chasse acharnée. Ainsi, plus vous avancez dans ces quartiers fabuleux, dans les coupe-gorge qui entourent le palais-de-Justice et la place de Grève, et plus le danger devient imminent.

Certes, pour s'exposer à tant de périls dans ces rues décriées, il faut être un grand philanthrope ou un grand flâneur. Laissez-moi vous conter, à ce propos, l'histoire d'un philanthrope, et achever en même temps celle de notre flâneur.

Le digne homme qui a écrit l'histoire la plus complète du Paris souterrain, M. Parent-Duchâtelet, était un chrétien de l'ancienne roche, un disciple de Port-Royal, un de ces hommes dont le dévouement n'a pas de bornes, non plus que la charité. Il a écrit, en deux gros tomes, l'histoire de la prostitution parisienne, et c'est à vous épouvanter de façon à ne pas oser mettre le pied dans ces murs. A ce grand courage, le préfet de police avait ordonné que l'on obéît comme à lui-même : toute porte de prison, de cachot, d'hôpital, de repaire impur, devait s'ouvrir devant cet homme qui apportait la consolation et la charité. Si vous étiez des gens plus courageux, si vous n'aviez pas, comme on dit en France, *le cœur sur les lèvres*, si, pour vous plaire, il ne fallait pas sans cesse vous entretenir de descriptions heureuses, placer sous vos yeux les plus belles images, nous vous ferions marcher à la suite de cet héroïque Parent-Duchâtelet, et toucher toutes ces plaies, et visiter toutes ces immondices ; mais alors il me semble que nous vous entendons, ma belle dame, pousser votre petit cri d'épouvante.... C'est en effet si terrible ce qui est vrai !

Un soir qu'il se promenait avec le chef de la police, devisant de toutes ces choses malsaines, le savant docteur, prenant par le bras son compagnon, qui écoutait avec un petit sourire d'ironie tous les beaux projets de cette ardente philanthropie : « Monsieur, lui dit-il, quand les voleurs ne volent pas, quand ils dorment ; quand les filles de joie ne s'abandonnent pas à leur abominable métier, quand elles reposent ; où se cachent-ils? où se tiennent-elles? »

A ces mots, l'officier de police, sans rien dire, conduisit le philanthrope au plus épais de cette caverne que l'on appelle la Cité, non loin de la Préfecture de Police ; car il semble que la police attire, par une attraction inévitable, toutes ces immondices. Une maison tout en ruine, immonde, se tenait au fond d'un affreux cul-de-sac ; dans cette maison, qui appartenait à un chiffonnier, était établi un grand dépôt d'immondices que les tombereaux de la nuit apportaient incessamment ; cet amas de boues et de fumiers de tous genre était entassé dans les étages inférieurs. A l'étage supérieur, et sur les chiffons du maître de la maison, étaient couchés pêle-mêle, au nombre affreux de deux ou trois cents, des voleurs, des forçats, des filles de joie ; celles-ci ivres-mortes, celles-là qui avaient à peine mangé une bouchée de pain ; ceux-ci qui venaient de voler, ceux-là qui attendaient l'ordre des chefs ; là ils dormaient entre toutes les abominations de la ville ! — Les voilà tous, dit l'officier de police ; qu'en dites-vous, monsieur le docteur? et quel parti le bon Dieu lui-même pourrait-il tirer de ces pourritures?

— Monsieur, s'écria ce digne homme, au bon Dieu rien n'est impossible. De ce fumier fécondant vont naître les fruits et les fleurs ; avec ces haillons crapuleux, on va faire un beau papier sur lequel l'enfant écrira plus d'une lettre à sa mère ; noble papier, à qui le poëte confiera ses plus chastes vers ! Et vous ne voulez pas que de ces âmes avilies, de cet amas de hontes et d'impuretés, mais aussi de souffrances et de misères, de cette boue où se peut retrouver une étincelle de Dieu, de ces fronts où se trouverait encore la trace éternelle de l'eau du baptême, vous ne voulez pas que Dieu tire une âme à son image ! — Monsieur le docteur, répondit l'officier, c'est une rude tâche que vous entreprenez là ; mais je m'incline devant vous.

Quant à notre flâneur, voici une terrible histoire que lui avait racontée son père pour empêcher son fils de flâner, ce qui n'a rien empêché. C'était à Paris (toujours à Paris!) en l'an de terreur et de meurtre 1792 ; en ce temps-là, l'échafaud était bâti, non pas planté sur la place de Grève : il était là en permanence, il servait tous les jours à plusieurs tombereaux de victimes ; la place était marquée par une mare de sang humain, le sang le plus noble et le plus illustre de cette malheureuse nation. Certes, il fallait pousser bien loin la passion du vagabondage pour aller chercher les aventures d'un oisif, même sur la place de Grève, à minuit ; ainsi fit pourtant le flâneur, qui fut le père de notre flâneur. Dans ces parages sanglants, tout était nuit et silence : au ciel, la lune jetait une lueur rouge ; sur la place, la lugubre machine dressait ses deux bras impitoyables ; le couteau tout aiguisé brillait là-haut d'une façon aiguë et avide..... Notre homme, perdu autour de ces planches funèbres, cherchait vainement à se tirer de cet affreux endroit, il y revenait toujours. A la fin, cependant, il venait de découvrir le sombre guichet de l'Hôtel-de-Ville, et il allait le franchir pour s'enfuir au plus vite, lorsqu'il découvrit, assise sur la borne froide, une belle jeune fille de vingt ans à peine, toute nue, moins un linceul de mort dans lequel s'enveloppait ce beau corps. La lune, projetant sa clarté funèbre sur cette pâle figure, en montrait les nobles contours ; on eût dit un marbre froid, muet, immobile. A cette vue, le premier mouvement de l'homme fut de rebrousser chemin et de s'enfuir au plus vite ; mais il fallait repasser devant l'échafaud, et les forces lui manquaient autant que le courage. D'un autre côté, comment faire pour franchir cette voûte que défend le doux fantôme ? A la fin, notre homme s'enhardit, il approcha de cette belle personne, et, sans lui rien dire, il la prit par la main... Cette main était glacée. Cependant le fantôme se leva et se mit à marcher ; ils s'enfoncèrent ainsi sous le guichet. Pendant ce temps, un nuage passa qui effaça toute lumière dans le ciel : le jeune homme et le fantôme marchaient toujours.

Le jeune homme arriva ainsi jusqu'à la maison, tenant toujours cette main froide et sans pouls, qui ne s'était pas réchauffée sous son étreinte. Ils gravirent en silence les soixante marches qui conduisaient à la chambre à coucher ; le fantôme se laissa tomber sur un fauteuil, mais si doucement, qu'à peine si la plume se courba. Alors voilà le jeune homme éperdu qui allume la bougie ; la bougie jette un pâle reflet, comme si elle brûlait sur un tombeau. Cependant le feu est allumé, un peu de vin est placé sur la table ; sur les épaules de son étrange compagne, le jeune homme jette une mantille oubliée chez lui dans des jours plus heureux... La mantille glisse sur cette épaule luisante, et alors le jeune homme put remarquer sur le cou de cette fille pâle un ruban noir.

Qu'elle était belle ainsi ! Sa tête était fixe et fière, ses yeux étaient grands et tout bleus, ses belles mains contenaient à peine un jeune sein de vingt ans ; de chaque côté de sa tête tombaient de longs cheveux qui l'entouraient comme un manteau virginal. Il était seul au monde, en effet, et elle-même elle était seule. Peut-être que sur cet échafaud, au pied duquel il l'avait rencontrée, elle avait vu périr sa famille tout entière. — Oh ! lui disait-il en se mettant à deux genoux, parlez-moi, parlez-moi ! D'où venez-vous ? qui êtes-vous ? La peur vous a ôté la parole ; rassurez-vous, vous êtes chez un ami, chez un frère ; vous êtes en sûreté dans ma maison, dans la vôtre. Répondez-moi, répondez-moi ! Et comme elle gardait le silence, il reprenait avec plus de violence que jamais :

— Si vous saviez comme vous êtes belle! si vous saviez que je serais heureux et fier de mourir pour vous! Oh! je vous aime! Je suis un insensé, peut-être, sans doute vous portez un des grands noms de l'histoire, et moi je ne suis qu'un vil plébéien; mais encore une fois, sachez que je suis votre esclave, que je veux vivre pour vous, que je veux mourir pour vous. Dites-moi votre nom, et si votre père n'est pas mort, nous le retrouverons; dites-moi votre nom, et s'ils n'ont pas égorgé votre mère, nous la retrouverons. Pauvre enfant que vous êtes, si jeune! Dites-moi votre nom, j'irai le dire demain à la reine, qui est à la Conciergerie, à madame Élisabeth, qui est au Temple, et je vous rapporterai leur bénédiction demain. Dites-moi votre nom! dites-moi votre nom!

Jusqu'alors la jeune fille était restée immobile; mais au nom de la reine, au nom de madame Élisabeth, dans ce corps inanimé, un soudain frémissement se fit sentir. La jeune fille porta son doigt au ruban noir qui était à son cou, et elle fit signe qu'on le déliât.

Le jeune homme obéit. O surprise! ô terreur! Le ruban délié, la tête de cette enfant roula à ses pieds : cette tête avait été tranchée, le matin même, par le bourreau!

XXVIII

L'INSTITUT

<—>

Je lisais mon livre à un mien voisin, un Yankee qui n'a jamais quitté les hautes terres. C'est un homme moitié loup et moitié renard, casanier et plein d'esprit, qui me disait : — Avouez avec moi que vous êtes bien difficile à suivre ; vous marchez au hasard comme un cheval indompté ; à peine êtes-vous entré dans cette grande ville parisienne, dont vous nous donnez une assez bonne idée, que tout d'un coup vous tombez en arrêt sur le palais des Tuileries, et une fois là, il nous est impossible de vous en faire sortir. Mon cher, ce n'est pas là ce qui s'appelle voyager. Puisque vous me racontez votre excursion, il est nécessaire que vous me conduisiez, pour ainsi dire, par la main, à travers cette ville immense. Je veux, grâce à vous, et sans sortir de ma maison, parcourir ces ponts, ces rues, ces quais magnifiques, ces ruelles abominables, tout ce luxe et tout ce vice, et avoir enfin quelques-uns des mystères de la grande cité. Prenez donc en pitié mon ignorance, et puisque vous êtes à Paris, parlez-moi de Paris.

A quoi je répondis, non pas sans me tenir à deux mains, pour ne pas me défendre trop vivement : — Mais, mon cher voisin, Paris n'est pas seulement un assemblage de maisons, de palais, de temples, de fontaines ; c'est aussi un entassement de passions et d'idées. Le temps n'est plus où le voyageur croyait sa tâche accomplie quand il avait dit à son lecteur : *La Bourse est un grand monument situé au bout de la rue Vivienne.* — Il faut aujourd'hui, à propos de la Bourse, par exemple, raconter, non pas comment sont faites ces murailles, mais quelles passions habitent ces murailles, et comment s'y font et s'y défont toutes ces fortunes passagères. Votre description ! que voulez-vous que j'en fasse ? Le peintre et le graveur auront toujours plus d'esprit que moi. Ce que je décris, ils vous le montrent ; ce que je dis à vos oreilles, ils le placent sous vos regards. Ce voyage se divise en deux parties, la ville extérieure et la ville intérieure, les murailles et les habitants, les maisons et les mœurs. Laissez-moi donc, cher voisin, vous raconter à ma guise ce que j'ai vu et entendu et compris dans cette ville immense. Dieu me préserve que je sois jamais assez complet pour vous ôter l'envie de voir Paris quelque jour !

Du même pas je conduisis mon voisin dans un lieu savant et littéraire dont il n'avait guère entendu parler : je le menai à l'Institut de France. D'abord il fut émerveillé de ce Louvre qui s'en va retrouver le Jardin des Tuileries et l'Arc-de-Triomphe. Il admira tout à l'aise le vaste panorama qui s'étend à droite et à gauche, une fois que vous avez mis le pied sur le pont des Arts : ici la statue de Henri IV, dominant fièrement le Pont-Neuf ; — là, quand votre regard charmé a franchi le pont du Carrousel et le Pont-Royal, s'étend jusqu'au Palais-Bourbon cet horizon immense dont le dôme des Invalides est le point culminant. — Marchez encore, traversez lentement ce pont de bois tout usé où quelques manœuvres malhabiles raccommodent des planches pourries. — Vous voilà bien près de l'Institut, mon frère. Les vieux lions de bronze à la gueule béante jettent une eau plaintive dans leur bassin de pierre... Il est une heure. C'est fête dans le palais des Quatre-Nations, comme on disait du temps du cardinal

de Mazarin. Rare fortune ! suivez la foule qui se précipite. Quand sonnera la deuxième heure, les portes du monument seront fermées, et l'Académie Française, en grand uniforme, procédera à la réception de quelque nouvel immortel.

Je ne suis pas venu de si loin pour me moquer des institutions les plus sérieuses de la France. A mon sens, c'est mal reconnaître l'hospitalité d'une nation, que de la diffamer dans son gouvernement, dans sa littérature ou dans ses mœurs. Laissons aux Français eux-mêmes cet abominable bonheur de se couvrir entre eux d'injures et d'outrages... Nous ferons mieux, nous autres : nous parlerons de toutes choses, et même de l'Institut de France, en toute humilité et en tout respect.

Je suppose qu'en votre chemin un homme hospitalier vous ait donné un billet d'entrée. — Vous entrez. — Des huissiers en grande tenue, l'épée au côté, la dentelle aux manchettes et au jabot, marchent devant vous et vous placent non loin de l'hémicycle sacré où se tiennent les membres des quatre ou cinq académies que contient cette enceinte. Déjà l'assemblée est nombreuse. Elle se compose des aspirants à ce difficile honneur, des plus belles dames de Paris, qui tiennent à se montrer dans cette enceinte savante, de quelques étrangers, comme vous et moi, et d'une douzaine d'esprits goguenards, venus tout exprès pour railler tout bas d'abord, et pour railler ensuite tout haut dans le monde, ce qu'ils auront raillé tout bas à l'Institut. A l'heure dite, car la docte compagnie sait très-bien que l'exactitude est la politesse des petits et des grands, s'ouvre une porte à deux battants. Soudain vous voyez défiler tous ensemble les membres des diverses académies. D'abord vous êtes ébloui, vous ne reconnaissez plus personne. Ils ont tous le même habit bleu doublé de vert, la même épée flottante, le même aspect modeste et réservé. Autrefois ils avaient tous la même tête chauve et luisante comme l'ivoire ; mais, depuis dix années déjà, les plus jeunes esprits on fait irruption parmi les vieillards, si bien qu'une des marques à quoi se peuvent reconnaître les académiciens, c'est celle-ci : beaucoup de cheveux noirs, ou bien, plus un seul cheveu, même blanc. — Nous ne parlons ici que de l'Académie Française. Nous laissons dans leur docte nuage toutes les autres, de peur d'encombrement. Certes, si l'utilité de l'Académie des Inscriptions ne nous est pas très-fort démontrée, non moins que l'utilité de l'Académie des Sciences Morales, à coup sûr nul ne peut mettre en doute les utiles travaux de l'Académie des Sciences. Mais le moyen de se reconnaître parmi toutes ces illustrations? Et puis, l'Académie-Française est la mère de toutes les autres. Elle est sortie tout armée du cerveau du cardinal de Richelieu ; elle est la fille du cardinal de Richelieu et de l'élection. Louis XIV l'a reconnue ; elle a reçu dans son sein toutes les gloires du dix-huitième siècle français. L'empereur Napoléon, malgré la peur que lui causait l'élection, qui est le principe sauveur de l'Académie-Française, s'en est occupé à ce point, qu'il a signé longtemps : *Bonaparte, membre de l'Institut;* seulement à l'Académie-Française il réunit toutes les académies présentes et à venir. *L'Institut*, cela veut dire la réunion de toutes les Académies. *L'Académie-Française*, cela veut dire les *Quarante,* le nombre primitif de l'Académie primitive. A tout prendre, c'est un des pouvoirs de l'État, c'est une grande force morale ; l'opposition de ce corps tout littéraire est comptée pour quelque chose ; appartenir à l'Académie-Française, c'est avoir un droit quelconque à siéger dans la Chambre des Pairs. Noble et intelligente idée, d'avoir fait une catégorie tout exprès pour les hommes qui vivent de leur intelligence et de leur esprit!

Telle est cependant la popularité de quelques-uns de ces hommes, que, même sous leur habit brodé, vous allez les reconnaître les uns et les autres, sans qu'il soit besoin qu'on vous les nomme. Cette tête immense, ce vaste front tout chargé de cheveux gris, cette attitude pensive et calme, à coup sûr, c'est l'illustre auteur du *Génie du Christianisme* et des *Martyrs*, c'est M. de Chateaubriand en personne. Cet homme, jeune encore, élancé et svelte, noble tête, fier regard, belles mains, cheveux grisonnants, c'est M. de Lamartine, le poëte des *Harmonies* et des *Méditations.* Ce regard qui pétille, cette petite tête animée, ce geste brusque et vif, ce sourire sans méchanceté, mais non pas sans malice, c'est M. Thiers. Voilà M. Guizot, à coup sûr ; vous pouvez le reconnaître à son air pensif, austère et grave. M. Molé, c'est ce gentilhomme bien vêtu qui ressemble un peu à M. de Chateaubriand. — M. Victor Hugo, c'est ce vaste crâne un peu dégarni, cette tête juvénile et joufflue. Et celui-là, qui est l'honneur, la joie, la force, l'enfant et la gloire de l'Académie, celui-là qui parle si bien au nom de tous, parole charmante, éloquence tout académique, vous l'avez déjà nommé, c'est M. Villemain lui-même. Il a fait ses premières armes dans cette enceinte ; à vingt ans, l'Académie avait déjà des palmes pour ce jeune homme. Elle se sentait déjà émue et charmée à l'entendre lui parler, en si beaux termes, de toutes les littératures des temps passés et des temps modernes. Aussi, dans les grands jours de ses solennités les plus choisies, dans ses discours au pied du trône, quand elle veut parler tout à fait le langage qui lui convient le mieux, quand elle veut annoncer dignement son dictionnaire, cette œuvre des siècles, toujours terminée et qui recommence toujours, l'homme que choisit l'Académie, c'est M. Villemain. — Et ce visage plutôt triste que gai, ce regard curieux, intelligent, ce sourire caché qui se montre en dedans, quel est donc le nom de cet homme? Cet homme, c'est celui qui a le plus amusé la France, c'est l'inventeur le plus fécond et le plus varié qui ait jamais tenu en suspens un immense auditoire. A lui seul, il a conclu plus de mariages impossibles que jamais n'en ont fait, à eux deux, Fenimore Cooper et Walter Scott ; à lui seul il a été toute la joie de la France pendant vingt années. Sa fortune a égalé la fécondité de son esprit. Son nom est devenu populaire en Europe, à ce point que ce nom-là, hors de France, on l'applique même aux œuvres que cet homme n'a pas signées. Cet homme-là est un improvisateur, c'est M. Scribe. Il est le roi du Théâtre-Français et de l'Opéra. Il règne au Gymnase et à l'Opéra-Comique. A cette place où vous le voyez assis, le père de la comédie dans le monde moderne, le seul homme qui n'ait pas son équivalent dans toutes les nations de l'antiquité, Molière lui-même, n'a jamais pu s'asseoir.

Ne craignez rien, regardez toujours autour de vous, et regardez hardiment. Tous ces messieurs-là savent très-bien qu'on ne vient à leur assemblée que pour les voir, qu'ils sont là tout exprès pour qu'on dise : Qui sont-ils? Ceux qui savent encore le latin (plus d'un ne l'a jamais su) se répètent tout bas le vers du poëte où il est dit : « C'est une belle chose d'être montré du doigt dans une foule, et d'entendre demander : qui est-il? »

At pulchrum est digito monstrari et dici : Hic est ?

Donc, puisque cela vous plaît, je vous dirai que vous avez déjà vu celui-là à la Chambre des Députés; c'est M. Dupin en personne. Et cet autre si jeune, regardez-le; c'est pourtant notre bonne terre d'Amérique qui a fait de ce jeune homme un député, un membre de l'Académie Française! Oui, certes, c'est M. de Tocqueville, l'auteur de ces quatre gros volumes qui ont si fort agité l'Amérique Sans nous, pourtant, ou bien, tout simplement, si avant lui nous nous fussions donné la peine d'expliquer les mystères de notre constitution, M. de Tocqueville ne porterait pas encore la palme verte... Si seulement il avait commencé son livre par ses deux derniers volumes!... — Tenez, en fait d'académicien, cet homme un peu voûté, d'une figure si intelligente et si bonne, cet homme qui n'écoute pas, qui ne voit rien, — qui tient à la main deux ou trois volumes reliés en vieux maroquin, celui-là, tout autant que M. Villemain lui-même, est un véritable académicien d'Académie. Il sait la grammaire comme un enfant au sortir de ses classes; il a lu, par plaisir, et comme vous liriez un roman frivole, tous les dictionnaires qui ont été imprimés en France depuis le commencement des dictionnaires; esprit fin, style clair et net, critique distingué, âme candide, homme de bien, le plus savant littérateur de ce temps-ci : M. Charles Nodier, pour tout dire. — Non loin de lui, cet homme qui se tourmente et qui s'agite, qui va vous lire une fable tout à l'heure, et une fable où le sel est jeté à pleines mains, est un homme que toutes les forces de l'esprit français ont voulu rendre ridicule, et qui a échappé au ridicule par un miracle, comme on échappe d'un vaisseau qui brûle en pleine mer. Cet homme s'est sauvé à force de courage. Il a abordé de front les railleurs, et il leur a montré qu'il savait être vrai, sincère, loyal en toutes choses, sans compter qu'il a de bons petits moments d'esprit, de verve et d'invention. Il s'agit de M. Viennet. — Tant il est vrai qu'en France il ne faut jamais désespérer des gens de cœur.

J'en oublie un qui est, à coup sûr, un homme d'un rare esprit, un poëte populaire, qui le premier a rompu en visière avec la littérature de l'Empire; esprit fécond, ingénieux et habile arrangeur des idées communes; style limpide, poésie courante : j'ai nommé M. Casimir Delavigne, homme heureux celui-là, à qui le succès est venu de lui-même, qui n'a jamais couru après la fortune littéraire, mais au contraire l'a-t-il trouvée assise à sa porte, qui lui a dit : « Soyez le bienvenu, mon fils ! » Voilà un homme. Il s'est inspiré toute sa vie des plus nobles instincts de la France, des plus honnêtes amours. Il a rendu l'honneur à Jeanne d'Arc, sa popularité à l'empereur Napoléon. Aux premiers jours de la Révolution de Juillet, quand le besoin d'un chant populaire s'est fait sentir, c'est M. Casimir Delavigne qui a improvisé *la Parisienne*, cette sœur cadette de *la Marseillaise*. A ses côtés vous pourrez voir plusieurs héros de la littérature vaincue et dépassée. M. Jouy, l'auteur des *Ermites*; M. Dupaty, qui a écrit tant de beaux petits vers ; M. Ancelot, porté à l'Académie par ses vaudevilles. Tant d'ombre d'un côté, de l'autre côté tant de lumière ! Quels éléments divers ! que de contrastes ! que d'esprits opposés ! que de batailles ces gens-là vous représentent ! comme ils se sont haïs et méprisés avant que d'être dans cette enceinte toute remplie d'accouplements étranges ! Confusion des confusions, et tout est confusion !

Cependant la lecture commence. Le nouvel académicien a composé un long discours dans lequel son but est d'expliquer d'abord le talent et le caractère de l'académicien qu'il remplace, et ensuite d'expliquer ses propres ouvrages, et par quelle suite d'idées il est parvenu lui-même aux honneurs académiques. Entre ce double but, l'orateur trouve ordinairement le moyen de s'abandonner à toutes les divagations qui rentrent dans son sujet. De cette hauteur académique où nul ne le peut contredire, il juge les faits et les hommes ; il s'abat avec la même facilité sur la politique et sur la littérature. — Il est plus souvent un homme politique qu'un homme littéraire ; car cela plaît aux romanciers et aux poëtes par métier, de quitter, au moins une fois dans leur vie, les sentiers battus, et de donner à l'histoire moderne, à la politique d'autrefois, des arrhes d'habileté, de sagesse et de prévoyance. Un bon discours académique dure ordinairement trois quarts d'heure, un heure tout au plus ; après quoi, et quel que soit l'orateur qui parle, l'assemblée n'écoute plus guère ce qu'on lui dit.

Quand le discours du nouveau venu est achevé, un autre académicien se lève pour lui répondre. L'usage veut alors que le nouveau confrère qui vient de se livrer à toute son humilité naturelle, soit relevé dans sa propre estime et dans l'estime de ses confrères. On lui démontre alors avec toutes sortes de ménagements, qu'il a grand tort de faire si bon marché de sa gloire, qu'il est tout au moins le digne confrère des hommes illustres qui l'entourent. On lui exprime à lui-même son propre génie, et enfin on ajoute que l'Académie compte beaucoup sur la nouvelle force qui lui arrive là. Ceci dit, à moins que la séance ne soit embellie de quelques vers extraordinaires, un petit conte, une innocente fable, une épigramme sans malice, l'assemblée se sépare comme elle s'est réunie, dans le même ordre ; et vous jugez que ce n'est pas une chose médiocre, en passant devant l'hôtel de la Monnaie, fière maison où se fabriquent tout l'or et tout l'argent du royaume, de dire à l'hôtel des Monnaies : « Tu peux frapper un million en un jour, passagères et périssables richesses que tous les cent ans il faut remettre au creuset ! Mais ce que tu ne feras pas avec toute ta puissance, l'Académie vient de le faire devant nous tout à l'heure : elle a fait un Immortel ! »

XXIX

LE QUAI AUX FLEURS

<+------>

Puisque vous êtes en si beau et en si bon chemin, laissez la foule s'écouler en faisant son petit commentaire sur toutes les belles choses qu'elle vient d'entendre. Profitez de ce dernier moment pour contempler encore quelques-uns de ces hommes dont on vous dira, à votre retour : L'avez-vous vu ? M. Arago, M. Geoffroy-Saint-Hilaire, M. Ingres, M. Spontini, l'illustre auteur de la *Vestale*. — A l'Institut ne cherchez pas le poëte Béranger; il est dans toutes les mémoires, mais vous ne le rencontrerez nulle part dans cette grande ville, qu'il a ranimée au feu de ses chansons. Il n'y a pas longtemps encore, dans cette même foule, vous eussiez demandé à contempler trois hommes bien différents, M. de Sacy, M. de Talleyrand, et Georges Cuvier.

Et quand enfin votre curiosité est satisfaite, ne repassez pas le pont des Arts, abandonnez le pont des Arts à messieurs les membres de l'Institut, qui prennent le plus long chemin pour aller à l'Académie, qui prennent le plus court chemin pour en revenir. Puisque aussi bien nous sommes arrivés à ce bel endroit de la ville, tournons à gauche, et à cent pas de là vous trouverez le Pont-Neuf. Le Pont-Neuf, c'est le grand chemin de la ville de Paris. Il est le premier lien qui ait rattaché l'une à l'autre les deux rives de cette ville immense. Sur le Pont-Neuf, on a calculé que si vous restiez huit jours à regarder ceux qui passent, vous rencontreriez à coup sûr l'homme que vous cherchez. Sur ce pont a passé en revue toute l'histoire de France dans ses divers appareils. Là se vendaient les pamphlets contre le cardinal Mazarin, les chansons contre Louis XIV, tant que Louis XIV a permis que l'on chantât des chansons contre sa personne. Sur un coin de cette presqu'île est née la comédie, non pas encore la comédie de Molière, mais déjà la comédie de Tabarin, le charlatan du Pont-Neuf. Encore à cette heure, quand tant de ponts ont été jetés sur la Seine, quand à chaque pas vous rencontrez : le pont Louis-Philippe, le pont des Arts, le pont du Carrousel, le Pont-Royal, le pont de la Chambre des Députés, le Pont-Neuf est encore et sera longtemps encore le passage le plus fréquenté de la foule, le favori du peuple de Paris, que le peuple de Paris a placé sous le patronage du roi Henri IV, son vieil ami. De tous les côtés, de toutes ses issues, le Pont-Neuf conduit à quelque chose. Il menait autrefois les condamnés à la Grève, il mène encore les plaideurs au Palais-de-Justice, les accusés à la prison de la Conciergerie, les suspects à la Préfecture de Police, les pairs de France au Luxembourg. Autrefois, quand Paris tout entier vivait par l'intelligence; quand tout ce qui était la tragédie, la comédie, l'éloquence, la satire, était le sujet inépuisable de la conversation universelle; quand Voltaire régentait le dix-huitième siècle tout entier du haut des planches de la Comédie Française; quand le café Procope était comme une espèce de Chambre des Députés, dont les arrêts ne voulaient pas d'appel, le Pont-Neuf était beaucoup plus fréquenté même qu'il ne l'est aujourd'hui. A certaines heures, vous eussiez pu voir aller et venir, dans tous ces sentiers de la philosophie et de la rébellion, tous les beaux esprits qui ont bouleversé ou affranchi le monde. Tantôt, ou tout à la fois, c'était Diderot, d'Alembert, Fréron, Condorcet, Piron, Beaumarchais, l'Encyclopédie tout entière qui passait là, mèche allumée, enseignes déployées, sans compter le poëte Gilbert, qui fut porté du café Procope à l'hôpital. Aujourd'hui, grâce aux deux Chambres, grâce à la presse périodique, grâce à la liberté qui a pénétré dans les esprits et dans les mœurs, on ne connaît plus à Paris ces assemblées de beaux esprits à toute heure de la nuit et du jour, ces révoltes de café, ces révolutions de coulisses, ces conspirations de parterre. Aujourd'hui, le Pont-Neuf ne conduit plus au Théâtre-Français, ouvert à toutes les passions de cette heure solennelle ; il conduit à un théâtre fermé qu'on appelle l'Odéon ; et enfin, ô révolution ! presque en face de la place de Grève, si longtemps couverte d'échafauds et de sang, le Pont-Neuf va vous conduire, si vous voulez, au Marché-aux-Fleurs.

Un marché aux fleurs dans Paris, tout à côté du Palais-de-Justice, non loin des rues fangeuses de la Cité, où le vice, le crime, la prostitution, la boue et le sang ont fait élection de domicile ! Un marché aux fleurs tout près de ces immondices, filles de joie, forçats libérés, assassins, faussaires exposés sur l'échafaud !... La chose est ainsi cependant. Ce sont là de ces contrastes singuliers que l'on ne rencontre qu'à Paris. Ainsi donc, venez saluer avec moi la rose des quatre-saisons, et la tulipe printanière, et le laurier-rose, et les modestes violettes, modestes hier encore, mais qui s'étalent aujourd'hui dans toute leur fraîcheur pour rencontrer un acheteur. Venez ; vous trouverez, dans ce parterre improvisé, la fleur des champs à côté de la fleur de serre-chaude, les lilas odorants et le magnolia à grandes fleurs, le pot de réséda à six sous et l'orgueilleux camélia, l'honneur et l'éclat des soirées de l'hiver. En ce lieu, vous voyez arriver, de toute la vitesse de ses chevaux, la noble dame du noble faubourg. Cette dame, déjà vieille, n'a conservé de tous ses amours évanouis qu'un grand amour pour les fleurs. Rien ne peut plus lui plaire ni l'amuser. Pour elle, la plus belle musique n'est qu'un vain son perdu dans l'air, le plus beau tableau de Rubens ou du Titien n'est que mélange et confusion de couleurs passées, les poëmes n'ont plus un vers qui parle à son âme, les bals et les fêtes la trouvent ennuyée et fatiguée à l'avance, la parure même lui déplaît. Bien plus ! la causerie, la causerie parisienne, qui est la joie et le triomphe de ces beaux esprits féminins, a perdu tout son charme, sinon toute saveur, pour cette pauvre femme. Elle n'aime plus rien, elle ne veut plus rien aimer ; mais cependant elle aime encore ces belles fleurs, elle s'enivre encore de ces odeurs douces et suaves ; elle sait tous les noms de la *flore parisienne*, elle reconnaît le plus petit brin d'herbe cueilli dans les champs. O les blanches marguerites ! O le serpolet odorant chanté par La Fontaine ! O la pervenche aimée de Jean-Jacques ! O les frais gazons d'autrefois, dans mon enfance, quand le vieux parc de mon père me couvrait de son épais ombrage, pendant que le cygne du lac glissait lentement sur les ondes pour venir saluer l'enfant de la maison ! Pauvre femme ! voilà ses rêves. Son enfance a passé, comme vont passer ces belles fleurs ; sa jeunesse s'est évanouie, comme s'en ira bientôt le parfum du lis, la fleur des rois de France.

Que sont devenues ces belles années et ces amours qui ne devaient pas finir? Et cette beauté éternelle, comment s'est-elle enfuie à tire d'aile? Plus rien n'est resté dans le cœur de cette femme, que l'ambition. Plus rien n'est resté que les regrets du passé. En même temps, la croyance n'est pas encore venue : la pauvre malade n'a pas pu se résigner à prier Dieu en toute humilité d'esprit et de cœur. C'est donc au milieu des fleurs que notre Parisienne vient chercher les seules émotions qui lui soient restées douces et charmantes. Mais aussi, avec quel soin elle les étudie! avec quel bonheur elle les emporte! Et, à peine rentrée, quelle belle heure employée à en couvrir les murs de sa maison!

Tout au rebours de la grande dame parisienne qui n'aime les fleurs que lorsqu'elle n'a plus rien à aimer, la grisette de Paris aime les fleurs quand elle n'aime rien encore. Celle-ci commence comme celle-là finira. Il n'est pas dans tout Paris, dans ces sombres hauteurs, dans ces mansardes glaciales et brûlantes où le moineau domestique ose à peine prendre son vol, tant il a peur d'avoir le vertige, une seule fille de Paris, pauvre et seule, qui ne vienne au moins une fois par semaine à ce quai aux Fleurs, pour jouir du printemps et du ciel. La pauvre fille de Paris, qui gagne sa vie par un travail acharné, à qui une heure perdue enlève un morceau de pain de la journée, n'a pas le temps d'aller chercher bien loin la verdure et le soleil. Et comme ni la verdure, ni le soleil, ni l'éclat de la fleur, ni le chant de l'oiseau, ne viennent la trouver dans les affreux recoins où elle cache ses seize ans, c'est elle-même qui s'en va à la recherche du printemps et du soleil. Rien n'est joli à voir comme cette pauvre enfant à peine vêtue qui vient acheter tout un parterre dans un pot. Elle s'arrête longtemps craintive, indécise, curieuse ; elle voudrait tout voir, tout emporter, tout sentir. Elle admire ces formes, ces couleurs, cet indicible parfum, elle est ravie! A la fin, cependant, il faut bien en finir avec cette acquisition si longtemps rêvée. La pauvre fille s'avance d'un pas timide. —

Madame, dit-elle, combien vos fleurs? Vos fleurs! C'est le plus souvent un brin de réséda qui donne à peine des espérances. A ces mots, la fleuriste sourit d'un air de bonne humeur. De toutes les braves femmes qui gagnent leur vie à acheter et à vendre, la fleuriste est sans contredit la conscience la plus honnête et la bonne foi la plus loyale. Elle vend cher aux riches, elle vend à très-bas prix aux pauvres. Elle s'est dit à elle-même qu'elle devait encourager une si honnête passion, et qu'il vaut mieux pour une jeune fille acheter une fleur qui pare sa chambrette, qu'un ruban qui la pare elle-même. Aussi vend-elle son pot de réséda ou de pois odorants presque pour rien. Et alors la jeune grisette s'en va, plus heureuse et plus triomphante que si elle avait acheté par-devant notaire tout un domaine. La voilà leste et pimpante qui emporte son domaine entre ses deux bras, et elle chante! Et pendant huit jours ce sont des fêtes intimes, des joies innocentes ; on arrose le doux arbuste le matin et le soir, on lui chante ses plus naïves chansons ; on cherche, pour l'abriter, quelque bonne petite place sur le toit, à côté de la cheminée qui le protége contre le vent du nord. Au premier rayon de soleil qui se fait jour dans ces tristes murs, la fleur est exposée à cette pâle et tremblotante lueur ; au premier vent du nord, la fleur est renfermée avec soin dans la chambre, et alors l'aimable fille, pour protéger son parterre, fait ce qu'elle n'a pas fait pour elle-même ; elle empêche l'air de pénétrer par la porte mal jointe, par la fenêtre entr'ouverte, par la cheminée sans feu et sans flamme. Vains efforts! charmants efforts! D'abord l'humble plante, reconnaissante de tant de soins, jette çà et là quelques chétives feuilles qui font sauter de joie l'heureuse propriétaire de ce domaine d'un demi-pied ; après la feuille, la fleur se montre parfois, non pas la fleur, mais une espérance. Alors la grisette bat des mains. « Venez, dit-elle à ses voisines, venez voir comment fleurit ma pervenche! » Mais à ces premières annonces printanières s'arrête ordinairement toute cette espérance fécondante ; la nuit et le froid sont plus puissants que le zèle et l'ardeur de cette jeune fille : après un mois de lutte et de souffrance, la fleur se fane, elle languit, elle meurt, ce n'est plus que l'ombre d'une ombre. On la pleure ; on se dit à soi-même que, cette fois, on renoncera à tant de vaines joies. Mais le moyen d'étouffer l'espérance dans les jeunes cœurs ? Quand elle a bien pleuré, la jeune fille recommence un autre essai inutile comme le premier, jusqu'à ce qu'enfin cette honnête passion soit remplacée par une passion moins honnête. Alors, adieu les fleurs, adieu les doux parterres que l'on cultivait avec tant de soins et tant de peines ! Voilà la jeune fille qui est entrée dans toutes les mauvaises passions parisiennes. Il ne s'agit plus de fleurs, de rosier dans sa caisse verte, de modestes violettes dans leur pot de terre, de grimpantes capucines à la fenêtre : il s'agit de vivre un jour, une heure, de la vie des belles, des riches, des adorées ; après quoi, le monde peut finir, et nous retomberons volontiers, non pas dans l'heureuse et innocente misère des premiers jours, mais dans la misère sans fleurs, sans espérances, sans soleil ; la misère de la borne et du marchand de vin. Pauvres filles ! et comme il faut les plaindre ! Et que le ciel est bon pour elles quand il leur envoie, à dix-huit ans, quelque belle et douce mort qui les emporte ! Alors, en effet, la grisette parisienne meurt innocente, honorée, fêtée, pleurée ; son père lui ferme les yeux d'une main tremblante, sa mère l'ensevelit en pleu-

rant, ses compagnes la viennent prendre et entourent son paisible cercueil. Mais quelle ville est-ce là, juste Ciel? Une ville où, pour la jeune fille qui est pauvre, il n'y a pas d'autre chance d'honneur et de bonheur que de mourir avant vingt ans!

Encore une fois, Paris est plein de ces contrastes. Voulez-vous des crimes? on va vous en fournir d'épouvantables. Voulez-vous de douces et charmantes vertus? il y en a des plus charmantes. Dans ces murs se succèdent, sans fin et sans cesse, les images les plus gaies et les plus tristes, les prières et les blasphèmes, le gibet et les fleurs. Ce n'est pas une ville, c'est tout un monde. Les jours d'émeute, quand on s'égorge dans quelque carrefour isolé, le reste de la ville va à l'Opéra sans se douter de tout le sang qui coule aux alentours. On m'a raconté, même à ce propos, que le dernier jour de la Révolution de Juillet, quand le canon grondait encore, quand les pavés étaient soulevés comme autant d'âmes en colère, deux hommes en chapeaux gris se rencontrèrent sous les arches du Pont-Neuf. L'eau était claire et limpide comme une eau qui n'a pas travaillé depuis trois jours; l'arche du pont jetait une ombre favorable sur la tête de ces deux hommes; chacun d'eux tenait une ligne à la main. A les voir ainsi heureux, calmes et tout occupés de leur passion innocente, qui eût pu dire que sur la tête de ces deux hommes venait d'être renversé et brisé en mille parcelles brûlantes, le trône le plus auguste et le plus respecté de l'univers?

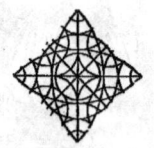

XXX

ÇA & LA.

<—>

Non, certes, et vous vous en êtes déjà bien aperçus, nous ne sommes plus dans le beau quartier de la ville; nous sommes entrés dans le Paris sérieux et pauvre : c'est le lieu solennel où sont réunis, dans un centre commun de gêne et de menace, la Conciergerie, le Palais-de-Justice, la Préfecture de Police. Là on ne rit plus, on ne jette plus sa vie dans tous les heureux loisirs de la fortune et de la jeunesse ; c'est une autre ville, c'est un autre peuple. *L'Hôtel des Princes* est remplacé par d'horribles maisons garnies, la table splendide par d'affreux cabarets où l'on dîne à vingt sous, l'Opéra ou la Comédie Française par une ou deux cavernes où l'on hurle le mélodrame chanté. C'en est fait, plus d'élégance, plus de beaux chevaux, plus de parure, plus rien de la fête éternelle. Les jeunes gens eux-mêmes que vous rencontrez sur votre chemin, ils ne ressemblent pas aux jeunes gens de Tortoni et des boulevards; autant ceux-là sont bien parés et bien vêtus, autant ceux-ci paraissent abandonnés à eux-mêmes ; c'est qu'en effet, à l'heure présente, vous avez gravi à votre insu la docte montagne, vous avez franchi les hauteurs savantes de la rue Saint-Jacques, vous avez frôlé l'Hôtel-Dieu, le collége de France, la Sorbonne, la vieille église de Saint-Benoît-le-mal-Tourné, *Ecclesia sancti Benedicti male versi*; et, en effet, Saint-Benoît-le-mal-Tourné, on peut le dire, puisque de la charmante église on a fait un théâtre de vaudevilles. Ainsi vous voyagez au beau milieu du vieux Paris ; ici l'École de Médecine, plus haut l'École de Droit, un peu plus haut l'École Polytechnique, trois écoles qui résument à elles seules toute l'occupation de la jeunesse française.

L'élève de l'École Polytechnique, vous le reconnaîtrez à son bel uniforme, à l'épée qu'il porte fièrement au côté, à ce profond coup d'œil qu'il jette sur tout ce qui l'entoure. Il est l'enfant de ses œuvres : avant que d'arriver à l'honneur de porter cet habit, il lui a fallu bien des soins, bien des travaux acharnés, bien des nuits sans sommeil. Il est à la fois un militaire et un citoyen. Il n'a que deux ans devant lui pour compléter sa fortune, et si veut le malheur qu'il ne soit pas jugé digne de prendre rang dans un des emplois que l'État destine à cette École, c'est un homme perdu : ses longues études lui deviennent inutiles, ses difficiles travaux sont des travaux sans résultat; il en sait trop pour obéir, il en sait trop peu pour commander. De là toutes sortes de travaux et une sollicitude infinie pour l'élève de l'École Polytechnique. A proprement dire, il n'a pas de jeunesse : il sera jeune plus tard, s'il a le temps.

Nous ne pouvons guère en dire autant de l'étudiant en droit et de l'étudiant en médecine; ceux-là, tout au rebours, ils commencent tout de suite par être jeunes. Prend qui veut leur jeunesse, ils en font bon marché ; et, d'ordinaire, ce doux trésor se dissipe dans toutes sortes d'oisivetés : faciles amours, jeux de domino et de billard, bals à la Grande-Chaumière, duels, opposition politique et fumée de tabac.

Mais, la chose étrange ! quand notre étudiant a mené cette vie-là pendant deux ans, à l'instant même où l'élève de l'École Polytechnique va prendre son rang parmi les ingénieurs du corps des mines, dans les ponts-et-chaussées, à l'armée, dans le génie, aussitôt voilà le futur avocat qui jette aux orties sa pipe, sa maîtresse, le billard, les dettes, les folies, et qui se met à l'œuvre sérieusement. L'heure approche, il le sait, où il lui faudra vivre de son travail, gagner le pain de chaque jour, où la société lui demandera compte des sacrifices qu'elle a faits pour lui ; mais aussi, une fois à l'œuvre, notre jeune fou de tout à l'heure marche à pas de géant dans la science. Son attention réveillée se porte ardemment sur tous les mystères du Code Civil ; il étudie la nuit, il étudie le jour, il marche, il avance, il arrive. A la place de ce danseur effronté, de ce duelliste de pacotille, vous avez soudain un bon jeune homme modeste, savant et beau diseur. L'intelligence française est si vive, l'éducation première est si forte, cette société, où chacun paie de sa personne, est si bien faite pour mettre en relief les vertus et les vices, le talent et l'ignorance, qu'il faut, bon gré, mal gré, obéir à tant d'exigences publiques et privées. Ainsi, laissez crier et gémir les moralistes sur la prétendue dépravation de la jeunesse française, mais cependant ne désespérez jamais de ces vifs et ingénieux esprits, toujours prêts à faire, en moins d'une année de zèle et de persévérance, ce qu'on ne leur demande guère qu'au bout de trois ou quatre années d'assiduité, de patience et de travail.

Dans ce haut quartier du pays latin, sur ces hauteurs qui ont bien leur genre de beauté, et dont l'histoire est si remplie de savants et antiques souvenirs, vous rencontrez surtout deux monuments pleins d'intérêt et de curiosité, le palais du Luxembourg et l'hôtel royal des Invalides.

Traversons, s'il vous plaît, le palais et le jardin du Luxembourg ; nous nous y arrêterons un peu moins qu'aux Tuileries, car chacun de ces palais, c'est toute une histoire.

Le palais du Luxembourg est d'origine florentine ; ceux

qui n'ont pas vu le palais de Pitti, à Florence, vous racontent que le palais Pitti a servi de modèle au palais du Luxembourg, qui lui ressemble, en effet, comme la cataracte du Niagara ressemble à une borne-fontaine. Quoi qu'il en soit, le palais du Luxembourg est d'un aspect imposant et grandiose. Il se composait d'abord de deux pavillons, et il se compose aujourd'hui de trois pavillons ; car un troisième pavillon a été ajouté aux deux autres, pour qu'il y eût enfin une salle convenable quand la Chambre des Pairs, devenue Cour des Pairs, convoque des accusés à sa barre. Une galerie de tableaux des peintres modernes sert de lieu de promenade à messieurs les pairs ; la bibliothèque contient les plus nombreux et les plus savants traités de la science politique. Dans ce lieu, tout est grand, imposant, magnifique ; mais c'est surtout le jardin qui est une chose belle et populaire !

Une grande allée conduit à l'Observatoire de Paris, du haut

duquel règne et veille M. Arago lui-même; une double terrasse domine le jardin tout entier : cela est vaste, aéré, magnifique. Ces arbres sont aussi vieux que le jardin des Tuileries, le bassin est plus vaste. On dit que, dans l'été, rien ne saurait se comparer à l'admirable collection des œillets et des roses. Le jardinier en chef du Luxembourg s'appelle M. Hardy. C'est un savant homme, si jaloux de ses fleurs, que pas un pair de France n'en peut obtenir de bouture. Ce jardin du Luxembourg est habité par un monde à part. Dame! ce n'est plus le luxe, l'élégance, l'éclat, l'intrigue du jardin des Tuileries ; ce ne sont plus même les beaux enfants de ces races à part du faubourg Saint-Germain et du faubourg Saint-Honoré ; mais, au contraire, c'est le jardin du bourgeois, de l'étudiant, du père de famille, de l'artiste qui vient rêver à son tableau, du poëte qui vient y composer ses vers. Dans ce jardin du Luxembourg, chacun se connaît et chacun s'aime, même sans s'être jamais parlé; on se regarde avec bienveillance, tant on est sûr d'avoir éprouvé, dans ces mêmes allées, les mêmes joies et les mêmes angoisses. Que de jeunes filles sont venues rêver en ce lieu au mari que leur proposait leur mère! Que de jeunes gens qui se sont conté tout bas, sous ces arbres, les difficultés de la vie! Il y a un vieillard que le jardin du Luxembourg a pu voir, durant soixante années, chaque jour ; il a vieilli comme ont vieilli ces ormes qu'il a vu planter, et, mieux que personne, il peut vous dire, jeunes gens, qu'après tout, ce n'est pas tant la peine de s'inquiéter de l'avenir ! Vous voyez bien ce banc, au soleil, adossé à cette statue mutilée? sur ce banc venait s'asseoir, quand il était du monde, le plus grand disciple de Condillac, l'esprit le plus net et le plus philosophique de la France au XIX° siècle, M. de Laromiguière en personne. Là vous pouviez le voir, et même vous pouviez l'entendre, pour peu que vous eussiez été un de ses disciples. C'était l'esprit, c'était la grâce et la bonne humeur en personne ; il aimait ce métier de péripatéticien, et ce qu'il n'eût jamais consenti à répéter dans sa chaire, il le redisait très-volontiers, en plein Luxembourg, aux jeunes gens qui le suivaient. Le jardin du Luxembourg est peuplé ainsi d'hommes illustres que l'on ne rencontre que dans cette enceinte : ils sont chez eux, dans ce jardin ; ils y ont été apportés le lendemain de leur naissance, ils s'y promèneront encore la veille de leur mort. Aussi bien, dans ce lieu que protége ce palais politique, presque rien ne vient des bruits du dehors, sinon l'écho du collége de France et l'écho de la Sorbonne. Au Luxembourg, on ne lit guère que les vieux livres reliés en vélin, ou, mieux encore, en vieux maroquin rouge, Horace, Virgile, Démosthène, Bossuet, Fénelon, Pascal. Si donc, par hasard, quelque livre nouvellement épanoui dans son enveloppe beurre-frais vient à se montrer dans ces doctes allées, soudain c'est un *tolle* général ; on reconnaît avec indignation la livrée banale des cabinets de lecture. Haro sur le roman ! haro sur le poëme ! Chacun s'éloigne de ce mal-appris et le désigne du doigt. Le roman du cabinet de lecture dans le Luxembourg ! y pensez-vous ?

Tout au bout du jardin, quand vous avez franchi la grille que garde un vétéran de l'armée, vous vous trouvez soudain au milieu des plus féroces joueurs de boule qui soient au monde. Le jeu de boule, à Paris, est un grand jeu qui ressemble à une bataille : il faut avoir le coup d'œil d'un général et le bras vigoureux d'un soldat.

Jamais la victoire n'est assurée à cette bataille, où la force et l'adresse sont également nécessaires. La foule est là qui regarde, avide, muette, et plantée aux deux côtés des joueurs comme le serait une longue suite de points d'admiration. Même, un jour, à cette place, M. de Turenne se promenait ; un point était en litige ; M. de Turenne est pris pour arbitre : « Je crois que Monsieur a gagné, dit le héros, en désignant un des combattants. — Monsieur, répond l'autre, vous vous trompez ; c'est moi qui ai gagné ! » A ces mots, M. de Turenne met un genou en terre, il prend une paille qui était à terre, et, mesurant l'une et l'autre boule : « Vous voyez bien, dit-il, que c'est vous qui avez tort. »

Ainsi est fait ce peuple de France; il s'attache à ses grands hommes par le plus modeste côté de leur vertu. Il ne sait guère plus que confusément les batailles de M. de Turenne; mais jusqu'à la fin de l'histoire de France, vous entendrez raconter, comme une grande affaire, la contestation du jeu de boule. Henri IV, lui aussi, pourquoi est-il si populaire? ce n'est pas pour la bataille d'Ivry, c'est pour le pain qu'il a fait jeter dans la ville pendant qu'il l'assiégeait lui-même; c'est pour son vœu de la poule au pot tous les dimanches. En France, pour que la gloire soit aimée, il faut qu'elle soit aimable ou qu'elle soit malheureuse. En fait de gloire malheureuse, croyez-moi, n'allez pas plus loin, restez à la place où vous êtes, et regardez à votre gauche cette porte contre laquelle les plus intrépides joueurs osent à peine lancer leurs boules. Contre cette porte, où se voit encore la trace des balles, a été fusillé le maréchal Ney, l'enfant chéri de la Victoire. Il avait été condamné à la mort des traîtres par la Chambre des Pairs, qui voudrait bien déchirer de ses annales cette page de sang. Ni le courage de ce héros, ni ses belles actions dans tant et de si rudes guerres, ni la retraite de Moscou sauvée par lui, ni l'intérêt et la pitié, qui remplissaient toutes les âmes à l'aspect de cette grande infortune, rien ne put fléchir le roi Louis XVIII, qui tenait à cette mort comme à un point d'honneur. Le maréchal, devant ses juges, retrouva tout son vieux courage. On voulut plaider en sa faveur qu'il n'était point Français, il s'écria qu'il ne voudrait pas à ce prix-là d'une vie ainsi défendue. Il fut condamné; il fallut mourir! On le réveilla de bonne heure, comme si c'eût été le jour d'une bataille : « Allons, dit-il, je suis prêt! » Le cortége funèbre traversa silencieusement ce même jardin du Luxembourg que foulent, d'un pas léger, tant d'enfants joyeux sous les yeux de leurs mères. Arrivé à la grille, le cortége s'arrêta. « Halte! » On fit halte. Le maréchal alla de lui-même se placer à cette porte, et là, debout, les yeux non bandés, la main sur son cœur, il commanda le feu une dernière fois. A la première décharge, il tomba mort.

Des sœurs de charité qui passaient, les mains pleines d'aumônes, le cœur plein de bienveillance, vinrent ramasser ce brillant soldat, ce noble courage, ce glorieux débris de l'armée fran- mée française, un homme dont le nom valait des armées, et dont la mort n'a servi qu'à jeter une couleur sanglante sur les premières années de la Restauration.

XXXI

LE FAUBOURG SAINT-MARCEAU

<-->

Laissons là ces tristes souvenirs. Plus les villes ont vécu, et plus elles sont remplies de ces misères qu'on peut retrouver à chaque carrefour. Pour peu que vous prenne l'envie de courir après le drame, mon Dieu, rien n'est plus facile ; étendez la main, et dites-vous : — Par où je passe, ont passé un empoisonneur et un parricide ; — dans ces chemins, on a pendu, on a roué, on a brûlé des hommes ; — bien plus, on a brûlé des livres : ces témoins éloquents, ces dépositaires passionnés de la liberté, ont été lacérés par la main du bourreau. Songez donc que de guerres civiles, que de batailles religieuses, que d'émeutes, seulement depuis Charles le Simple ! Ne cherchez donc pas dans cette ville les misères emportées par le temps ; ne cherchez pas les ruines remplacées par des monuments d'hier ; ne cherchez pas l'esclavage passé : il a été effacé par la liberté présente ; mais, au contraire, dans ce Paris moderne, ne voyez que ce qui peut se voir. Ne remuez ni la boue ni le sang. Rappelez-vous que vous êtes un simple voyageur, et que vous passez sur une terre hospitalière. Levez les yeux! Cette haute tour fièrement assise sur sa base, c'est l'Observatoire de Paris. Là vit et règne, dans une contemplation que troublent malheureusement les discordes politiques, M. Arago en personne. Quelle vie singulière, incroyable! suivre à la fois le cours des astres là-haut, et là-bas le mouvement des passions populaires; avoir la tête dans le nuage, à côté des étoiles, et les pieds dans l'émeute; prédire les comètes errantes dans l'espace, et se laisser conduire par la faveur populaire, ce vent qui souffle au hasard!... Telle est la double vie de M. Arago. A cette double vie de la nuit et du jour, lui seul il peut suffire; lui seul il s'est trouvé en lui-même assez de santé, de force et de courage pour accepter complétement ce double labeur du savant et du tribun. Le beau royaume cependant, cet Observatoire, où il n'est question que du soleil et des astres! La belle vie, qui se passe à écouter le premier toutes les grandes découvertes! Et comment un pareil homme a-t-il consenti à faire de ces sublimes hauteurs l'antichambre de la Chambre des Députés?

Cependant, si vous faites quelques pas à votre gauche, vous arrivez à cette maison modeste qui se cache au milieu d'un vaste jardin; cette maison est à l'extrémité de la ville; toutes sortes de bruits l'entourent encore, rien ne la distingue des autres maisons; et cependant, même à travers cette grille fermée, vous comprenez, à votre insu, que le respect des hommes a entouré cette demeure plus que bourgeoise. Oui, certes, vous avez raison cette fois de les regarder avec intérêt, ces nobles murs : ils ont abrité le roi poétique de cet âge, le maître de l'Europe lettrée, un homme semblable à Goethe par son influence toute-puissante, mais d'un génie plus élevé; homme qui a relevé à lui seul l'idée chrétienne, abattue par tant de crimes et tant de sophismes; en un mot, cette maison, dont il a fait un hospice, a été bâtie et habitée par M. de Chateaubriand lui-même. Dans cette humble demeure, il est revenu à pied le jour où M de Villèle le chassa de l'hôtel des Affaires-Étrangères, sans se douter, l'imprudent! que M. de Chateaubriand parti, c'était au tour de la Restauration à partir! Dans cette maison, pendant quinze ans, M. de Chateaubriand a reçu les hommages et les respects de l'Europe tout entière. On dit que rien ne paraissait plus étonnant aux hommes d'État de l'Angleterre, par exemple, à ces hauts et puissants seigneurs dont toute la vie se passe à augmenter le luxe que leur ont transmis leurs ancêtres, que de voir M. de Chateaubriand travailler dans un cabinet en bois de chêne, sans meubles, sans livres, et presque sans feu. Mais s'ils étaient bien étonnés en 1829, ces opulents courtisans du génie, ils le seraient bien plus encore de nos jours, s'ils pouvaient savoir que cette maison dont il avait fait l'asile de tant d'infortunes, M. de Chateaubriand a été obligé de la vendre! Il avait déjà, non pas vendu, mais mis en loterie, il y a vingt-cinq ans, son beau parc de la Vallée-aux-Loups, une vallée qu'il avait découverte. C'était au plus beau moment de cette gloire poétique ; *Les Martyrs* et l'*Itinéraire de Paris à Jérusalem* étaient encore dans toute leur faveur ; eh bien ! ce fut en vain que M. de Chateaubriand mit sa maison en loterie, pas un billet ne se plaça ; à ce point que M. le duc de Montmorenci les prit tous. Et l'on dit que nous autres, les Américains, nous ne rendons pas au génie ce qui lui est dû de reconnaissance et de respect! M. de Chateaubriand eût mis sa maison en loterie à New-York, que pas un billet ne lui fût resté à la fin du jour.

Sous le même degré de longitude, vous rencontrez, non pas sans joie, le Jardin-des-Plantes, qui est, à proprement dire, la maison de campagne du Parisien ; même pour un ignorant voyageur comme moi, le Jardin-des-Plantes est le plus bel endroit qui soit au monde.

Ce ne sont que fleurs, gazons, arbres de tous les pays ; tigres, lions, panthères, ours de toutes couleurs. Au premier rayon du soleil, la girafe se promène dans ces beaux sentiers, l'éléphant noir vient faire ses ablutions dans la mare voisine, la famille des singes se précipite avec mille gambades dans son palais brodé à jour ; de beaux oiseaux, et les plus rares, chantent doucement leur plus belle chanson, Jamais, pour le plaisir des yeux, plus d'enchantements n'ont été réunis dans un plus heureux espace. Là, toutes les sciences naturelles sont également représentées ; là, les trois règnes de la nature se confondent dans un arrangement plein d'art, de goût et de science. Ce Jardin-des-Plantes, dont les commencements, sous le roi Louis XIII, ont été des plus modestes, a fini, grâce au génie de M. de Buffon et à la protection de Cuvier, par devenir une institution véritable. Le Jardin-des-Plantes, comme les plus grands rois de ce monde, se fait représenter au loin par ses ambassadeurs ; il envoie dans tout l'univers ses conquérants et ses gentilshommes ; il reçoit, de son côté, les envoyés des pays lointains, qui lui apportent humblement les produits de leurs mines, les arbres de leurs forêts, les fruits de leurs vergers, les fleurs de leurs jardins, les poissons de leurs rivières et de leurs mers. Ainsi, entre le Jardin-des-Plantes de Paris et le monde tout entier, s'est établi un perpétuel échange de tout ce qu'ont produit de plus curieux et de plus rare, de plus charmant et de plus terrible, la terre et le ciel. Un jour que J.-J. Rousseau revenait les mains chargées des plantes qu'il avait cueillies dans la campagne, il fut rencontré par les châtelaines d'une maison voisine, qui se mirent à rire du philosophe. « Mesdames, leur dit-il, ne riez pas ; j'ai les mains pleines de preuves de l'existence de Dieu. » Ce que disait J.-J. Rousseau d'une poignée d'herbes, à plus forte raison le peut-on dire du Jardin-des-Plantes, ce magnifique assemblage des preuves les plus magnifiques de l'existence de Dieu.

Rien n'est plus à contempler, pour un esprit bien fait, que ce beau jardin, posé là par une main bienfaisante : ce fut là une des bonnes idées de Louis XIII, qui n'a pas toujours été cet homme inquiet, sombre et sans volonté dont vous parlent les historiens. Le roi acheta, dans le plus affreux faubourg de Paris, une maison et quelques toises de terrain ; cette maison et ces quelques toises de terrain sont devenues tout un monde, univers chantant, varié, pittoresque, dans lequel ont passé, non pas sans y laisser leur trace de bienfait ou de gloire, les trois Jussieu, Buffon, Bernardin de Saint-Pierre, Redouté, le peintre charmant des plus belles fleurs, dont il a été le Van-Dyck et le Rubens ; Geoffroy-Saint-Hilaire, Cuvier, et dernièrement encore, ce hardi et savant jeune homme, Jacquemont, mort dans les Indes, victime de son zèle et de son courage. Certes, ce sont là de grands noms, des autorités souveraines ; et maintenant que le Jardin-des-Plantes a été respecté même par la nation de 1793, qui ne respectait rien ni personne, nul ne peut prédire à quels résultats immenses peut parvenir une telle institution. Au reste, M. Cuvier lui-même le savait bien, lorsqu'il disait un jour, devant un savant naturaliste de l'Angleterre : « Mon cher confrère, nous n'avons à cette heure que la carcasse d'une baleine ; mais laissez-nous faire, et nous vous creuserons, à cette place, un petit bassin d'eau salée, où vous verrez se jouer quelque jour un petit cachalot. »

Allons encore, allons toujours. Quand vous avez dit adieu à ce frais assemblage de toutes les plantes de la création, soudain vous vous trouvez en présence d'un affreux hôpital, l'hôpital où l'on n'entre que pour mourir. Là, pour être reçu, il faut être arrivé, par toutes sortes de misères, jusqu'à sa soixante-douzième année. Si vous êtes vieille, décrépite, infirme, sans un ami pour vous protéger, sans un enfant pour vous tendre la main, sans un petit-enfant qui vous dise : *Ma mère !* si vous n'avez plus un morceau de pain pour vous nourrir, un habit pour vous vêtir, un toit de chaume pour vous abriter, il vous reste, malheureuse femme, la Salpêtrière ou la mort ! Et, naturellement, elles choisissent la Salpêtrière. Allons, prenez courage, entrons-y, c'est tout un monde. Dans ces cours, dans ces jardins, dans ces dortoirs, du haut en bas de la maison, vivent et meurent toutes les vieilles femmes que cette ville a jetées là, toutes meurtries par ses vices ou sa lâcheté. Vous demandez qui les a faites ainsi, pour la plupart, et d'où elles viennent? C'est le vice qui les a faites ainsi, elles viennent en droite ligne de ces beaux lieux de fête et de perdition où nous étions tout à l'heure. Quand elles étaient jeunes et belles, ces malheureuses femmes, elles n'avaient pas d'autre souci que de s'abandonner à la fête, à la passion, à l'enivrement de chaque jour; la vie, pour elles, était un long éclat de rire : rien de sérieux, rien de réel; la fantaisie, l'imprévoyance, la journée disposée au hasard, et puis, tombe sur nous le ciel, et tombe le soleil! Cela dure ainsi tant que ça peut durer, quinze ans, ou huit jours; après quoi il faut bien céder la place à quelque autre jeune et jolie fille, plus jolie et plus jeune, qui ne sait pas où elle va, et qui va toujours. A toi aujourd'hui, à moi demain, à elle hier! Celle d'hier, elle est à la Salpêtrière, à l'hôpital, dans ce lit où elle remplace une morte et qui est déjà retenu par une vivante. Celle d'hier, elle est seule, chargée d'ans et de rides; elle a froid, elle a faim, elle a tout oublié : oui, tout oublié, et surtout ses jours d'abondance, de prodigalité, de folies étranges, quand elle s'en allait, la malheureuse, foulant d'un pied superbe toutes les poésies, toutes les richesses, toutes les fleurs. Stupide et prodigue, qui n'a pas songé un seul instant que tout va lui manquer, tout, et même l'aumône de ces mêmes hommes qui se roulaient à ses pieds! Être frivole, qui n'a pas compris que ces exceptions n'ont pas vingt-quatre heures de durée, et qu'après la joie de séduire les malheureuses créatures, il n'est pas de joie plus grande que de les planter là au milieu de leur désordre! Marche toute seule à présent, malheureuse, dans ta liberté et dans ton infamie!

Philosophe qui parcourez le monde en curieux, et qui écrivez en courant vos petites notes confidentielles sur votre album, arrêtez-vous dans ces murs où viennent mourir tant de vieilles femmes, et dites-vous : Elles ont été le printemps de leur année, elles ont été belles, honorées, fêtées, adorées;

elles ont été couvertes de baisers et de fleurs ; pas une maison n'était assez riche pour les recevoir, pas une étoffe assez soyeuse pour les vêtir, pas une dentelle assez belle pour les parer, pas le vent du printemps assez tiède, pas les roses de l'été assez fraîches, pas le brasier de l'hiver assez enflammé ; l'or même et le diamant paraissaient lourds à leurs beaux doigts languissants ! Hélas ! rien n'est plus vrai, mon maître ! A ces créatures en haillons, gros pieds sans souliers, grosses mains saignantes sous le froid, ventres affamés, bouches édentées, regards éteints, dos voûté, œil hagard, sein dévasté autant que l'âme, crâne pelé, cœur abruti, foi qui dort, espérance qui est morte, que sais-je, mon Dieu ! l'haleine fétide et l'oreille empestée, à toutes ces immondices, que d'or a été prodigué, que d'amour, que de respects ! Cela dansait pourtant à la clarté des lustres, au bruit unanime des louanges, au son voluptueux des concerts ; cela, d'un coup d'œil, faisait battre le cœur d'espérance ou de crainte ; cela vous avait un sourire rose et perlé, et, d'un souffle, cela vous brûlait jusqu'au fond de l'âme. Et quelles mains divines ! quels pieds qui touchaient le sol à peine ! quelle insolence charmante ! quel admirable orgueil !

Rien qu'avec le prix des gants qu'elles ont mis à leurs mains, des odeurs qu'elles ont répandues sur les dentelles de leurs mouchoirs, avec la valeur d'un sourire d'autrefois, au temps des perles, aujourd'hui ces malheureuses femmes seraient assez riches pour vivre en dehors de ces murailles, pour avoir une chambre à elles toutes seules, et un ami avec qui causer, et surtout pour prendre du tabac tout le jour.

XXXII

LE PANTHEON

<←→>

CE beau sentier, ne le quittez pas, il vous conduira au Champ-de-Mars, aux Invalides, à la plus belle des extrémités de Paris, oui, tout en face de ces aimables et charmantes hauteurs de Passy, où Francklin a fait tant d'expériences savantes, où Napoléon Bonaparte aurait voulu qu'on élevât le palais de son fils le roi de Rome. Figurez-vous une plaine immense dans laquelle ont passé, avant de partir pour la conquête, toutes les armées de la France depuis 1789 ; cette plaine, c'est le Champ-de-Mars. La vaste plaine est éclairée de toutes parts ; le dôme de l'hôtel royal des Invalides la domine de toute sa majesté guerrière. D'un côté l'École Militaire, bâtie par le financier Pâris Duvernay ; de l'autre, la Seine et le pont d'Iéna. Pour qui a parcouru les tristes quartiers où nous étions tout à l'heure, arriver là dans cet espace, dans ce soleil, dans cet éclatant paysage, c'est une double fête ! Autant nous étions perdus dans les détours de l'École de Droit et de l'École de

Médecine, rues étroites, ténébreuses, immondes, population affamée et bruyante, autant, à cette heure, nous sommes à l'aise, à l'air libre et pur! N'oublions pas cependant le Panthéon, cette ruine qui n'a jamais pu se relever de la honte d'avoir servi de tombeau à cet infâme Marat.

Il en est des édifices comme des hommes : tel qui est venu au monde sous l'influence d'une étoile maligne ne peut guère conjurer cette puissance ennemie ; tout lui manque ; à chaque pas il fait une chute ; il vit sans plaisir, il meurt sans qu'on sache qu'il est mort ; rien n'a réussi à ce pauvre homme, ni le nom de son père, qui était illustre, ni sa fortune, qui était bien établie, ni ses sentiments, qui étaient honorables, ni la science, ni l'étude, ni les plus honnêtes et les plus heureuses qualités de l'esprit et du cœur. Le même sort fatal, inexplicable, peut atteindre le monument élevé sous les plus heureux auspices. Le Panthéon, par exemple, qui était destiné à rappeler les douces vertus et la protection de sainte Geneviève, la patronne de Paris, quelles destinées n'a-t-il pas subies ? Le roi Louis XIII, roi tout-puissant par la grâce du cardinal de Richelieu, avait voulu consacrer ce temple magnifique ; il lui avait accordé toutes sortes de priviléges, il l'avait entouré d'éclat et de gloire ; tout d'un coup, à peine la coupole hardie s'est-elle élevée dans les airs, l'architecte Soufflot reconnaît avec désespoir, avec des larmes de sang, que la base du monument est trop faible pour soutenir cette tête de géant.

Michel-Ange, il est vrai, avait jeté dans les airs la coupole de Saint-Pierre de Rome ; mais les Michel-Ange, où sont-ils ? Force fut donc à Soufflot de défigurer son église, d'en déranger l'ordre et l'harmonie intérieurs, de changer ces élégants piliers en massifs de maçonnerie. L'œuvre en était là quand vint à sauter la poudrière de la plaine de Grenelle ; c'était à renverser une moitié de Paris, Paris en fut quitte pour la peur ; mais, cependant, l'église de Sainte-Geneviève fut jetée sur le côté ; elle ne croula pas, elle resta là pour attester l'impuissance des ouvriers modernes, pour montrer par cet exemple combien l'église de Notre-Dame de Paris était solidement bâtie ! Mais déjà on n'avait guère à s'occuper ni de Sainte-Geneviève, ni de Notre-Dame ; la France était en pleine révolution : Notre-Dame de Paris fut dévastée ; sur ses autels insultés on porta, en guise de Dieu, d'infâmes prostituées à demi nues ; Anacharsis Clootz, et toutes sortes de saltimbanques en bonnet rouge, remplirent de leurs orgies et de leurs scandales ces nobles et saintes murailles. Quant à l'église de Sainte-Geneviève, elle eut à subir un autre genre de profanation : de l'église chrétienne on fit un temple païen. Là devaient être ensevelis tous les citoyens illustres ; même on écrivit sur le fronton du monument cette inscription pleine de majesté : *Aux grands hommes la patrie reconnaissante*. Malheureusement, la patrie reconnaissante a porté Marat dans ce temple ; Marat lui-même, ce livide et hideux scélérat, qui ne méritait pas de mourir sous la main innocente et pure de Charlotte Corday ! Voilà donc cette idée de Panthéon à jamais souillée ;

une fois Marat placé là, ce fut à qui se sauverait d'un si abominable honneur. Même le cadavre de Voltaire, transporté dans ses caveaux, y put à peine obtenir quelques planches qui faisaient le simulacre d'un tombeau. Quoi donc! Voltaire, le roi du dix-huitième siècle, le marteau qui avait brisé, la torche qui avait brûlé, la catapulte qui avait renversé tant de choses, en plein Panthéon, où il fut transporté en si grande pompe, il n'avait pas obtenu un tombeau?... A peine s'il obtint ces quelques planches vermoulues. Les curieux venaient regarder d'un œil distrait cette gloire dans son néant. Entre ces quatre planches misérables était renfermé cet esprit de malice et d'ironie, ce sourire plein de sarcasme, ce poëte qui chantait avec tant de gaieté et de sang-froid tous les délires de la tête et des sens. Que d'idées autour de cet homme, et que de révolutions! Quel flatteur charmant des rois et des multitudes! A ses côtés, et dans un tombeau du même bois, on avait placé J.-J. Rousseau, dont la gloire empêcha si souvent Voltaire de dormir. — Deux ennemis, que la postérité, malgré eux, a accolés l'un à l'autre dans ses obéissances et dans ses respects ; celui-ci, qui était l'ironie et le doute en personne ; celui-là, qui était l'enthousiasme et la conviction ; l'un, railleur sans frein, qui jetait sur tout homme et sur toute chose le charmant vernis de ses saillies immortelles ; l'autre, austère et grave, qui se passionnait à outrance pour les êtres de sa création. — Deux agitateurs, chacun de son côté : Voltaire par l'esprit, J.-J. Rousseau par le bon sens : Voltaire par la saillie, l'auteur de l'*Émile* par le raisonnement. Longtemps divisés, J.-J. Rousseau insulté, que disons-nous? Jean-Jacques nié par Voltaire, Voltaire protégé par la pitié de Jean-Jacques, on les avait réunis dans le même Panthéon, comme leurs œuvres sont réunies sur le même rayon des bibliothèques. Une fois là, la nation les avait oubliés ; l'Empire ne s'en souvint guère ; la Restauration se les rappela dans ses heures de loisir et de vengeance ; elle se rappela que le Panthéon avait été l'église de sainte Geneviève, et elle rendit à sainte Geneviève son église. Alors furent retirés sans façon de ces caveaux éternels Voltaire et Rousseau ; l'affreux Marat avait été depuis longtemps traîné aux Gémonies. Alors reparut la sainte patronne de Paris dans cette enceinte dont on l'avait chassée ; alors ce fut dans cette église une suite infinie de discours, d'expiations, de bénédictions au Très-Haut ; une suite infinie de colères, de vengeances, de menaces contre les révolutionnaires à venir. Cette fois, disait-on, l'église de Sainte-Geneviève était à jamais reconquise, — reconquise pour une quinzaine d'années tout au plus, comme le trône de France était un trône reconquis ! Singulier Paris ! toujours on y jure par l'éternité, éternité des larmes, éternité de la gloire, popularité immortelle, tombeaux contre lesquels la fin du monde ne saurait prévaloir. — Vain espoir ! vaines promesses ! vaines menaces ! Attendez dix ans encore, une révolution remettra les monuments et les opinions, et les hommes, justement à leur point de départ il y a dix ans. La belle et singulière et peu regrettable éternité !

Il n'y a en France que les hôpitaux et les prisons qui ne changent pas : la maladie est toujours la maladie, la misère est toujours la misère. Au milieu de tant de révolutions violentes qui bouleversent, qui brisent et renversent toutes choses, c'est à peine si l'on peut reconnaître les monuments de ce peuple frivole, toujours disposé à briser le lendemain ses idoles de la veille.

Il existe à Florence un vieux palais ; sur les murs de ce vieux palais tous les gouvernements de la république ont laissé leur écusson et leur empreinte, sans que le vainqueur effaçât jamais l'écusson du vaincu. Maintenant, vous pouvez voir encore sur ces nobles murailles cette longue suite d'images destinées à rappeler le passage de tant de puissances différentes. En France, un pareil monument serait impossible. Qui dit, en France, une statue élevée, dit aussitôt une statue renversée. Depuis vingt-cinq ans, on n'est occupé alternativement qu'à gratter les fleurs de lis ou à couper la tête des aigles.

Dans leurs plus insignifiants emblèmes, l'Empire et la Restauration se sont fait une chasse à mort ; ce qu'on appelle la vieille France n'existe plus que dans les fragments dont nous parlions tout à l'heure, à moins qu'en effet le vieux monument n'ait été protégé par son utilité même. Ainsi l'hôtel royal des Invalides, ce monument de Louis XIV, tout à fait digne du grand roi, s'est agrandi de toute l'importance et de toute la majesté des guerres impériales.

Ce dôme, élevé dans ce ciel glorieux pour servir d'abri à la gloire militaire, Napoléon a voulu le couvrir de plaques d'or, afin qu'il pût le montrer de loin aux jeunes armées, en leur disant : « Voilà sous quels lambris vous êtes attendus ! » Dans ces murs entourés de canons, les canons des jours de fête et des solennités populaires, les vieux soldats de la France ont trouvé véritablement une retraite digne de leur courage ; là ils vivent et ils meurent sous une loi à la fois militaire et paternelle. Un maréchal de France, un vieux guerrier mutilé comme les autres, est le gouverneur de cette maison ; si bien que le chef et les soldats, avant d'arriver à cette heure solennelle du repos, ils ont couru les mêmes dangers, ils se sont rencontrés dans les mêmes batailles ; la gloire de celui-ci est la gloire de celui-là ; les uns et les autres, ils sont les vieillards héroïques de la même famille ; rien qu'à les voir passer, vous verriez inscrits sur leurs fronts tous leurs états de service. Ce qu'on a fait avec de pareils hommes, il faut le demander à l'Europe moderne : avec de pareils hommes, la République française a été reconnue, l'Empire a été fondé. Il n'est pas une capitale de l'Europe qui n'ait tremblé jusque dans ses fondements, pas un roi qui n'ait pâli, pas un peuple esclave qui n'ait murmuré ces deux mots immortels : *liberté, espérance*. Ah ! certes, si l'on pouvait demander à chacun de ces vieux héros la ligne qu'il a écrite à la pointe du sabre dans l'histoire de son pays, on trouverait, à coup sûr, une belle action, une ville prise ou défendue, une victoire gagnée, ou tout au moins une retraite glorieuse. Noble histoire serait, en effet, l'histoire écrite sous la dictée de tous ces vivants et imposants souvenirs. Le souvenir, c'est la vie du soldat invalide; le souvenir le reporte à l'instant même au milieu des chevaux qui hennissent, des canons qui grondent, des bataillons qui s'entrechoquent, pendant que le cri de guerre se promène de l'une à l'autre armée ; le souvenir le conduit de nouveau dans ces plaines célèbres dont l'épopée à venir fera son profit sans nul doute : Austerlitz ! Iéna ! Wagram ! Il revoit l'Italie, dont les plaines fertiles l'appellent encore ; il revoit l'Allemagne, où l'Empereur va chercher l'Impératrice nouvelle ; une seconde fois il revient à la charge contre cette Russie qui devait l'engloutir, il se retrouve au milieu des neiges incendiées de Moscou ; jusqu'à ce qu'enfin ils viennent tomber, lui et son Empereur, dans les plaines de Waterloo. Telle est la vie de ces vétérans de la gloire : parler des guerres et des batailles d'autrefois, s'enivrer de la gloire passée, regarder dans un lointain lumineux l'Empereur qui les appelle pour passer sa grande revue dans les nuages, voilà toute leur joie, tout leur bonheur. En vain la porte de ce bel et vaste hôtel est-elle ouverte tout le jour, l'invalide ne s'éloigne guère de son dernier campement ; il se plaît à l'ombre bienveillante du drapeau tricolore.

Il cultive avec une patience incroyable le petit jardin dans lequel il a planté trois tournesols ; il élève des oiseaux, il caresse les enfants qui passent, il chante surtout les chansons de Béranger. De cette grande maison que voilà, Béranger est le poëte ; on ne sait, on ne lit que ses vers. Il a chanté tour à tour les deux passions de ces vieillards : Lisette, leur première passion, et l'Empereur, leur dernier, leur plus fidèle amour. Il a été tour à tour un chansonnier amoureux et un poëte guerrier : le vin, la gloire, l'amour, enivrante trilogie, voilà ce qui fait la force de ce poëte. Son livre est comme l'Évangile de ces vieux mutilés ; ils n'en veulent pas d'autre, ils n'en savent pas d'autre. Puis, quand l'envie les prend de remonter à leur point de départ, de savoir d'où ils sont partis avant d'arriver à leur dernier asile, alors ils vont se promener dans le Champs-de-Mars, et ils se reportent à leur première revue, à leur jeunesse ranimée. Dans cette vaste plaine ils sont venus à dix-huit ans pour de là s'élancer sur le monde ; là ils ont été armés soldats, leur premier drapeau leur a été confié, et l'Empereur leur a montré son étoile, qui était la leur. Salut donc au Champ-de-Mars, cette vaste plaine presque toujours déserte, où rien ne passe d'ordinaire, sinon quelques oisifs à cheval ! Je me figure qu'à certaines heures solennelles dans l'histoire de ce peuple, quand la nuit est bien sombre, quand le vent de Moscou se met à siffler dans le silence, alors reviennent, à minuit, toutes ces armées éparses çà et là en morceaux, dans tous les champs de bataille. A ce moment, la grande trompette impériale se fait entendre tout aussi haut que les trompettes mêmes du jugement dernier, chaque soldat couché sous la poussière reprend son arme brisée, les capitaines se mettent de nouveau à la tête de leurs légions ; cet immense pêle-mêle de tant de milliers d'hommes emportés par la faux de la mort, s'abandonne jusqu'au premier chant du coq à la joie des conquérants ; après quoi, tout se tait, chaque mort rentre dans sa poussière, chaque épée dans le fourreau, chaque idée dans le cœur qu'elle embrase...... Fidèle image des tumultes et des apaisements de 1814. Aujourd'hui, la Grande-Armée qui est encore debout ; et le lendemain, les adieux de Fontainebleau et l'Empereur qui passe sur *le Bellérophon*, pour cet exil dont il ne devait plus revenir !...

De cet exil éternel, l'Empereur est déjà revenu. Ce jour-là, le dôme des Invalides a grandi de mille coudées ; il est devenu inviolable, il a été proclamé le seul tombeau qui fût digne de contenir un pareil homme !

On raconte qu'à la nouvelle que l'Empereur était de retour, plus d'un vieux soldat s'est pris à pleurer ; plus d'un, quand a passé le cercueil impérial, s'est jeté à genoux, dans une adoration muette qui tenait de l'extase. Après quoi, lorsqu'ils ont compris qu'un pareil dépôt leur était confié, ces vieillards se sont relevés de toute leur hauteur, ils ont pris leurs armes avec toute la vivacité des jeunes années! Et maintenant, c'est pour eux une joie qu'ils se disputent, et un honneur très-envié, que de monter la garde, nuit et jour, au cercueil de cet homme, qui était encore plutôt leur dieu que leur empereur.

XXXIII

LES THÉATRES

<---->

Ma dernière phrase sent l'hérésie, je l'avoue. Il n'y a pas cent cinquante ans, la Sorbonne s'en serait émue, le Parlement eût obéi à la Sorbonne, et le malheureux écrivain se fût estimé très-heureux si, pour cette phrase malséante, il n'eût été enfermé à la Bastille que pour trois ans, et si son livre n'eût pas été brûlé par la main du bourreau. Rude châtiment, que de traiter la pensée comme on traiterait la tête d'un homme! Le bourreau appelé dans des questions de politique et de philosophie! le bourreau appelé pour déchirer, pour brûler! Telle a été la loi française. Un des livres dont s'honore le plus la littérature française, l'*Émile*, de J.-J. Rousseau, a été lacéré et brûlé avec infamie, par arrêt du Parlement encore! C'était là le bon temps des philosophes; le feu du bûcher projetait sur leur gloire une utile et vivace clarté. Mais, aujourd'hui, être impie pour le simple plaisir de l'impiété, quand il a été déclaré en pleine tribune que la loi était *athée*, ce serait faire un triste métier. Aussi bien n'est-ce pas là notre office. Que les vieux soldats, de leur grand Empereur se soient fait un dieu, c'est là encore un hommage rendu à la croyance. Vous avez vu, dans les nouveaux quartiers de la ville, s'élever plus d'une église toute jeune, toute nouvelle ; certes, il ne s'agissait plus de ces monuments construits pour l'éternité ; mais enfin, pour une église du dix-neuvième siècle, Notre-Dame-de-Lorette, par exemple, n'est pas déjà un monument sans mérite et sans valeur. Tout à l'extrémité du magnifique boulevard que nous avons déjà parcouru en partie (de Tortoni à la Bourse), s'élève, dans toute la magnificence de l'architecture moderne, l'église de la Madeleine. C'est une œuvre, sinon imposante, du moins magnifique. Ce bel édifice est entouré d'une immense colonnade ; une vaste place s'étend tout autour de ce monument moitié chrétien, moitié profane. Est-ce un temple païen ? est-ce une église ? est-ce un théâtre ? C'est une église. Ce fronton, tout sculpté par un homme habile, vous annonce déjà les efforts de la pensée chrétienne. Ces portes de bronze, du haut en bas sculptées à la façon des portes du Baptistère à Florence, sont loin d'être aussi belles que les portes de Lorenzo Ghiberti, appelées par Michel-Ange *les Portes du Paradis* ; mais, enfin, cela est riche, magnifique, varié, charmant. A l'intérieur, ont été prodiguées toutes les recherches de la sculpture et de la peinture. Le bronze, le bois de chêne, la pierre, le marbre, la mosaïque, la peinture, rien ne manque à cette église chrétienne, sinon que ce n'est pas tout à fait une église. Admirez les deux bénitiers d'Antonin Moine ; ne dirait-on pas de quelque patient et infini travail du seizième siècle ? N'est-ce pas là le goût des artistes venus de Byzance ? Un artiste d'un rare mérite, nommé Ziégler, a représenté l'histoire de la sainte Madeleine. Paris possède la Madeleine de Canova, marbre touchant, plein d'élégance et de tristesse. M. Aguado venait d'acheter la Madeleine de Canova, quand il est mort. Avant peu, la Madeleine de Canova sera remise à l'encan, et pas un de ces fervents chrétiens ne songera à l'acheter, ce beau marbre, pour en faire une offrande à l'église de la Madeleine! En même temps, la lumière circule du haut en bas de l'édifice ; cet immense vaisseau est rempli d'air et de soleil. Le bruit arrive en ce lieu de toutes parts, le bruit parisien, moitié argent, moitié folie. La Madeleine est un monument presque religieux, placé sur les limites du faubourg Saint-Honoré et de la Chaussée-d'Antin, entre les regrets du temps passé et les joies du temps présent. D'un côté de l'église sont placés les grands noms qui ont traversé les siècles, les existences tout établies, les fortunes consacrées par le temps ; de l'autre côté, le hasard heureux, l'intelligence habile, la fortune éphémère, le succès qu'une heure emporte.

L'église domine tout l'espace qui s'étend entre le boulevard et la Chambre des Députés, espace immense et éblouissant, que nous avons essayé de vous décrire. Mais cependant, puisque nous en sommes arrivés là en passant par la rue Saint-Jacques et par le Panthéon, par la Sorbonne et par le Champ-de-Mars, je veux vous conduire d'un bout à l'autre de ce célèbre boulevard ; ainsi vous aurez embrassé, sans fatigue et sans peine, les deux côtés de cette imposante cité.

A l'église de la Madeleine commence cette longue suite de riches hôtels à laquelle rien ne saurait se comparer dans pas une capitale de l'Europe. Vous marchez, et bientôt vous vous trouvez en présence de la place Vendôme et de la Colonne impériale. Vous marchez, et vous reconnaissez Tortoni, le Café de Paris, la Maison dorée, la première maison moderne que l'on ait entourée de sculptures ; puis bientôt le théâtre des Variétés, où Brunet a fait les délices de la génération passée ; la rue Montmartre, populaire à l'égal de la rue Saint-Denis ; la Porte Saint-Denis, placée là en l'honneur de Louis XIV : *Ludovico Magno* ; le Gymnase Dramatique, un charmant petit théâtre que M. Scribe et madame la duchesse de Berri avaient élevé à eux deux. Dans cette petite enceinte s'est accomplie toute la petite comédie telle que la France la sait faire ; comédie sans portée, mais non pas sans saveur ; sans enseignement.

mais non pas sans plaisir; comédie qui ressemble aux plus légers accidents de chaque jour. Quand M. Scribe, le plus grand amuseur de son siècle, commença son entreprise, il n'y avait plus de comédie nulle part; Molière s'était emparé en maître souverain de tous les grands caractères; il avait exploité à son profit l'humanité tout entière : pas un vice, pas un ridicule, qui n'ait été soumis à la censure et à la férule de cet illustre génie. Après lui, d'autres étaient venus, Lachaussée, par exemple, qui avait fait pleurer la comédie; Beaumarchais, qui l'avait portée sur le terrain de la politique; Marivaux, le poëte comique des ruelles et des boudoirs. Ceux-là passés, la comédie avait fait silence comme tout le reste. Les inventeurs s'étaient contentés d'imiter les maîtres. L'empereur Napoléon, qui n'aimait guère que les œuvres consacrées, n'avait pas encouragé cette façon de parler à la foule et de dire souvent, du haut d'un théâtre, des vérités très-dures que la foule seule sait découvrir, et qui échappent à toute la sagacité des censeurs. Vint alors M. Scribe. Il avait tout l'esprit et toute l'invention nécessaires à l'entreprise nouvelle; il avait compris très-bien et tout d'abord qu'il ne pouvait pas transporter sa comédie dans le monde d'autrefois, et qu'en même temps il ne pouvait pas la laisser dans le peuple. A ces causes, il choisit un monde intermédiaire, un terrain neutre, la Chaussée-d'Antin et la finance : car, en fin de compte, tout le monde a la chance de devenir riche un jour autant que M. Rothschild; le marquis de vieille date, et l'épicier, race honnie, peuvent faire fortune en vingt-quatre heures; si bien que chacun pouvait dire, en voyant ces nouveaux domaines de la comédie : J'y entrerai peut-être quelque jour. Placé sur ce terrain tout nouveau, dont il était le Christophe Colomb, M. Scribe s'abandonna tout à l'aise à ce paradoxe qui lui a servi d'une façon merveilleuse. Son paradoxe heureux, son facile secret pour réussir, consistait à prendre justement la contre-partie des comédies faites avant lui. Vous aviez une comédie de Voltaire, *Nanine*. Cette Nanine, fille de peu, épouse un grand seigneur, et elle est heureuse ; M. Scribe, lui, prend en main la défense du thème contraire, et il fait représenter *le Mariage de Raison*, pour prouver que le fils d'un général serait le mal venu à épouser la fille d'un soldat. Dans les *Premières Amours*, M. Scribe se moque de tous les beaux petits sentiments de la jeunesse avec lesquels on a composé tant de jolies comédies. *La Demoiselle à marier* n'est jamais si charmante que lorsqu'elle ne songe pas au mariage. *Le plus beau Jour de la vie* est rempli de toutes sortes de tortures et de misères. Et toujours ainsi : quand il a une comédie à faire, ce rare esprit se place à côté de la vérité établie depuis longtemps. Il ne veut pas de l'axiome, il donne un croc-en-jambe à la chose démontrée. Au besoin, il prendra, non pas la défense du *Misanthrope*, que Fabre d'Églantine a prise avant lui, mais la défense même de *Tartufe*. Grâce à cet ingénieux bouleversement de l'action, de la fable et des personnages de la comédie, M. Scribe a trouvé le secret de rendre son auditoire attentif ; et comme d'ailleurs il écrit tout simplement, sans savoir écrire ; comme son dialogue est tout rempli d'un naturel trivial ; comme, avec tout son esprit, il n'a pas plus d'esprit que tout le monde, le succès le plus complet est arrivé à cet homme heureux ; il a conquis tout d'un coup la popularité la moins contestée et la moins contestable qui soit en France ; il a été riche et célèbre tout à la fois. Madame la duchesse de Berri l'a adopté comme son poëte, et le Gymnase, soutenu par d'habiles comédiens créés tout exprès pour cette comédie, a fini par remplacer le Théâtre Français. Le succès de M. Scribe a duré autant que la Restauration. Mais est venue la Révolution de Juillet : le *Théâtre de Madame* aussitôt n'a plus été que le *Gymnase dramatique*. Cette loge où elle venait si souvent, l'aimable princesse, cette loge royale où c'était un grand honneur d'être admis, elle est vide. Alors M. Scribe, infidèle comme l'oiseau dont le nid est abattu, a pris sa volée autre part. Le Théâtre Français, à qui il avait fait une si rude guerre, s'est empressé d'ouvrir ses portes au

Caldéron de 1830. Quant au Gymnase, lorsque le Gymnase s'est vu abandonné à ses propres forces, il s'est passé très-facilement de son poëte. L'esprit du maître était resté partout, dans ses murs, hors de ses murs. Bouffé, cet admirable comédien, qui n'avait jamais été à l'école de M. Scribe, s'est mis à jouer sérieusement des comédies presque sérieuses. Ainsi, tout le monde a vécu, le Gymnase sans M. Scribe, M. Scribe sans le Gymnase; seulement, comme il n'est pas juste que tout réussisse aux ingrats, M. Scribe s'est vu forcé d'entrer à l'Académie Française, où il a prononcé un discours dans le genre du discours de M. de Buffon. Ainsi a été vengée S. A. R. madame la duchesse de Berri!

Vous avez encore, sur le même alignement, bien d'autres théâtres que j'oublie tout comme j'ai oublié l'Opéra-Comique :

la Porte-Saint-Martin, par exemple, un théâtre qui se souvient de Frédérick-Lemaître et de madame Dorval. Là s'étaient produits, dans toute leur ferveur naissante, la Melpomène romantique, le drame moderne, la contrefaçon de Shakspeare; là se sont usées bien des robes de soie, bien des bonnes lames de Tolède, bien des gantelets, bien des armures. On y jouait presque en même temps *l'Auberge des Adrets*, un drame où l'assassinat et le vol deviennent le sujet des plus charmantes plaisanteries, et le *Faust* de Goethe ! Là ont paru les danseuses de corde, les Bayadères, les hercules, les animaux, savants ; on y a vu le singe Jocko, et tout Paris fondait en larmes aux infortunes et à la mort de ce pauvre Jocko. Sur ce même théâtre on a vu l'éléphant Kiouny, dont la gentillesse et les petites manières étaient fort à la mode ; puis des crimes sans nom, des meurtres, des incestes, la vie de Napoléon le Grand, des ballets, des vaudevilles, le bagne, l'échafaud, le Moyen-Age tout entier, M. Alexandre Dumas et M. Victor Hugo.... Incroyable pêle-mêle, immense tohu-bohu, ronde infernale ! Et tant de peines, tant de soins, tant de paradoxes, tant de meurtres, pour aboutir à un petit innocent théâtre où l'on ne mange plus que des fraises à la crème, où l'on ne joue plus que les pastorales, les bergeries, les idylles de M. le chevalier de Florian !

Maintenant si, de tous ces théâtres placés sur la même ligne, vous me demandez quelle est la salle la plus magnifique, la plus commode, la salle où le spectateur est assis le mieux à l'aise, où la femme jeune et parée se peut montrer dans toute son élégance des pieds à la tête, je vous répondrai : c'est l'Opéra-Comique ! Figurez-vous une vaste enceinte dans laquelle l'or, les peintures et les sculptures élégantes éclatent de toutes parts... Chaque loge est précédée d'un beau petit salon meublé où le spectateur se retire durant l'entr'acte. Le plafond donne tour à tour de l'air chaud en hiver, de l'air frais en été. Vous êtes assis non pas sur des bancs mal rembourrés, mais bien à l'aise sur de beaux et bons fauteuils. Cette belle salle, vaste et magnifique, est le chef-d'œuvre d'un habile et savant architecte nommé Charpentier, un de ces merveilleux artistes qui courent après la variété, après l'ornement, après toutes les recherches heureuses des beaux-arts ; et en ceci, M. Charpentier a fait preuve d'une grande habileté, car ce théâtre de l'Opéra-Comique est le théâtre bien-aimé du Parisien. Il y revient toujours avec joie. On lui donne, en ce lieu, pour son argent, de la musique et du drame, des comédiens et des chanteurs tout à la fois.

XXXIV

LES GAGNE-PETIT

Revenons à la place où nous étions tout à l'heure, ou plutôt c'est assez parler de théâtres. Poursuivons notre chemin. Laissons de côté toutes ces cuisines en plein vent, toutes ces mélodies vagabondes, tous ces marchands d'oranges ou de galette, M. *Coupe-Toujours*, par exemple. Enfonçons-nous dans le désert; et, cependant, racontez-moi par quelle suite infinie de petits mystères, de petites ressources, de petits travaux, ce peuple de lazzaroni peut venir à bout, sans travailler, sans se donner ni grand mal ni grand'peine, de se procurer son pain de chaque jour et son spectacle de chaque soir. Ceci est une des merveilles les plus curieuses du monde parisien, qu'un homme puisse avec très-peu de travail, être si riche que rien ne lui manque du côté des nécessités de la vie, aussi bien que du côté de la joie, de l'oisiveté et du plaisir.

A cette question, mon hôte parisien, qui a été plus d'une fois le compagnon bienveillant de mon vagabondage poétique, m'a répondu avec sa bonté ordinaire : « Vous me faites là une question qui a préoccupé plus d'un homme d'État. Il faut être Parisien jusqu'au fond de l'âme pour la résoudre dignement ; mais aussi, cette question-là résolue, vous aurez l'intelligence de toutes sortes de petits faits inappréciables pour tous les grands voyageurs qui ne regardent que l'ensemble d'un pays sans daigner s'arrêter aux détails ; car c'est surtout par les détails que l'on juge, que l'on compare, et surtout que l'on comprend. Il s'agit, ajouta mon compagnon, que Paris est la seule ville du monde où se rencontre à chaque pas une foule de petits métiers inoffensifs qui ne sont soumis à aucune patente, à aucun contrôle, et qui font vivre honnêtement leur homme pendant toute la durée de ses jours. Le petit métier est partout dans cette bonne ville. A peine sorti de votre maison, vous passez nécessairement devant la loge du portier. Cette loge est une espèce de niche au rez-de-chaussée, dans laquelle très-souvent on n'oserait pas loger son chien. Figurez-vous un espace de sept à huit pieds au plus ; là se tient souvent toute une famille : le père, qui fait des souliers ; la mère, qui lit des romans ; la fille, qui déclame des vers, espoir du Théâtre-Français ; le fils aîné, qui joue du violon ; le dernier-né, qui broie les couleurs d'Eugène Delacroix, ou qui prépare les cuivres de Mercuri ou d'Henriquel Dupont. Or, savez-vous où nichent tous ces enfants ? savez-vous comment ils sont venus au monde, comment ils ont grandi, comment ils ont vécu ? Qui le sait ? qui pourrait le dire ? le fait est qu'ils vivent et qu'ils s'élèvent à merveille.

Franchissez cependant le seuil de votre porte, et prenez garde à cet homme qui est accroupi dans le ruisseau ; cet homme est un regratteur ; il gratte et regratte entre les pierres ; il n'en veut pas aux chiffons, il n'en veut pas aux immondices : ce sont marchandises trop élevées pour notre commerçant. Il en veut tout simplement aux clous égarés de la ferrure des chevaux, aux parcelles de fer enlevées par le frottement sur le cercle des roues ; il lave la boue de la ville comme d'autres esclaves lavent le sable d'or du Mexique.

Quand vous avez évité le regratteur et l'eau qu'il jette de côté et d'autre, vous tombez d'ordinaire devant le commissionnaire du quartier. Le commissionnaire du quartier est le plus souvent un épais gaillard à la vaste poitrine, aux larges épaules, à la barbe noire; on sent, à le voir, que c'est un homme à son aise qui ne doit rien à personne, à qui on doit beaucoup, et qui n'est pas sans avoir quelque bonne réserve pour les mauvais jours. Le commissionnaire du quartier, c'est notre domestique à nous tous ; il est de toutes les maisons, il entre et il sort à volonté.

Il est le fidèle et digne dépositaire de plus d'un petit secret qu'on lui paierait bien cher ; mais, à aucun prix, il ne vend le secret de personne. Du reste, il est indépendant comme un domestique qui appartient à plusieurs maîtres ; actif, infatigable, sobre, patient, curieux, mais curieux en dedans et pour lui seul, toujours prêt à se mettre en route, toujours prêt à obliger, et obligeant avec le même zèle soit les affaires, soit les amours. Une rue de Paris ne serait pas complete si elle n'avait pas son commissionnaire à elle, à côté de son épicier et de son marchand de vins.

Plus loin, sur le Pont-Neuf, sur le quai de la Grève, hors des boutiques vagabondes ou stationnaires, sans patente, mais non pas sans aveu, vous rencontrez une foule d'industriels toujours occupés, qui se croisent dans tous les sens et sans confusion : l'un, appuyé sur son échoppe d'un pied carré, sollicite, pour un sou, la faveur de rendre son lustre à votre chaussure délustrée ; l'autre, d'une voix enrouée, appelle votre caniche, qu'il veut tondre à toute force; celui-ci vend des allumettes, celle-là des épingles, ce vieillard gagne sa vie avec le sucre d'orge. Mais, cependant, ne croyez pas que cette industrie à part soit à la portée de tous les hommes de ce monde : la petite industrie parisienne n'est faite que pour le Parisien ; il n'y a que le Parisien qui comprenne, qui aime, qui sache apprécier à leur juste valeur tous ces petits marchands. Il n'y a que le Parisien qui sache arrêter, par une ardente soif d'été, un honnête débitant de coco, qui cause avec lui en essuyant son verre argenté, qui fasse remplir son verre jusqu'au bord, et qui demande la monnaie de ses dix centimes après avoir bu et causé pour deux sous au moins. Comme aussi il n'y a que le Parisien pour parler à une poissarde, pour être agréable avec une écaillère, pour ne pas irriter une cuisinière ambulante, tout en marchandant son repas. Il ne faut pas se moquer du petit métier : grâce au petit métier, le Parisien est resté le seul maître de sa ville natale. Le petit métier lui vend à très-bon compte les beaux habits, les meubles et les faciles amours des hommes riches ; le petit métier va lui cueillir des roses en été, des violettes au printemps, des pommes pour l'hiver ; le petit métier le met au niveau de toutes les fortunes, il lui donne les moyens de satisfaire tous ses désirs ; c'est au petit métier que le Parisien doit son bien-être, sa maison, et ses gens et sa voiture. Il y a déjà vingt ans, le petit métier a donné à chaque Parisien une grande voiture à deux ou trois chevaux, toujours à ses ordres, toujours prête à lui faire traverser la ville dans tous les sens. Insouciant et paresseux bonhomme de Paris ! il a fallu que le conducteur d'*omnibus* portât sa livrée. Pour plaire au Parisien, au bourgeois, le cocher d'*omnibus* a pris tous les soins possibles de son équipage. Dans cette réforme inespérée, le cocher de fiacre a

suivi, mais de loin, le cocher d'*omnibus* ; il a réparé quelque peu ses vieilles voitures, il a raccommodé son vieux manteau, il a mis une mèche neuve à son fouet; lui-même, le cocher de fiacre, s'est rajeuni de dix ans, et encore assure-t-il qu'il n'a fait que son devoir.

Quoi de plus juste ? ne sert-il pas, en effet, le plus grand seigneur des grands seigneurs de l'Europe, le Parisien de Paris ?

A Paris, grâce au petit métier, il n'est pas de chose qui n'ait deux prix, deux prix extrêmes, le prix fort et le vil prix ; il n'y a pas de juste milieu. Vous avez l'Opéra, qui est hors de prix ; mais pour un franc, dans la rue Vivienne, un orchestre admirable vous joue pendant quatre heures les plus admirables symphonies de Beethoven, les plus divines mélodies de Mozart. Pour ses amours, le Parisien n'a-t-il pas la grisette, ce fin gibier qui se prend à la glu la plus commune? La grisette, petit négociant, joyeux, leste, insouciant, fait pour le Parisien, et que lui seul sait comprendre. Mon Dieu ! vous le voyez, vice et vertu, peine ou plaisir, amour et repentir, c'est partout et toujours la même chose pour le Parisien. Et non-seulement le petit métier s'applique aux nécessités de la vie et à ces besoins du luxe qui sont encore une nécessité, mais encore le petit métier s'inquiète des caprices les plus bizarres, les plus inattendus, du caractère et de l'esprit de l'homme. Par exemple, Catherine veut écrire à Jean, son bon ami, qui est à l'armée d'Alger. Catherine ne sait pas écrire : pour quatre sous Catherine enverra à Charles-Jean un lettre toute remplie des meilleures paroles et des plus douces espérances, sur papier cavalier-vélin, avec un cachet armorié ; deux sous de plus, dame Catherine, et vous pourriez écrire à monsieur votre amoureux en beaux et bons vers alexandrins.

Souvent il arrive que les métiers changent de titre. Quel poste important c'était autrefois le grand-veneur, le grand-aumônier, le maître des cérémonies ! Quel grand commerce aujourd'hui celui de M. Fumade, le marchand de briquets phosphoriques ; celui de M. Hunt, le fabricant de cirage !

M. Coupe-Toujours, le marchand de galettes, a acheté son échoppe de deux pieds carrés tout autant que le notaire son voisin a acheté son étude. Le donneur d'eau bénite à la porte de l'église s'estime autant que s'il était un pair de France. Sous le portail de l'église vous trouverez plus d'un mendiant qui est électeur dans son quartier; la loueuse de chaises a prêté plus d'une fois vingt écus à M. le vicaire pour acheter une soutane neuve. Tout est métier dans ce Paris : c'est un métier d'ouvrir la portière des voitures à la sortie des spectacles; c'est un métier de raccorder un piano brisé par la petite fille qui sort de pension; c'est un métier de servir de témoin au Palais-de-Justice, de porter de l'eau, de fabriquer des cure-dents et des cols en papier. Que voulez-vous? quelle est l'envie qui vous passe? Voulez-vous une rose pour mettre à votre boutonnière? on vous vendra une seule rose. En toute saison vous trouverez de la violette pour un sou, au Pont-des-Arts. Suivez le quai : vous aurez un gros tome in-8 avec la valeur de dix bouquets de violettes. Vous êtes peintre, vous avez besoin d'une belle figure. Mars ou Vénus, la beauté ou la gloire : voici Mars en guenilles, humble et triste contenance, qui vient à vous, l'œil humide, les genoux troués; voici Vénus, taille élégante, blanches épaules, le sein qui bat, la main bien faite, et des guenilles! Vous prenez le dieu et la déesse à l'heure : cela vous coûte tout autant qu'une course en fiacre avec le nouveau tarif.

L'usure même, l'infâme usure s'est faite petit métier pour dépouiller les malheureux plus à l'aise. L'usure se revêt d'une souquenille usée; elle prend la forme d'un épicier voisin des halles; elle prête six francs pour toucher six francs cinq centimes à la fin de la journée. Le chiffonnier, ce philosophe des nuits, qui s'en va, dans la ville, la hotte sur le dos et le crochet à la main, je ne sais pas si nous avons le droit de placer son industrie parmi les petits métiers. La plupart du temps, le chiffonnier est un philosophe grave et sérieux qui dort tout le jour, qui travaille toute la nuit. Le chiffonnier est inexorable comme le destin, il est patient comme le destin : il attend ; mais quand l'heure du crochet a sonné, rien ne peut arrêter son bras. Tout un monde a passé dans sa hotte ! Les lois de l'Empire, dans cette fosse ambulante, courent rejoindre les décrets républicains ; tous les poëmes épiques depuis Voltaire y ont passé ; tout le journal, depuis trente ans, s'est englouti dans cet abîme sans fond, non pas sans avoir dévoré tout ce qui s'était remis debout. La hotte du chiffonnier, c'est la grande voirie où viennent se rendre toutes les immondices de la prose, des vers, de l'éloquence, de l'imagination, de la pensée. Sous ce rapport, le chiffonnier est un être à part, qui mérite son histoire à part. Le chiffonnier est bien mieux qu'un industriel : le chiffonnier est un magistrat, le magistrat qui juge sans appel de la gloire humaine ; il est tout à la fois le juge, l'instrument et le bourreau.

Et voilà, mon cher Monsieur, de quoi l'on vit à Paris ; quand on n'a pas un grand métier, on vit d'un petit métier ; la seule chose importante, c'est d'exercer un petit métier, quel qu'il soit, avec honneur, avec bonheur.

Le quartier du Marais, après avoir été le centre de la ville, n'en est plus qu'un faubourg. Les démolisseurs se sont emparés de ces beaux hôtels et ils les brisent à coups de pioche, à coups de hache. Il y a près du Temple toute une rue, la rue Chapon, dans laquelle vous pourriez acheter en détail les plus vieilles maisons des plus vieux quartiers, depuis les pierres des fondations jusqu'à l'ardoise qui recouvre la toiture. On vend tout, les parquets, les tentures, les glaces, les chambranles, les moindres ornements de la pierre ou du bois. C'est ainsi qu'ont disparu, l'une après l'autre, presque toutes les plus belles maisons de l'autre siècle. Ceci fait, revient l'entrepreneur, qui, sur l'emplacement de ces riches hôtels, vous construit une immense maison dans laquelle viennent se presser, dans un épouvantable pêle-mêle, toutes sortes de gens qui ne se sont jamais vus ni rencontrés même dans la rue, et qui, par la force même du voisinage, sont condamnés à vivre et à mourir entassés les uns sur les autres. Mais qu'importe, pourvu que les apparences soient sauvées !

Cependant nous revenions à notre point de départ, nous nous retrouvions sur les boulevards. Cette fois ce n'est déjà plus le boulevard Poissonnière, ce beau passage que traverse la population parisienne dans tous les sens. Cette fois encore le boulevard changeait d'aspect : la foule était moins empressée, les théâtres disparaissaient tout à fait ; à notre gauche s'étendait un vaste espace non bâti. Pourtant, à cette place, le turbulent Beaumarchais s'était construit une maison à son usage, une opulente maison entourée de jardins magnifiques. Chose étrange ! l'auteur du *Mariage de Figaro* bâtissant sa maison sur l'emplacement de la Bastille ! Chose étrange ! la Bastille qui tout d'un coup chancelle comme un homme qui est ivre, pendant qu'un écrivain de pamphlets s'en vient fièrement planter sa tente à cette place formidable. Ce sont là des contrastes. Tant de puissance et tant de force, des murs si épais, des canons, des cachots dont le nom seul vous donnait le frisson de l'épouvante... et le lendemain, un simple écrivain, un faiseur de comédies, un spirituel et énergique hâbleur s'en vient choisir quelques belles pierres dans ces décombres pour se construire à lui-même un palais véritable ! Sur cet emplacement de larmes, de captivités, de misères, monsieur Beaumarchais dessine des jardins, creuse des grottes, plante des arbres ; l'or, la peinture, la sculpture, tous les grands arts embellissent à l'envi ce magnifique séjour ! Malheureusement, la maison du poëte a été emportée tout comme la Bastille. De ce charmant édifice où s'est dépensé tant d'esprit, tant de rire et tant d'argent, pas une pierre n'est restée sur une autre pierre. On a creusé un canal à travers ces beaux jardins. L'industrie, elle aussi, brise, change, démolit, renverse. Quelle maison charmante elle a brisée là ! quels admirables plafonds elle a démolis ! que de vases, que de panneaux, que de glaces, que de colonnes !... Ne cherchez plus rien de toutes ces beautés effacées, Avant peu, l'Éléphant de la Bastille aura disparu à son tour. Vanité des gloires humaines ! c'est à peine si l'homme du faubourg Saint-Antoine qui traverse la place, portant son bois d'acajou ou traînant son tonneau de bière, jette au pauvre éléphant un coup d'œil de regret et de pitié !

XXXV

LE BAL D'ENFANTS

<—→

Je ne veux pas vous laisser plus longtemps sur l'emplacement de la Bastille, sur les frontières du faubourg Saint-Antoine ; non, certes : à cette place funeste, trop de cris, de clameurs, de misères, de grincements de dents, de têtes coupées, viendraient attrister nos souvenirs. Vous et moi, nous n'en voulons pas au Paris des meurtres et des vengeances ; nous sommes venus chercher le Paris de l'élégance et des beaux-arts. Laissez-moi donc vous raconter, sans autre transition, ma douce joie d'hier au soir.

C'était hier, pas plus tard ; madame de R***, aimable et bonne jeune femme qui tout d'un coup a renoncé à la jeunesse pour accomplir plus dignement la tâche maternelle, madame de R*** me dit d'une voix si touchante : Mon ami, vous vous ruinez l'âme et le corps à étudier cet impassible Paris ; vous ne mangez plus, vous ne dormez plus. Votre regard si calme est devenu hagard, vous regardez sans voir, vous écoutez sans entendre, vous allez, vous venez, vous tournez sur vous-même pour arriver, à quoi, je vous prie? Tenez, je vous le dis, la main sur le cœur, vous prenez là une peine inutile. Vous voulez raconter à vos Américains ce Paris qui sera tombé sous vos sens! Pauvre homme que vous êtes! en moins de temps que vous n'en mettrez à écrire vos aventures, ce Paris de votre description, de votre observation, de votre parole, de votre style, ce Paris-là aura changé en un clin d'œil; le temps de s'étonner, et tout sera dit. Donc laissez là votre étude commencée, laissez là vos méditations profondes ; amusez-vous, soyez heureux, et venez avec moi au bal, voulez-vous? Et comme si ce mot de bal m'eût épouvanté: Oh! reprit-elle, que votre esprit se rassure : il s'agit d'un bal si beau, si honnête, si chaste, si jeune, si plein de joies naïves, de coquetteries honnêtes, d'âmes candides, de limpides regards, que jamais vous n'en avez vu un pareil sous le soleil. Venez-y ; c'est convenu, je vous attends chez moi ce soir ; n'y manquez pas. Ainsi elle parla. Quelles promesses! et le moyen de refuser?

A l'heure dite, j'arrive dans ce beau salon rempli chaque soir des plus fines et des plus piquantes causeries. Cette fois, la maison n'était plus reconnaissable : c'était le bruit, c'était l'éclat, c'était une fête splendide. Mais vous pouvez croire quels furent mon étonnement et ma joie, lorsque à la place de la fête que j'attendais, je pus admirer tout à l'aise cette réunion des plus jeunes et des plus charmants visages de la création. Un rêve ! je crus d'abord que j'étais le jouet d'un rêve, et que tout d'un coup les belles dames de vingt ans et les jeunes gens quelque peu déformés qui les entourent au bal étaient redevenus des enfants. C'était bien en effet la beauté délicate, les formes mignonnes, la bonne humeur et la gentillesse de la dixième année ; mais en même temps c'était la politesse, l'élégance, l'aplomb, l'œil tendre déjà et l'émotion naissante de la vingtième année. Surtout et avant tout, juste ciel! c'était la coquetterie de la femme, mais une coquetterie si charmante!

Oh ! les belles petites personnes ! que de grâce dans leur naissante beauté, que de soins dans leurs atours ! Comme elles savent déjà, les coquettes, le reflet qui va le mieux à leur visage, l'étoffe la plus convenable à leur taille souple et fine, et par quel signe de tête il faut encourager les timides, réprimer les trop hardis ! Jamais, dans leurs plus fins et plus charmants caprices, madame de Mirbel ou M. Maxime David, le roi de la miniature, qui jette sur l'ivoire reconnaissante tant d'heureux et frais visages, n'ont créé et mis au monde de plus beaux et de plus heureux visages. Rien qu'à les voir, ces beaux enfants, l'illusion est complète. Elles portent leur tête d'une façon si noble et si calme ! elles relèvent leur robe d'une main si bien arrondie ! elles vous ont de si rapides et de si vifs coups d'œil ! Déjà autour de ces belles personnes, la domination se fait sentir. Déjà, rien qu'à les voir, vous pouvez reconnaître par quel instinct elles sont poussées. Celle-ci, aux yeux bleus, à l'air inattentif, rêve du ciel et de M. de Lamartine ; celle-là, grand œil noir et plein de feu, voudrait deviner cet avenir dont elle prévoit déjà les tumultes ; cette autre, gracieuse et fine, se plaît déjà à répandre çà et là l'esprit autour d'elle et la bonne humeur : elle a de petits mots qui frappent ; elle est déjà redoutable par l'ironie ; elle dit *oui*, elle dit *non*, comme ferait une reine ; dans la foule de ses admirateurs elle choisit son danseur, et malheur à lui s'il se met à regarder une autre qu'elle ! Et celle-ci, qui n'ose pas rire, qui se trouble et qui est si mal à l'aise dans cette fête ; hélas ! la pauvre enfant, cette fête, c'est sa première joie ; ce bal, c'est son premier bonheur ; elle ne sait rien de ces joies ; de ces rires, de ces gambades. Élevée de la façon la plus austère, elle ose à peine jeter un regard timide sur ces rubans, ces broderies, ces dentelles, ces gazes flottantes ; plus d'une fois elle s'est demandé si elle est bien elle-même, si cette robe lui appartient, s'il est vrai qu'elle porte sur la tête une couronne de fleurs. Ainsi les jeunes filles, et les plus jeunes, rêvent déjà dans ce bal. Elles ont des pressentiments, des palpitations, des craintes, des espérances, des rivalités même et des haines tout comme les danseuses plus âgées ; mais les garçons, grands dieux ! en voilà qui n'y font pas tant de façons et qui n'engendrent pas de mélancolie ! En avant donc ! Et ceci dit, nos jeunes gars se jettent tête baissée dans cette foule si bien vêtue. Tant pis pour les dentelles, pour les rubans, pour le satin et pour les souliers neufs ! Autant les jeunes filles sont pleines de retenue et de tant de modestie, autant ces hardis lurons sont emportés et récalcitrants. Ne les retenez pas, ne cherchez pas à les dompter une fois qu'ils ont la bride sur le cou ; laissez bondir librement ces jeunes chevaux échappés et sans frein. Il s'agit maintenant de danser et de mener la ronde infernale, il s'agit que nous sommes autant de Don Juans à qui il ne ferait pas bon résister ; et les voilà qui entraînent leurs belles compagnes dans l'ardente mêlée. Allons çà, que l'orchestre éclate et tonne ! Que l'ophicléide et les trompettes et tous les clairons harmonieux se mettent à faire un tintamarre à renverser les murailles ! nos jeunes dandys ne veulent pas danser incognito, il faut que la ville entière sache leurs emportements et leur joie. Ainsi, d'instants en instants le bruit grandit et aussi l'allégresse. Ce qui n'était d'abord qu'un murmure de bonne compagnie, devient tout d'un coup clameurs d'écoliers : ce sont des voix, ce sont des cris, ce sont des reproches, ce sont des menaces ; et pour demain, demain quand viendra le jour, que d'affreux duels ! du sang pleuvra au bois de Boulogne. Jeunes filles, jeunes filles, épargnez ces jeunes courages, n'oubliez pas la parole que vous avez donnée à votre danseur, n'excitez pas ces rivalités terribles. Prenez garde de perdre votre mouchoir, de laisser tomber votre bouquet, de prêter une oreille trop attentive à ce Lovelace de treize ans ! Et vous, jeunes gens, modérez ce tapage, soyez galants sans brusquerie, polis sans affectation, méchants sans malice, soyez des hommes de bonne compagnie. En un mot, ne mangez pas trop de gâteaux, ne buvez pas trop d'eau sucrée, ou sinon, mes beaux messieurs et mes belles dames, vous serez mis au pain sec pour huit jours.

—Eh bien! me dit madame de R***. que vous en semble? En même temps elle essuyait le front de la reine Blanche, sa fille, tout ruisselant de sueur, elle refaisait les noires moustaches de son fils le colonel de hussards, à l'aide d'un bouchon noirci.

—Madame, lui dis-je, vous m'aviez annoncé que j'assisterais à une fête sans égale, et mes espérances ont été dépassées. Quelle fête en effet! Pas un mauvais sentiment! pas un regard qui ne soit chaste! pas une passion qui ne soit innocente! pas un moment d'envie! pas une médisance! pas un de ces danseurs qui se rappelle demain le nom de sa danseuse! pas une seule de ces belles danseuses qui se rappelle demain la figure de son danseur!

C'est bien là le cas, ou jamais, de répéter le refrain de Béranger:

> Chers enfants, chantez, dansez,
> Votre âge
> Échappe à l'orage;
> Par l'espoir gaîment bercés,
> Dansez, chantez, dansez!

XXXVI

CONCLUSION

<-------->

Je ne saurais vous dire tout mon désappointement lorsqu'un jour, au beau milieu de cette longue et difficile étude, et à l'instant même où j'allais peut-être pénétrer dans quelques-uns des mystères parisiens, je vins à reconnaître qu'il fallait renoncer à ma vision poétique, et quitter tout d'un coup ce royaume des fables. — Déjà partir? Eh quoi, c'est à peine si j'ai pu l'entrevoir, cette immense cité dont je cherchais à écrire l'histoire sérieuse et futile. Déjà partir? Eh quoi! je n'ai rien vu encore, je ne sais rien encore; à peine ai-je pu saisir, en courant, deux ou trois détails de cette physionomie aux aspects sans nombre. Mais partir ainsi, c'est impossible! Où en sommes-nous? Qu'avons-nous oublié, ou plutôt que n'avons-nous pas oublié, juste ciel?

J'ai entendu raconter très-gravement que lord S*** voulut un jour visiter Rome, la ville éternelle. Lord S*** arriva à Rome au mois de janvier : il y resta six mois, et, pendant les deux premiers jours, il fut occupé à parcourir la ville dans tous les sens. Ceci fait, notre homme sentit le besoin de repos, et aussitôt il se mit à ne plus rien voir. Le jeu, l'oisiveté, les lettres à lire, les lettres à écrire, la molle promenade aux belles heures, la musique, le soir, dans les salons, et les fêtes du banquier Torlonia, lui firent paraître très-courtes ces journées si bien remplies. Déjà même il oubliait qu'il était dans Rome un étranger et même un hérétique, lorsque arriva tout d'un coup l'heure du départ. D'importants intérêts rappelaient notre voyageur à la Chambre Haute, dont il est un des membres les plus silencieux. Déjà la chaise de poste se balançait sous les fenêtres, les chevaux hennissaient, le postillon faisait claquer son fouet, les passants s'arrêtaient pour regarder, la jeune bouquetière de la rue, belle Transtevérine aux yeux noirs, à la démarche hardie, au geste fier et plein de grâce, tenait tout prêt le bouquet des adieux. A ce moment, lord S*** s'avise d'ouvrir son album pour savoir s'il n'a rien oublié dans les projets de son voyage. En effet, il n'avait rien oublié ou presque rien oublié ; seulement, au beau milieu d'une page blanche, le père du jeune lord avait écrit en gros caractères : *Ne pas oublier de visiter Saint-Pierre de Rome!* Or, notre voyageur avait tout à fait oublié la basilique et le dôme de Michel-Ange, et les fresques de Raphaël, et tout cet immense et inestimable trésor de l'art chrétien.

Voilà lord S*** bien chagrin ; mais comment faire? Il était d'autant plus embarrassé qu'il devait encore prendre congé d'une belle dame vénitienne logée tout près de là. Alors prenant bravement son parti : John, dit-il à son valet de chambre, va-t'en en toute hâte visiter une église qu'on appelle Saint-Pierre de Rome, et en chemin tu me diras ce que je dois en penser.

Vous riez, mon lecteur ; telle est cependant ma position au beau milieu de ce Paris, dont nous avons à peine aperçu les surfaces. En vérité, sur le point d'achever cette tâche charmante, le rouge me monte au front rien qu'à me souvenir des grandes choses que j'oublie. As-tu parlé de Notre-Dame de

Paris, malheureux que tu es? As-tu raconté quelque chapitre de cette histoire avec laquelle M. Hugo a écrit un roman en trois tomes? Sur ces hauteurs, toute la vieille France est assise, et elle a peine à reconnaître cette ville nouvelle, éclatante, variée, brillante. — Fête éternelle qui a remplacé la nuit éternelle. — As-tu parlé des Catacombes, du Paris souterrain, de cette ville béante et perdue sous la ville ! De ces précipices formidables Paris tout entier est sorti. Ses palais, ses maisons, ses chaumières, ses musées, ses écoles, ses églises, ses théâtres, ont été tirés de ces profondeurs. Tout un voyage est à faire dans les Catacombes, et cependant, au milieu de ce silence levez la tête, et vous reconnaîtrez, à des signes certains, les rues, les places, les passages, les grands monuments, la cité toute entière. — Quel silence sous tant de bruit ! — Quelle solitude pour porter tant de passions et tant de milliers d'hommes ! Mais cette façon de traverser le Paris du silence et des ténèbres nous échappe, et c'est par ouï-dire seulement que je puis en parler.

Et le Musée du Luxembourg, tout rempli des œuvres modernes, peintres vivants, sculpteurs, graveurs ! — Et le Musée du Louvre, tout rempli des grands artistes d'autrefois : Titien et Rubens, Raphaël et Van Dyck, Murillo et Francia, et plus bas, dans les galeries du rez-de-chaussée, la Vénus de Milo, ce merveilleux fragment de l'art athénien ! — Et l'École des Beaux-Arts, une institution nouvelle, maison moderne toute remplie des débris de l'architecture d'autrefois ! — Et le Palais-Royal, la demeure des ducs d'Orléans ! — Et l'Élysée-Bourbon, le dernier asile de l'empereur Napoléon dans les derniers instants de répit que le Ciel avait accordés à sa fortune ! — Certes, voilà autant d'illustres chapitres qui auraient pu nous fournir plus d'une page pleine d'intérêt, et à l'habile dessinateur plus d'un dessin excellent ; mais le moyen de ne rien oublier dans le froid espace d'un hiver ? Rien qu'un hiver ! Des froids, des glaces, des nuages, de tristes soleils, quelques journées brillantes, quelques heures printanières ; puis tout d'un coup le nuage, qui de nouveau s'étend sur le ciel !

Non, non, il est impossible qu'en si peu de temps nous l'ayons vu comme il faut le voir, ce terrible Paris, qui renferme les destinées du monde. La moindre de ses institutions demanderait cinq cents pages d'explications et de commentaires. L'histoire de ses immondices, de ses égouts, de ses cloaques, de ses misères, a suffi à composer de gros volumes. Si vous saviez, par exemple, ce que c'est que le Palais-de-Justice, cet immense labyrinthe où s'agitent incessamment tant d'intérêts et tant de crimes ! si l'on vous contait l'histoire de la Conciergerie, à commencer par l'abominable cachot où fut torturée la reine Marie-Antoinette, à finir par l'élégante cellule habitée pendant cinq ans par M. Ouvrard, pour ne pas payer cinq millions à son associé M. Séguin ! si vous pouviez parcourir ces lieux funestes, remplis de tant et de si douloureux souvenirs, qui sont comme les ténèbres sanglantes de ce gouffre béant, vous verriez, vous verriez quel admirable sujet d'étude s'offrait à nous, et quel parti en aurait tiré quelque habile observateur, qui serait à la fois plein d'indulgence, plein de pitié, plein de science, plein d'observations et de talent, rien que cela !

Bien plus, telle est notre préoccupation et notre hâte, que même de l'Hôtel-de-Ville nous n'avons pas parlé ! L'Hôtel-de-Ville, c'est comme qui dirait le palais des Tuileries. La puissance municipale réside à l'Hôtel-de-Ville ; là elle siége, là elle ordonne et dispose toutes choses ; là elle reçoit cet immense revenu qui est perçu chaque jour aux barrières de Paris ; là elle veille à la santé et au bien-être des habitants. L'édilité parisienne a été de tout temps une autorité souveraine et bienveillante. C'est elle qui veille à la bonne administration des hôpitaux, à la propreté des rues, à la tranquillité des prisons ; c'est elle qui donne à la ville l'eau et l'air, le pain et le vin, la viande et les fruits, l'abri et le soleil. Elle répare, elle assainit, elle embellit, elle nettoie, elle s'occupe des égouts et des églises, des palais et des mansardes ; elle est pour tous libérale, active, impartiale, propice. C'est la seule autorité que le Parisien aime toujours, contre laquelle il murmure rarement, à laquelle il obéit avec joie. Ce peuple si oublieux se rappelle encore le nom de Jacques Aubriot, le premier qui se soit mis à assainir la ville de Paris. Mais aussi quelle merveille ils ont faite de l'Hôtel-de-Ville! C'était un bel édifice de la belle époque; mais aujourd'hui l'édifice est agrandi, il est complet, rien n'y manque; et maintenant, quand elle veut donner une fête royale, la ville a des salons dans lesquels elle peut recevoir tous les rois de l'Europe. On ne sait pas encore combien d'argent aura été dépensé à cette magnificence, mais jamais on n'y dépensera trop d'argent au gré du bourgeois de Paris. L'Hôtel-de-Ville! grand Dieu, l'Hôtel-de-Ville! mais c'est la maison du bourgeois de Paris!

Mais cependant, et c'est par là que je veux finir, le bourgeois de Paris, toujours présent à la pensée du voyageur, cet homme qui vous revient en mémoire à chaque instant, cet être primitif qui tient une place si importante dans l'histoire de la ville qu'il a bâtie, enrichie et défendue, le bourgeois de Paris où est-il? où le rencontrer? où le prendre? Ne le cherchez ni en haut ni en bas, prenez-le dans le milieu de la ville : *Medio tutissimus ibis*. Il ne ressemble en rien aux grands seigneurs dont nous vous avons raconté les élégances, encore moins ressemble-t-il aux pauvres diables dont nous voudrions vous dire les misères.

Comme aussi le bourgeois de Paris n'est ni vieux ni jeune. Il n'est pas loin d'avoir quarante-cinq ans, il ne les a pas encore. Il se souvient de sa jeunesse, mais il n'a guère eu de jeunesse; il a tout de suite été un homme actif et occupé. La première pensée du bourgeois de Paris, c'est de travailler pour avoir, au bout de vingt-cinq ans de travail, le droit de vivre les mains dans ses poches et de vanter son expérience aux bourgeois, ses enfants. Posséder d'abord et flâner ensuite; obéir pour avoir le droit de commander, vivre de très-peu pour ne manquer de rien plus tard, voilà la vie du bourgeois.

Il apporte en naissant plus de bon sens que d'esprit, plus d'intelligence que de génie et d'ardeur au travail ; il est prudent et patient ; il devient de bonne heure un gros homme, un bonhomme. Nécessairement le bourgeois de Paris se marie, il a des enfants, deux enfants au moins, trois enfants au plus ; il n'en veut pas d'autres, il le dit positivement à sa femme. Sa femme ! c'est la fortune du bourgeois, c'est sa gloire. Elle a été fort gentille, fort svelte, fort avenante, un peu coquette ; mais dans le fond du cœur c'était une honnête femme. Dans le labeur commun elle a eu sa bonne part ; elle a été même plus active et plus économe que son mari, sans compter la joie et la bonne humeur qu'elle a jetées autour d'elle. Brave femme, aimable femme ! Peu à peu elle est devenue la providence de ce bonhomme, elle a su mieux que lui son métier et ses affaires ; elle l'a un peu grondé dans la maison, mais au dehors de la maison elle l'a défendu, protégé, aimé, glorifié !... sans compter les deux enfants qu'elle lui a faits, une jolie petite fille, et un beau petit garçon. La fille est en pension, où elle joue du piano à trois francs la leçon ; le garçon est au collége, avec deux ou trois cents bons sujets comme lui ; ce garçon-là est tout le portrait de sa mère ; il est très-éveillé, très-intelligent, très-bon camarade, très-bon fils ; il est la joie de sa famille, l'orgueil de son père, l'ami de sa sœur. Son père dit : — Mon fils doit aller à tout, il sera secrétaire d'ambassade ; et il en fait un avoué ou bien un notaire. Alors le bourgeois chante le *Nunc dimittis servum tuum !* « Vous pouvez rappeler à vous votre serviteur, ô mon Dieu ! »

Cet homme qui a l'air si heureux, si honoré, si aimé, il est véritablement le plus heureux de la ville. Il ne la quitte ni la nuit ni le jour ; il l'aime comme on aime son bien, son abri, comme on aime le feu en hiver, l'ombre en été, la liberté toujours. On peut tuer le bourgeois, il serait impossible de le chasser de sa ville. Le repos, les fêtes enchantées, les solennités, le son des cloches, le bruit du canon... des Invalides, la musique militaire le matin, le tambour qui bat la retraite le soir, une belle rue nouvellement pavée, une vieille maison que l'on démolit ; enfin des magasins remplis de marchandises brillantes, une éclatante revue au Carrousel, et mieux, au Champ-de-Mars ; de beaux et bons couplets de vaudeville contre les Anglais et en même temps des journaux incendiaires, des pamphlets, des épigrammes, des orateurs qui peuvent tout briser... à condition que rien ne sera brisé : telle est l'opinion politique du bourgeois de Paris. Il aime l'ordre, l'autorité, la toute-puissance ; mais quand il n'a rien à craindre, il n'est pas fâché de donner de temps à autre son petit coup de pied à toutes ces belles et bonnes choses. En même temps il veut être libre, c'est sa manie. La liberté, juste ciel ! mais si vous attentez à ses libertés, soudain vous le verrez descendre dans la rue, l'arme au bras, et en avant ! Ce bonhomme, une fois lancé, va au feu comme un vieux grognard. Rien ne l'arrête. Quelque chose lui dit tout bas que l'héroïsme est à la portée de tous les gens de cœur et même de ceux qui ont un gros ventre.

Tel est le maître et le sauveur de la grande cité parisienne. Otez de Paris le bourgeois de Paris, soudain tout s'arrête, tout se brise : il n'y a plus d'équilibre ni dans les lois, ni dans les mœurs, et Dieu sait en quel désespoir tomberait soudain cette ville immense, ainsi abandonnée à elle-même, ainsi privée de tout ce qui est la modestie, la prudence, l'économie, l'obéissance et le bon sens.

Le vieux Parisien qui me parlait ainsi du bourgeois de Paris était lui-même un véritable enfant de la bonne ville ; il avait assisté à la prise de la Bastille, ce qui en faisait une façon d'aristocrate, même parmi ses compères les bourgeois.

— Monsieur, lui dis-je, que vous êtes heureux d'être né à l'ombre des tours de Notre-Dame, à l'ombre de la Colonne de la place Vendôme, à l'ombre de la colonnade du Louvre ! que vous êtes heureux de faire partie de cette admirable cité des merveilles où naissent tant de nobles idées, où vivent tant d'admirables passions, où grandissent tant de génies illustres ! Votre vie est une fête de chaque jour, fête des yeux, fête de la pensée, fête de la poésie, fête des plus hautes, des plus heureuses joies de la jeunesse. Heureux Parisien, bon et gai, sans enthousiasme, sans passion, riant de tout et même de la gloire, qui accomplit en riant toutes choses, et même une révolution !

J'étais de retour à New-York au moment où nos jeunes filles et nos jeunes gens, ceux qui ont gardé dans leur cœur quelque peu du feu sacré de la jeunesse, répétaient, avec les transports que donne le printemps, cette belle élégie du poëte américain Wadsworth Longfellow :

> Sweet april ! Many a thought
> Il wedded unto thee, as hearts are wed;
> Nor shall they fail, till, to its automn brought,
> Lif's golden fruit is shed.

www.ingramcontent.com/pod-product-compliance
Lightning Source LLC
Chambersburg PA
CBHW070747170426
43200CB00007B/689